生きること、そして哲学すること

松永澄夫 著

東信堂

目次／生きること、そして哲学すること

生きること、そして哲学すること

序

(1)本書の課題

本書の趣旨

本書の『生きること、そして哲学すること』という表題は、次の希望を言い表しています。哲学には無縁だ、関わるとしても実に偶々《たまたま》の有り方でしかないという実情にも拘わらず、人には哲学することの希求が潜在的にあるのかも知れず、そしてその哲学することは、人が己として生きることをよしとするのに手助けをしてくれる、という私の希望です。私は「良き生とはどういうものか」を探し当てようとしているのではありません。さまざまな良い生き方の手前で、生きることはよいことだと言いたいのです。しかるに、よいと思えるために、人はどのような仕方で生きるのか、その有りようの全体を、なぜそのような生き方をするのかともども理解することは役に立ちます。そしてこの理解の試みこそ哲学の営みの重要部分だと私は考えています。そしてその部分は学問としての哲学の領分で、その成果に私は希望を託すのです。そこで私は本書で四つのことをします。

人が生きる仕方を規定しているさまざまなものがつくる構造の見取り図

第一には、「人が生きる仕方について見取り図を描く」こと。人が生きるとは動物として生きるだけではないので、その生き方は動物学の人の場合として考えれば済むというようなものではありません。医学によって解明できる部分も僅かです。では、人の生き方とはどのようなものなのか、人々の多様な生き方をみても大して複雑そうではありませんが、その生き方を規定しているもの、規定しようとするものとしてどのようなものがあり、それらに人はどう対応しているのか、それらの間にはどのような関係があるのか等々は必ずしも明瞭ではありません。そこで私は判っきりさせたいし、この判っきりさせることを私は「人の生きる仕方の見取り図を描く」と言っています。そしてこれは哲学に学問としての性格を与えますし、哲学の仕事の重要部分となります。

見取り図とは地図のようなものです。地図は、さまざまな地名を持った諸々の地域が互いにどのような位置関係にあるかを一望できるように作られています。そこで、最近、よく「地政学的」という言葉を聞きますが、実際、たとえばロシアとウクライナ、ベラルーシ、ルーマニア、ポーランド、ドイツ、リトアニア、更には中国、インド、パキスタンなどの位置関係を地図で確かめると、その位置関係が、これらの国々の間の政治的関係の有りようの一つの重要な要因であることが、成る程なと納得できます。（地理的関係には単に位置関係だけでなく、山脈や湿地帯、大きな船が往き来できる海、鉄道なども含みます。そしてもちろん、諸国の経済的関係も地理的要因によって大きく左右されます。）ロシアによるウクライナ攻撃の勃発とそれに対する諸国の対応は、このことを生々しく人々の目にさらしました。

また私たちがよく利用する道路地図だと、或る地域の道路がどのように張り巡らされているかを見て取ることができるので、私たちは地図のおかげでその地域でどのように移動すればどういう場所に効率よく行けるか分かります。そこで同じように、生きる仕方にみられる構造は入り組んでいますから、その構造を表す地図のようなものの描きがあれば、それをいろいろな仕方で参考にできるということがあると私は信じています。しかも、道路の地図だと、あれこれの道路がなぜできたのかは問題にしませんが、人が生きる仕方を規定している構造がどのようにして生まれたのかも理解できるような見取り図が得られるなら、その見取り図の効用はいろいろに見いだせるでしょう。

この見取り図について三つのことを確認します。一つは、この見取り図は言葉によって描くのだということ。だから、空間形式を取る地図のように分かりやすくはありません。二つめ、地図と同じく、見取り図に取りあげるものを絞る必要がありますし、また、取り上げるものでも、どうしても詳しい部分とそうではない部分との差、濃淡が出てこざるを得ないこと。そして三つめ、以上の理由で、見取り図を描く部分は、特に何か或る主題を取り上げ、或る主張をするために議論するものではないこと。人の生き方の根底にあるものを確認し、その根底にあるものによって生まれる、人の生き方を規定するもののさまざまを取りあげ、それぞれが全体の見取り図の中でどういう位置にあるかを示すことが目標です。なお、本書は分量を少なく、ということを旨としていますので、極簡略な見取り図になります。そこでこの見取り図は私の哲学の営みによって得られた理解を或る形式のもとで粗く要約して述べるものになります。

哲学することの実演

さて、上述のことゆえ当然に本書は哲学書です。そこで読んでくださる方は、哲学とはこんなものかと思われるでしょう。ただ、本書の大部分は、私が哲学の営為によって理解したこと(謂わば結論的なもの)の一部、取捨選択に迷いながら選んだ一部を或る配列で要約したものです。要約はどのようにして理解したかの過程を、大方、省いています。ところが、この過程の中に哲学の実践があります。そこで、哲学の営みの足取りがどのようなものかを示すという点では弱いですね。

それでも、哲学的態度ないし思考仕方というものがどのようなものかを感じ取ってもらいたい、これが私が本書でやりたい二つめのことです。哲学することの実演と表してもいいでしょうか。どのような部分か。それは、或る論点を主題にしているときに述べることになったこと、それに関係する事柄に言及し、その事柄についてはどのように考えていけばよいのかを示す、もしくは示唆することをやる部分です。これは実はそのときの論点からすると脇道に入ることなのです。が、そのように脇道に入ることを厭わずに事柄と事柄との関連仕方を考察することはとても重要で、このような考察によってさまざまな事柄が皆つながっていることを確かめてゆき、あらゆる事柄全体を視野に収めること、これこそ哲学らしいことだと私は考えています。そこで私は、まさに要約という簡素さを乱しかねないにも拘わらず、つまり本筋からすると余分で論述の流れの邪魔になりそうであっても、そのときの話題に関連する論点があることを指摘するべくつとめます。しかも、それら脇道の論点も互いに関連しているものなのです。ただ、この論点の指摘はなるべくコラムや演習で行うようにします。(因みに人は屡々《しばしば》「深く掘り下げる思考」を言いますが、具体的にはどのようなことが深く掘り下げることなのか、判っきりと押さえて言っているのか疑問です。けれども、広い土地を掘る方が狭い土地を掘るよりはずっと深く掘れますね。このことを比喩として参考にすると、広い範囲のさまざまな事柄に着目し、かつ、それらが互いにどのように関係しているかということに気づくと、それが実は個々の事柄の深い理解を可能にする、というふうに考えることができるのではないでしょうか。そして広い範囲どころか全体に目を遣ることで初めて諸々の細部の事柄が全体の中でどのような位置にあるかが分かり、そしてこの分かりこそが各事柄のより良い理解に他ならないと、私はこのように考えます。）

学問としての哲学

ところで、以上に述べたことは、うまくいって哲学とはこんなものかということを何となく分かってもらうということでしかありませんね。そこで私は、哲学とはどのようなものかを主題として論じます。これが本書で三つめに行うことです。その中で第一に、学問としての哲学について論じます。学問と言えば、「物理学」や「歴史学」など人抵の学問名では、少なくともその名称が何に関する学問であるかを示しています。ところが、「哲学」の「哲」とは「物理」や「歴史」に相当する語ではありません。だから名称は主題について何も教えてくれません。私は、哲学が他の諸学問とはどういう関係にあるのかを言うことで、学問としての哲学の有り方を説明します。

一人ひとりにとっての哲学

けれども、この哲学の有り方は一面でしかありません。哲学には学問とは異なる側面、一人ひとりにとっての哲学という有り方があり、私はこれについても述べます。これが、本書でやりたい三つめのことの中の第二のことです。物理学の内容からは著者の個性は消えてかまいません。しかし哲学ではそうではない。だから本書で私が述べるのは私にとっての哲学です。しかし、そんなんだったら哲学とは好き勝手なものになるんじゃないか、馬鹿な、という声が聞こえそうです。が、哲学の学問としての部分はそうではないことを忘れずにいてください。ただ、この部分は人々にとって遠い。学問一般と同じです。いや、何でも専門とは門外漢にとってはその内容は遠いものでしょう。だから、ここで私が述べている第二のことは、実は第一の学問としての部分(或る要約でかまわない部分)を踏まえた上で、一人ひとりがその部分をどのように自分に引きつけ我が物にするかということで、その点に拘るところに哲学の特色はあります。

この特色は、名経営者が自分の経営哲学を語るような場面で顕わになっています。同じ「哲学」という言葉がこの場面と大学の教科としての哲学(学問であるとの体裁のもとの哲学)とで当たり前のように使われています。これはなぜなのか、は重要ではないでしょうか。私はこの問題も扱い、全体として、哲学とは何かという問いにお答えします。

哲学は役立つか

ところで、一人ひとりにとっての哲学とは、そのまま哲学は何か役立つかという問題と結びついています。(この役立ち方は、物理学が物理現象の研究を通じてさまざまな技術の開発に寄与する仕方で人々の役に立つ仕方とはまるっきり違います。)私は役立つと信じていますし、希望してもいます。そうして、これを論じることが私が本書でやりたい四つめのことです。この哲学の役立ちとは、最初に述べた見取り図に関し、その効用を私が望んだことと同じです。この観点から本書をご覧になり、そのことが読んでくださる銘々の方への哲学の誘《いざな》いとなれば幸いです。

⑵人の生きる仕方の多様性

地域によって人が生きる仕方は異なっている――風土・政治体制・経済・文化――

以下では、人の生き方が動物の生き方とは全く異なるのはどうしてか、これを考えるための取っ掛かりとして、人が生きる仕方の多様性に目を向けます。そして、この多様性の背後にある幾つかの要因を探り、それらの要因に共通にある根っこを発見し、その根っこについて考察する次項⑶につなげます。

人が生きる仕方といっても、さまざまです。世界の異なる地域で人々は互いに異なる生活をしています。エスキモー（カナダのイヌイット、グリーンランドのカラーリットなど）のように永久凍土地帯で採集狩猟に頼って暮らす人々と、バングラデシュのように雨季と乾季との区別がある地域の人々、それからケニアの草原サバンナで暮らすマサイ族の人々とでは、生活は大きく異なっています。そして同じケニアでもナイロビの都会の住民の暮らしはマサイの人々の暮らしとは違います。そして多くの都市で、比較的に裕福な人々の暮らし方と貧民街の人々との暮らし方とはまるっきり違います。また、北朝鮮の人々の生き方は、人々の政治参加が普通のこととなっているスウェーデンの人々の生き方とは異なっているでしょう。以上の例は、風土の違い、恐らく伝統とその文化の違い、経済の事柄による違い、政治体制の違いによって、人々の暮らし方が異なってくることを示しています。

それから、同じ地域で暮らしている私の身近で見かける人たちの生業《なりわい》が、農業、会社勤め、スーパーで働く、車の板金工場経営等とさまざまであることも、暮らし方の多様性を示しています。それに、これらは、生活の糧を得るためのものという点では現代日本の経済システムにおいて異なるポジションにあるという多様性でしょうが、働き方は日本と別のところでは異なっているというのは、経済のことだけを考えても理解できません。では、何によって異なってくるのか。

それから次に挙げる例はどう理解すればよいのでしょうか。仕事の無い日曜に、家庭菜園の世話に勤《いそ》しむ人、子どもとサッカーの練習をしようと川原の運動場に出かける人、カラオケで歌う人、テレビでスポーツ観戦する人、パソコンやスマホを使うゲームに夢中になる人、絵を描く人、吟行して俳句を詠む人と、ささやかな違いですが人さまざまです。このさまざまであることを私は、およそ現代日本の文化の有りようを反映しているものと理解します。

なお、以上は人の年齢のことは無視した例です。小さな子ども、高校生、老人の生き方はどうか、世界で一様ではありません。病気のとき、医者の診察を受け、治療のために病院で過ごすなどの生き方になる人々と、そういうことを考えもしない人々とがいます。私はアフリカのチャドの友人から、その地では人々が、運良く日本製のサロメチールという塗り薬さえ手に入れば、それでもう、捻挫、腹痛から歯痛も、頭痛、ちょっとした病気のすべては解決すると大喜びするが、普段はすべてしょうがないことと考えていると聞きました。このような生き方はどこから出てくるのか。また、私は実情は分からないでいますが、「すべては神の思し召し」と、いろいろなことを受け入れる人々がいるらしいこと、これもどういうことでしょうか。いや、そもそも受け入れるとか受け入れないとかを言うような人間の有り方とはどこからきているのか。

歴史の推移において異なる人の生き方

ところで、同時代における人々の暮らし方の多様性とは別に、長短さまざまの歴史を振り返ると、ほぼ同じ地域にあっても、人の生活の仕方が大きく変化してきていることに目を見張らされます。日本列島の場合でも、縄文時代、平安時代、江戸時代、第二次大戦前後と、時代によって大きく異なっています。(実は「同じ地域」の例として日本列島を挙げるのは少々不用意です。列島のどの地域かによって人々の暮らしは異なるからです。また同じ地域でも人が社会的にどのような階層に属するかによって生き方には大きな違いがあります。)そして私が生きてきたごく短い年月の間にですら、けっこうな変化がみられます。私は洗濯機も冷蔵庫もなく、車を持っている人はとても珍しい、そういう子ども時代を過ごしました。お店は六〇戸ぐらいの集落に一軒だけ、ほんとにとても小さな店、普通の家の道路に面した広めの部屋一つに商品が置いてあるという程度で、それでも箒やタワシからパンやお菓子、そしてインスタントの棒ラーメンという(当時全国でも珍しかったということがあとで分かった)ものまで売っていました。パンは一〇円、お菓子の大抵は一つ一〇円か五円でしたが、そのパンは黒あんパンか白あんパン。初めてクリームパンが登場したとき、それは衝撃だったと、大人になった兄が振り返ったことがあります。私の方は、やはり或るとき「スライスハム」と称する、薄く切られたハムが少しずつずらされて一列に並べられて、ぴったりと前が透明な袋に押しつけられたものがお店にほんの数点並んだのを見て、買って食べたことはその店での変化で一番印象的でした。お店にも冷蔵庫がないので簡易な真空パック包装で少し保存が効くようにしてあったのでしょう。そして魚屋さんはリヤカーで集落に入る一本の道路をやってきて、声をかけられると魚が入っている氷詰めの箱の蓋を開けて顧客に見せる。あとは豆腐屋さんが自転車で大きな三角揚げと大きな立方体の豆腐を売りに来て、私たちはラッパの音を聞くと大急ぎで鍋か大きなお皿を持って呼び止めて買ったものです。暮らし方は今とは違いますね。想い出話をしているようですが、私は哲学の考察でも、論述する事柄を抽象のレベルで分かってしまう、あるいは分かった気になるというのは避け、豊富な具体例を挙げることで成る程としっかりと納得するというのを心掛けているのです。

人が生きる仕方の多様性——経済的環境や政治体制などの要因とそれらを生み出す根っこ——

ところで、人の暮らしのこのような多様性は動物にはみられません。ただし、人間も動物の一種ですから、その生きる仕方に関して特に大形動物と同じような部分もあります。息をする、飲食する、排泄する、眠る、怪我や病気の可能性があるなどです。(人が狼などの捕食者に襲われるかも知れないというようなことは、今日では滅多にないことになりました。)そしてこれらは、生きてゆくために必要なこと、それから生を脅かすものですから、人が生まれてから死ぬまでの期間を通じてあることでもあります。けれども、人の生き方は年齢が進む過程で人毎に異なってきます。その異なり方は人間を除く動物の場合と大きく違っています。このことは自分たちの生活を、毛虫や青虫から蝶の姿になって飛んで花の蜜を吸うような仕方や、飼っている犬の生態などと比べるだけで、はっきりしています。

蝶には、幼虫、蛹、羽がある成虫というような劇的変化がみられます。しかし、そのような変化の大きさが問題ではありません。蝶に比べれば人間の一生における変化は微々たるものです。けれども注目すべきは、その誰もが同じような小さな変化をするのだけれども、その結果としての人それぞれの有りようを見比べると、そこに幅広い多様性を認めることができることです。同じ種に属する蝶はどの個体も同じような幼虫、同じような蛹、同じような成虫へと変化します。ところが人は、誰もが幼少の時よりは大きくなる、年老いると皮膚がしわくちゃになるなど共通である一方、実に多様な人生を送ります。生き方が多様であることはまさに人間という動物の特性です。

人の暮らしのこのような多様性はどのようにして生まれるのでしょうか。先に多様な暮らしの例を挙げたとき、少なくとも、風土、経済的環境、政治体制、それから文化という要因が浮かび上がりました。（文化というのは経済や政治なども含めたもの全般を言うのではないかと思われる方々も多いかと思いますが、第5章第2節や第6章第1節で論じることに照らして、この「文化」という語を狭く厳密な意味で用いています。）ほかにも大小の要因はあると思います。が、そのことは今は措いて、これらのうち自然の事柄としての風土を除くどれもが一つの共通の根っこから生まれているのではないか、と考えるのは理に適っています。そこで、この根っこは何か、これを探さなければなりません。（風土は、生物の生き方とも密接な関係があります。生物にはその種ごとに棲息できる風土というものがあります。そして風土がどのようなものであるかを言うとき、私たちは地形や一年における気温の変化や降水量・降雪量のようなものと同時に、草原とかジャングル、照葉樹林帯、植物が極めて少ない砂漠など、目立つ生物に着目する仕方でなすのです。ところが人間という種は、全く異なる風土でも生きています。それがなぜ可能なのか。第2章第2節でみますが、諸々の技術の見いだしによって可能となっているのであり、その技術も、ここで「根っこ」と呼んでいるものがあって初めて生まれます。）

(3)多様な生き方の根っことしてあるもの

事例から取り出す三つのこと

先に、私の想い出として食べ物に関する例を挙げましたが、食べることは他の動物にとっても生きる上で不可欠のことですから、根っこを探すために、この例に即した考察をしましょう。例に関して三つのことに気づきます。一つは、私たちは自分が食べるものを誰かから調達するのが普通だということ。これは明らかに動物とは違いますね。鳥でも生まれたばかりの雛は餌を親鳥から与えられますが、それは例外です。食べ物とは人間という動物にとっても他の(可食の)あれこれの生き物で、それらは自然界に棲息しているものです。しかしそれらを、人間は成長してからも自分で自然の中に見つけ出して食べるということをせずに、他の人に最初の入手を任せ、その食べ物を手に入れる仕方を取ることが多いのです。

それから二つめ、この手に入れ方に関係するのですが、私が店からパンを買って手に入れるとは、パンの所有者が店から私へと変わるということで、しかるに誰か(ないしは組織など)が何かを所有する、所有しているという事態があることは、人間独特の事柄です。詳しくは第4章で論じますが、人が何かを所有するという事態は、意味の力によって成り立っています。所有者と周りの人々とが所有の意味を理解し、その意味を尊重すること無しでは所有という事態はあり得ません。

三つめ、それは、私が紹介した商品の一つはハムが腐りにくくするような技術が生まれて登場したものだということです。そして私の話は、時代が少し進むと洗濯機や冷蔵庫を作れるような新しい技術(あるいは安価なものとして生産する技術)の開発があったということを背景にしています。

これら三つの気づいたことのうち一つめのことは、私たち人間は人々とともに互いに依存ないし協力して暮らしていることの分かりよい例です。そこでこの例も含めた依存や協力の仕方の中に秘密が隠れていそうです。そして二つめのことは、この依存や協力の有り方が経済の仕組みとして明確な場合に他なりません。また、所有という事態がその前提となっていることを示しています。経済の仕組みは人々の暮らし方を大きく規定しています。そして何かの所有という事態は経済の仕組みの誕生の前、ずっと古い時代から人間という動物にのみあることとして生じていたはずです。

ところで、先ほど人が何かを所有するという事態は、意味の力によって成り立っていると述べましたが、意味の力というものは、先に見いだした政治というものの中にも入り込んでいます。或る政治制度の具体的姿としての法というものが現実に機能するためには、法の意味内容のおおよそが多くの人々に理解され、法の執行者においては十分に理解されていることが必要ですね。

そして、人々が互いの依存や協力のもとで暮らしているということに戻れば、言語活動に注目すれば直ぐに分かるように、人は他の人と意味の遣り取りをすることを介して依存や協力関係に入るのだということも明らかだと思います。こうして、意味の力が働くということが人の生きる仕方の独得性の根底にあるに違いないということがみえてきます。

次に三つめのこと、技術ですが、蜘蛛が網を張ったり鳥が巣作りをする技術と、人が試行錯誤しながら見いだす技術とはその有り方が全く違います（詳しくは第2章第2節）。試すというのは、人間の行動一般と同じく、こうすればこうなるのかも（もしくは、こうなるだろう）と想像することを含む場合が多いのです。（少なくとも偶然によってであれ一旦或る技術を手に入れたあとでは、それを踏まえて更に新しい技術を発見する際には想像する力を働かせるのが普通です。）しかるに、想像を働かせることは実は現実の次元とは異なる意味の次元を開くことなのです。先に指摘した、意味の力が人の生き方を左右するということと、人が想像を働かせるということとはつながっています。そこで、このつながりとはどのようものか、みてみましょう。

想像が開く次元――諸々の意味事象から成る意味世界の誕生――

雨が降るたびにぬかるみになる地面を前に、せめて歩くところは何とかしたい、どうすればいいだろうと考える場合を例にします。この部分に向こうの土を削って積み上げたらどうか、いや、そうすると雨水は両側に流れて、その流れ落ちる側は困ると、これは想像を巡らすことですね。その想像内容は、行動することで現実となるかも知れませんが、少なくとも想像しているそのときには現実とは異なる何かです。そして、この遣り方では駄目だと他の方法を見つけようと、もし石を敷きつめたらなどと別の想像をすると、もう土を積み上げた状態というものは消えてしまいます。想像内容とは想像している限りで何か内容を持つものです。一方、現実とは、在るがままにある地面であり、雨です。雨は或るときに降り、すると地面はぐちゃぐちゃになります。そして雨は止みます。地面は人がどう思おうと、在り、かつ変化するもの、雨は降ったり止んだりするものです。明らかに想像内容と現実とは異なります（➡演習1）。この対比をどのように考えるか。まずは現実の次元とは別の次元があるのだと言うことはできます。しかるに、この別次元は「意味次元」と呼ぶのが相応《ふさわ》しいものです。

想像されているだけの石、（何かを何かの上に）積み上げること、（何かが）積み上げられた状態、地面などすべてを、私は意味事象として押さえます。極簡単には次のように、これらを表現している言葉の方から考えてみると、成る程、そのような押さえはよいということが分かります。私は意味内容一般を「意味事象」と呼ぶことにしています。そして更に、「石」「積み上げる」「地面」という言葉それぞれの意味というものは、それぞれの言葉で何を想い浮かべるか、その内容と等しいと言っていいのではないでしょうか。しかるに、想い浮かべるとは想像することです。すると意味内容と想像内容とが重なっていることが理解できます。(語の種類によってはその内容を直接に想い浮かべることができないものもあります。本書では第1章第3節(3)でみます。それから、どのようなものを想い浮かべるかは人によって幾分かは異なりますが、それは意味事象というものは一人ひとりが自分なりに理解するものだということに他なりません。ただ、人は既に人々の間で流通しているあれこれの語を学び、それらの語を用いる言語活動によって意味を遣り取りしていて不都合はほとんどないわけですから、この異なりは大して重要ではない場合が多いと言えます。)

語の働きに助けを求めて、想像することと意味事象との分かちがたい関係を言うのは乱暴ではないか、ないしフェアではないと思われるかも知れません。けれども、「何か(A)は何か(B)を意味する」という関係を言葉と

演習1　私たちは、現実とはどのようなものか分かっているということを前提にして、想像内容は現実とは違うと考えるように思えます。けれども、では現実とはどんなものかと考えるとき、現実の概念がかなり曖昧であることに気づきます。そして、そこで、

1.「アフリカの現実」というものはどのようなものか、と問われたら、皆さんはどのようなものを考えますか。それで十分だと思いますか。

2. 曖昧ではない現実としては何を考えますか。

3. 想像内容も現実であるという考えについて、検討してください。

は別に私たちが至るところで見いだすこと、そしてそのときにはどうしてBが屡々想像される仕方で呼び出されるのかがよく分かることに目を遣ると、私が現実の次元とは異なるものを意味の次元、そして想像の次元と考えること、また、諸々の意味事象から成るものを「意味世界」と呼ぶ理由を理解していただけると思います。

言葉の場合、なぜ特定の語が特定の意味（屡々意味群）を呼び出すかは既に決まっていて、その仕方は特に関心を持つほどのことではありません。けれども、たとえば「雨がこんなに降り続くことは彼処《あそこ》の地面がぐちゃぐちゃになることを意味する」と人が思う場合、それはぐちゃぐちゃになっている地面を想像することでもあることを考え、想像内容と意味内容との重なりを、想像一般に妥当するとしてゆく道が読者の皆さんには見えませんか。

実は私が想像内容は意味事象だと考えるほかないことに気づくというか、そのような概念構成に至ったのは、別の道を辿ってでした。それは、「何かを知っている」とはどのような事態かを調べることを通じて初めて「何かを知る」ということがどのようなことかが理解できる、ところがこの理解とは、その何かが私たちの直接の体験内容であってあらゆる知識の基礎的材料となるものの場合はその内容を「意味事象化する」ことによってだ、という道筋でした。そしてそれはまた、哲学で重宝されてきた観念という概念が持つさまざまな難点を――重宝されてきたゆえに哲学者毎に観念という概念に盛り込む中身が異なってきて、その歴史を踏まえずにうっかり使用するわけにもゆかない、ともかく紛糾にまみれた概念であるという難点も含め――解消することでもありました。観念の起源の問題には哲学者たちは関心を持ってあれこれ議論してきましたが、或る事柄にどういうわけで或る観念が適用されるのか、まるでぽこっと当然のごとくであることを前提しているかに思われますが、観念の代わりに意味事象というものを持ってくるとすべての事柄がぴたっと理解できます。なぜなら、意味事象とは何かによって意味されるものとして現われるものだからです。そういう全体に目配りする中で私は意味というものについて注目し、「意味事象」という言葉を利用してきたのです。（そして、あらゆる知識の基礎的材料となる意味事象に関して言えば、その意味事象とはどのようなものであるかを確認しようとする場合には、私たちはその内容を想い浮かべる、言い換えれば想像するのです。ただし、その意味事象の起源となった直接の体験内容と照合できる場合には想像の出番を求めずに済みます。）この間の詳細は拙著『想像のさまざま――意味世界を開く――』（東信堂、二〇二二年）第3章をご覧ください。極々粗い若干のことについては本書のコラム1をお読みください（➡コラム1）。

なお、本書の論述で追々分かることですが、想像の働きこそ人が多様な有り方をすることの根源にあり、身近な人間関係をどのようなものにするかに大きく関わり、また物的なものの捉え方やそれとの対処仕方を導きます。そして他方で密かに、人々の生き方を大きく左右する政治や経済、文化などをも支えています。想像は私たち人間の生きることの構造を複雑にし、かつ、豊かにし、人を楽しませ、同時に人を悩ましもするのです。

⑷本書の構成

さて、私たち人間が動物の一種として物的環境を生きているということは言うまでもないことですが、その上で私たちは人々と一緒に意味の世界を生きています。このことが、私たち人間の生き方においてとても重要です。意味の力は人と人との関係の有り方を主導します。けれどもそれだけではなく、意味の力が働くゆえに私たちの環境内の物的なものとの関わり方も、他の動物の関わり仕方とは異なるものになります。しかるに、意味次元を開いて無数の意味事象で構成される意味世界を形成するのは想像です。この大枠を押さえることが「序」の一番

コラム1 観念という概念について

想像内容を観念のようなものと理解する遣り方があります。想い浮かべる限りでの雨水も土も、土の積み上げも石も、どれも、現実の雨水等々ではなく、観念だというわけです。が、その場合には、では観念とは何かという問題が生じます。観念とは哲学の伝統では思惟内容とされ、思惟するとは知的営みであり、認識に関わるものだと位置づけられてきました。しかしながら、では、そもそも「知る」とはどういうことかをきちんと調べなければなりません。(観念の起源という問題は厄介なものです。)しかるに私は、「知っている」とはどういうことかを確認することによってしか「知る」ということの内実を理解することはできないと考えています。このあたりの詳細を本書で論述することは控えざるを得ませんが、次の一連のことが大事だと思っています。

1．知識の内容は他の知識内容と関係を持つこと無しにはあり得ないこと。石は土とは区別され、土より固いなどの関係の理解無しに石がどのようなものであるかは不分明になり、石についての知識は成立しません。また、「現実についての知識」は「現実そのもの」ではないということは直ぐに納得できますね。ところで想像の内容も現実とは違うことは言うまでもありません。こうして、

2．知っている内容、普通「知識」と呼ばれているものと想像内容とはどちらも現実そのことが在る仕方とは異なる仕方で有るもの——無ではなく何らかの内容があるゆえに有るという言い方をしてもいいもの——であり、だから、これらは現実の次元とは別次元に属するものだということは明らかです。

3．1で言う知識の関係性という性格ですが、その関係の中で、私たちが至るところで見いだす、「何か(A)は何か(B)を意味する」という関係は特に重要です。というのも、AとBとの関係の有り方は明示的だからです。

たとえば「この苺が赤いということはこの苺が甘いことを意味する」と人が言うとき、人は苺が赤いということは、見て、現実のことと見なしているのでしょうが、その苺の甘さの方は現実に味わってはいないのですから、そ

の甘さは想像しているだけです。(口に入れて味わうときには色はもう見えなくなっています。)では、「この」という限定を外して、「苺が赤いということは苺が甘いことを意味する(苺の赤さは苺の甘さを意味する)」と考えるときはどうでしょう。どちらかというと特定の苺についてではなく、苺一般に述べているつもりの方が多いでしょう。すると、そのときは赤さの方も見ていなくてもいいでしょうから、その赤さが現実のことであるかどうかとは無関係です。が、甘さの方、これは相変わらず現実のことではありません。このように、意味する側はともかく、何か意味するAによって「意味されるB」はいつだって現実の次元のことではありません。けれども、無内容ではないので何かBではあります。(意味するものが何も意味しない、意味されるものが無い、ということは考えられません。)Bという何かとしてはあります。ただ、この有り方は現実のものの有り方とは異なるわけです。では、どこにあるのか。意味されるものが属する次元ですから「意味次元」にあると言えばいい。そして具体的な意味内容、意味されるものは「意味事象」ということになります。また、諸々の意味事象からなる世界を「意味世界」と呼んでよいでしょう。

以上の事柄を踏まえると、「意味事象」という言葉の方が「観念」という言葉よりは沢山のことに目を開かせてくれることが分かります。観念の出所とは何か。また、何かに関してどうして或る観念を謂わばぽっと持ち出すのか、よくは分からないのではないかと私は思うのですが、「意味するもの・意味されるもの」という関係では後者、すなわち意味事象の生じ方が分かります。

4．2で私は、知識も想像内容も現実とは異なる次元(いまや「意味次元」と呼ぶことにした次元)に属すると言いました。それを受けて私はこの次元は想像が開く次元だと言いたい。上述から分かる通り、意味されるものとしての意味事象は想像によって登場するからです。それに、知識もあれこれの意味事象間の関係として成立しているのです。こうして知識内容と想像内容とは同質のものですが、両者のどちらもが想像の働きによって成立していると考えるのが筋となります。

なお、知識と想像内容との関係は知識としてどのようなものを考えるかによってさまざまとなります。このことは、科学的知識のようなものと、あれこれの想像内容をも知識内容とする雑学的知識の違いを考えるだけでも分かるでしょう。

それから、知識を言うことは「知っている」とはどのようなことかが分かっているつもりで言うことですが、それはその内容（あれこれの意味事象間の関係）が繰り返し想い起こされ得る場合として押さえるべきです。第1章で約束を主題にするとき、覚えているか忘れているかという問題として述べる事柄とあわせて納得してください。

そして実は、「何かを知る」とはどのようなことかについて、この問題は「何かを知っている」とはどのような事態かをきちんと理解して初めて理解できることです。私は「何かを知る」とは三つの遣り方があると考えています。

その第一は、何かを意味事象化することです。「百聞は一見に如かず」というときの「一見」に相当する場合、本文で言う直接の体験の場合で、たとえば桃の匂いを嗅いで桃の匂いとはこのようなものかと知るとき、その匂いは「桃一般の匂い」として、そのときに嗅いだ特定の匂いに限らず他の桃にも言える匂いとなっています。が、桃一般の匂いは、すべてが個的である現実の次元に属するものではなくなっています。意味次元の事柄です。ですから、この場合の何かを知るとは、何かを意味事象化することです。

第二は、或る意味事象群をそれら意味事象相互の関係がどのようなものがあるかを含めて人から話として聞き、その内容を受け取る仕方です。百聞によって知ることに相当します。たとえば「かつて桃には魔よけの力があると信じられていた」ということを話で聞いて知る場合ですが、その話の内容は既に話の意味という形になっています。

第三の知り方は、互いの諸関係が分かっている或る意味事象群から出発して新たな意味事象間の関係がどのようであるかを自分で推論などして得る仕方です。たとえば、今年の桃の収穫量は＊＊だから、桃の木一本当たり××で、仮に梅の木をあと一〇本増やせば収穫量は〇〇増えるはずだ、ただ、年によって収穫量に変動はあるし、新しく植えた木が同じように実を付けるまでには五、六年はかかるとして……、また、老木が生らせる桃の量は減ってゆくし、だとすると、というふうに、「A、B、C……ということを仮定するならP、Q、R……になるはずだ」というふうにして、P、Q、R……ということを知る仕方です。

の目的でした。以下、本書では、人の生き方を規定しているさまざまな事柄を検討してゆきます。その構成について、この「序」の最後で述べておきます。

人がどのように生きるか、そのさまざまな仕方が生まれてくる順序が重要です。けれども、その順序の始まりに位置し他の事柄の前提となっている、人が動物として物的環境を生きる仕方については第2章で論じることにします。というのも、述べたばかりのように、物的なものとの人の関わり方も意味の力があることによって規定されているので、その前に意味の力が働く様を分かりやすい場面でみておくのが望ましいからです。そこで第1章で、まず、あれこれの意味事象を呼び出す想像の働きをみて、「意味」とはどのようなものかを考えます。要点は、「意味がある」とは「価値がある」ことだという両者の不可分の関係を確認することです（第1節）。

そして次に第2節で、約束の二つの場合を材料に、人と人との交流において意味の力が働く様、それから、その働きが人だけでなく物的なものをも意味づけて、その物的なものの扱い方を変える様子をみます。その際、人における感情の重要性にも触れます。

それから、第1章最後の第3節は、意味を担う重要なものである言葉についての論述を設けます。語が物的なものを言い表すということについての論述は省くことを予め断っておきます。

そして、これらの準備を終えてから、漸く、人は物的環境を生きるのだ、という大前提に戻り、第2章を設け、人ではこの生き方がどのようなものになったかを考察します。文化の芽生えが主題で、その中に、本「序」で言及した技術に関する事柄も含まれます。

そして第3章では、人が他の人々と一緒に暮らすのだということの基本にある、人は（他の）人に敏感であるという重要な論点を扱います。第1節では、人が人を理解しようとするさまざまな様子を、第2節では、人では過去というものが意味を持ち、その意味が力を揮《ふる》うことが多いことをみます。

第4章は再び物的なものと人との関わりを問題にしますが、第2章と違って、物の所有(第1節)とそのための労働(第2節)という、私たちの生活における基本的な事柄について論じます。そして、この章以降は、人が生きる社会の有り方を考えてゆきます。そして、所有と労働とに焦点をおくことからこの章を始めるのですから、自ずと、社会における経済の仕組みがどのような事柄を人々にもたらしているかに目を向けることになります(第3節)。

第5章では、人と人とが互いに依存し協力もするそのことを、人々が個人的な人間関係に留まらず、或る集団を形成して生きているということに目を向けます。そこで、そもそも人間の集団とはどのようなものかを、動物の集団との違い、それから人間では集団のサイズが重要となっていることを確認し(第1節)、集団を一つの纏まりとしているものとして、第2節以下では、文化、政治、経済を取り出し、それらそれぞれが集団にもたらす秩序の有りようをみてゆきます。(このとき私は、幾つもの理由があって——特に、宗教の中心をなすと思われる信仰というものの中身は余りに多様で一つに括れそうにないし、また信仰する人の内面は外からは窺えないということがあって——、宗教という重要なものについて論じることは省いています。若干のことについてはコラム22をご覧ください。)また、政治的秩序でも経済的秩序でも必要とされる制度というもの、それから各種組織というものについても論じます。他方、制度や組織というものの有り方と文化との関係、また、そもそも文化が一つの集団を纏めているとはどういうことかについては慎重な考察を要することも確認します。

そして第6章は、結局は私たち一人ひとりがどのように生きてゆくかこそが重要ですので、その個人にとって、集団のあれこれの秩序はどのように関わってくるのかを考えます。

本書最後の「結び」は、本「序」(1)で述べた、本書で私が行いたい三つめと四つめのこと、すなわち哲学とは何かと、哲学は役に立つだろうかということを主題とします。そして後者は、第6章での、結局は個人が重要だということを受けてのものでもあり、かつ、本書の表題が示唆する「人がそれぞれ個人として生きることにおける哲学することとはどのようなものであるか、あり得るか」という問題に対応しています。

第1章　意味世界を生きる

第1節　想像の働き――「どうしよう?」という問いの場合・選択肢と価値評価――

(1)「どうしよう?」と問うことと想像すること

誰もがしょっちゅうする想像

想像がその内容として意味事象を存立させるのですから、最初に想像について考えましょう。しかるにさまざまな想像がありますが、ここで私は、私たちがしょっちゅうしている想像を取り上げます。それは、「どうしよう?」と問う場合に必ずする想像です（➡演習2）。

習慣的な行動を除いて、行動に先立って私たちはしょっちゅう「どうしよう?」と自問し、答を出して行動に移る、ないしは行動しないと決めています。ここには選択という契機があり、ささやかであろうと人間の自由という問題が潜んでいます(⬇演習3)。この選択の可能性をもたらしているのは何でしょうか。想像する力です。幾つかの行動を(時にその行動仕方の幾つかも)想い浮かべること、それから、それぞれを選んだらどうなるかを想像することを必要とします。たとえば卑近な例、一仕事終えて昼休みになって、昼食に何を食べよう、どうしようかと考えること、それはさまざまな候補の想像を含んだ自分自身への問いの提出です。給食や賄《まかな》い飯《めし》がある、あるいは弁当持参でそれを食べると決まっている場合、いつも誘ってくれる人がいてその人が選んでくれたお店についていくことが習慣になっていれば、「どうしよう?」という問いは起きません。けれども、手許に食べる物が無く、他方で、さほど遠くない範囲の場所で食べ物を提供するお店(レストランやコンビニ等)が幾つもある場合、何を食べよう?と考えることができます。その場合、知っているお店をざっと想い浮かべ、あそこだったらと幾つかのメニューないし食べ物を想い浮かべることが先にあるかも知れません。また、あの店はいつも混んでるからなあとか、あそこだとゆっくり静かに良い雰囲気で食べられるだろうかなども考えるかも知れません。これらは、自分自身の外で決まっている事柄を想い出すことだとも、知っていることを列挙することだとも言っていいですが、共通にあるのは想像です。或る店はもう営業をやめてしまっているかも知れません。或るメニューはもう消えてしまっているかも知れないし、或る商品は売り切れてしまっているかも知れません。ですから、現実のこととして(決まっていることとして)知っていることを想い浮かべるようにみえても、結局は変化もしてゆく現実を目がけた想像でしかないのです。そして人はこの想像内容を材料に「どうしよう?」という問いに対する答を探します。(ここに想像と現実との異なりと両者の関わりという事態が顔を出しています。また、知っていることと想像することとの同質性という事象も垣間《かいま》見えます。——このことは人間が持つ知識というものの有り方は動物にはないということを示唆しています。——なお、現実に関しては時間という変化の契機があることを人は承知しています。）

答の出し方①——価値判断——

では次に、答はどのようにして出すのでしょうか。以上は僅かの例でしかありませんが、どの場合でも、選択肢のそれぞれがそのときの自分にとってはどのような価値があるかの見積もりが選択を導きます。そして、お昼に何を食べよう、どうしよう?という問いに対する答はほとんどの場合に直ぐに決まります。お店を決めて、其処に行って更にどうしよう、どのメニューにしようと迷う場合があっても知れてます。なお、決めた後で実際に食べて、「これを選んで正解だったな」と思う場合でも、これは計算問題の答の正解とは中身が違います。価値判断、

演習2　私は、人間だけが問う動物であると考えています。では

1. 問うということが可能なのはどういう条件ででしょうか。
2. 問いに対する答とはどのような性格を持っているのでしょうか。問いの種類によって答の性格は変わってくるでしょうか。
3. 小さな子どもの問いには大人にはみられない特徴があるでしょうか。

演習3　「自由である」は「自由ではない」の反対（あるいは「自由」は「不自由」の反対）ですが、後者は否定で言い表されているだけで、この反対ということには中身がありません。だから自由の方も内容が明らかにはなっていないように思えます。そこで、どのような状態を自由であることの反対だと考えますか。自由の反対であると考えられるものは一つだけでしょうか。

選ぶときに下した価値判断とは別の、あとからの価値判断です。「失敗だった」も同じくです。

ですが、やはり食べることに関わる例でも、次の場合はどうでしょうか。誰かを食事に誘おうかな、と思い、その上で「どうしよう?」と問う場合。それから、逆に改まった仕方で食事に誘われた場合。これらもそんなに珍しいことではないですね。けれども、いろいろ考慮すべきことが出てきて、答を出すまでには大変だ、ということがあります。

⑵迷うこと──意味文脈の掘り起こしと価値評価──

想像すべきさまざまなこと──想像内容はどのような意味を持っているのか・その意味の価値評価──

人が恋愛感情を持っている或る人を食事に誘おうか、どうしよう?と考える場合を考えてみましょう。そのとき人は実にさまざまなことを考え、想像するでしょうね。「どうしよう?」と自問して、誘う、いや、ちょっと時間をおいて考えよう、やめる方がよいかな、と迷うこともあるでしょう。どうしても誘いたいと決めてからは、具体的にどのようにするのか、そのさまざまな場合を念入りに想像してみるでしょう。誘い方のあれこれ、それに対して相手の反応はどうだろうか、どういう食事を何処で等々。その他さまざまな事柄は、読者の方がこの人の立場になったと仮定してそのときに自分はどうするだろうと想像してご覧になると、そのさまざまを容易に思いつかれるでしょう。

さて、ここで注意したいのですが、一般に或る想像内容の評価というものは、その内容が自分やそれに関わる人(上記の例では食事に誘いたい相手)にとってどのような意味を持つのかと切り離せません。この例では、誘う側の自分にとっては、このような仕方で誘うならという想像内容は、相手とより親しくなるためのものという意味を持っています。そしてそれゆえに重大です。ただ、相手にとってはどのような意味を持つだろうか、それは推し量るしかありませんが、その意味次第で、選択するに足るものか、それとも却下すべき遣り方と思えるかと、その評価は高くなったり低くなったりします。そしてそれが誘う自分にとって嬉しいものであるなら、是非とも単に想像することから移行して現実のこととして実行すべきと評価することとなります。けれども、相手にとっての意味は誘う自分にとっては落胆すべきものとなりはしないかとなると、それは拙い選択だと評価せざるを得ません。それからもちろん、誘いは相手にとって大して意味を持たない軽いことでしかないということもあるかも知れません。けれども、誘うかどうか、誘うとすればどういう仕方で誘うかを選ぶには、起きそうな場合を逞《たくま》しく想像するしかありません。誘うことは相手にとっても自分が望む意味を持つと確信できるなら、それは幸せなことでしょうが。

ここで確認しましょう。想像内容がどのような意味を持つのか、という話題、それからその意味を想像するという話題は、想像することと意味というものの密接な関係を示していますね。そして実際、想像内容も意味内容も、時の流れの中で変化しつつ在るさまざまな現実とは異なるものです。では、両者の関係をどう押さえるべきか。想像することが現実世界とは異なる次元の意味世界を開くと押さえるべきです。

ところで、もう一つ注意しますが、ここで私が「意味」と言っているのは、言葉が持つ意味とは趣《おもむ》きが違いますね。言葉の意味の方はほぼ定まっているのに、ここではまさに、どのような意味を持つかを探るというのですから。そこで、これら二つの「意味」がどのように違っていて、しかしそれでも同じ言葉であるわけですから両者はつながっているはずなので、両者間の関係はどのようになっているのか、少し長い横道に入りますが、確認しましょう。

「意味」という語の二つの意味

実は「意味」という言葉には大まかに二つの意味があります。一つには、この文自身を私は、「言葉とは意味を持つものだ」という考えに基づいて記していますが、この考えにおける「何か(A)が何か(B)を意味する」という関係における意味です。

こちらの意味の場合の、意味する側として言葉とは別の例を挙げると、夕焼けは翌日の晴天を意味する、苺が赤くなったということは苺は甘くなったことを意味している、信号で赤は停止しろの意味を、青は進んでよしの意味を持っている(赤は停まれを意味する、青は進んでよしを意味する)というようなものがあります。地図記号もそれぞれの意味を言うことができます。前二者は自然のうちに見いだす或る事柄(夕焼け、苺の赤さ)を他の自然のうちに見いだせる、しかしその事柄を見いだしているその時点では見いだせていない別の或る事柄(明日の晴天、苺の甘さ)の徴《しるし》として捉える場合で、それに対して後二者(信号の色、地図記号)は人が殊更に意味を持たせて作るもので、その生まれ方は違います。

では、「意味」という語のもう一つの意味とはどのようなものでしょうか。「そんなことをして何の意味がある」と人が言うような場合で、意味とは「価値」という言葉が言い表すことに置き換えてよいような内容を持っています。「このことには意味がある(このことは意味を持つ)」とは、このことはどうでもいいことではない、重要なことだ、ということで、意味があるとは何か価値ある事柄があるということです。ただ、一つには、その事柄が判っきりしているとは限りません。そして二つには、或る事柄に関して、それにどんな意味があるのかと問う場合もある、言い換えればその事柄が価値あることなのかどうかが分からない、ないしは価値はないだろうとする場合もあります。「そんなことをあの先生に相談するなんて意味があるかな」「意味がないよ」というような場合です。

では、「意味」という言葉にはどうして二つの異なる使い方があるのでしょうか。或る言葉が何かを意味する、あるいは赤信号は停まれを意味する、苺が赤いことは苺が熟して甘いことを意味するという場合で、意味する側よりは意味される側、言い換えれば意味の方が重要ですね。(そして意味する側は概して目立つもの、あるいは目立つことが望ましいものです。とは言え、機械の音が或る仕方に変わると、それは機械に異常が生じたことを意味するという場合で、その音の変化は注意深いベテランだけに分かるときには、残念ながら意味する側は目立つものではありません。)ですから「意味があるとは重要であるということだ」という二つめの方が基本で、それに乗っかって最初に挙げた「言葉は意味を持つなどの場合の意味」という、分かりよい方があるわけです。

言葉(特に言葉使用の現場で現われる文)の意味や信号の意味内容は定まっているのに、基本の方の意味に関しては、先ほどの例でも、また自分の人生には何の意味があるのだろうと考えるような場合でも、意味は探さなければならないもの、探しても見つからないかも知れないということを許す、そのようなものとして理解されています。興味深いことですが、なぜ探すのか。人生がどうでもいいものではなく、なにがしか重要なものだ、と思いたく、どういう点で——どういう意味で——重要なのか納得したいからでしょう。

(因みに、人生の意味などと言い出すと、そこに哲学的な匂いを嗅ぎつける人は多いのではないでしょうか。仮にそうだとして、もし人生というものを話題にするなら、少なくとも、人が生きること全般がどのような構造を持っているか、これを明らかにすることが必要となります。そして私はと言えば、人生の意味とはこのようなものだと主張はしません。人一人ひとりで異なる意味を見つけるものだと思っています。これは本書冒頭で私が、「良き生とはどういうものか」を探し当てようとしているのではないと述べたことに呼応しています。他方で「序」で述べたように、それら人によってさまざまであり得る人生の意味――恐らく人生を「良き生」とするもの――の手前で、生きることはよいことだと言いたい、あるいはそのように希望するということが私の中にあって、そのことが私の哲学の営みの原動力になっています。というのも、よいと言うことを手助けするものとして、人が生きることはどのような有り方をしているものか、その有りようを明瞭に理解したいと思っていて、この理解のための作業を哲学だと考えているからです。)

意味と価値との文脈――複数の文脈――

さて、少し横道に入る必要がありましたが、以上の注意を踏まえると、或る大切な人を食事に誘うかどうかでの迷いにおいて問題になる意味とは、その内容に応じて或る価値を濃厚に帯びるものだということが理解できます。では、その意味とはどのようにして定まるのでしょうか。

日常の食事ではその意味というものを云々することはありません。強いて問うと、栄養補給とか健康保持とかを持ち出すかも知れませんが、それは当たり前過ぎて、殊更に言うようなことではありません。けれども、私たちは食事の形式によっては或る意味を持たせます。家族のメンバーそれぞれの時間の使い方が異なるので普段はばらばらに食べているので、月に一度は家族揃って食卓を囲もうという場合、その食事には或る意味が籠められています。人が或る人にご馳走するとき、それはお礼の意味でだということを明らかにして、ということもあります。そして人が異性に或る形式の食事を誘うということが(その誘い方も含めて)どういう意味を持つかが或る文化の中では通念として定まっているということがあります。改まった形で食事に誘うのは、或るときに出会って、気軽に、ちょっと食べていこうかと誘うのとは違う意味をもつことは、一般に人々が認めていることです。誘う側はそのことを知っているから誘い方を吟味するし、誘われる側も、この誘いってどういう意味をもっているのだろうと考えて(想像して)、応じるか否かを考えます。その意味は重要なことだからです。意味とはいつでも重要な事柄、価値的な事柄でもあります。

だから、本項で例に採っている人は、その文化の中で異性を食事に誘うことについてあれこれ思案するし、迷いもするわけです。翻って、一緒に食事をしたいというのは、その通念とは無関係のことで、そこで食事に誘うとは、私の感情が生み出す一つの意味文脈の中で現われることです。その誘いの意味を決めるのもその文脈です。ですが、誘われる側が上述の通念に照らして誘いの意味を捉える可能性は高いでしょう。そしてそのことを誘う側が考慮する(想像する)と、誘う私の側も結局はその通念を無視できないことになります。そこで、誘う仕方、更に食事の形式をどうしようと考えるのです。その仕方、形式がどのようであるかが或る意味を持つと人々が思う世界では、その意味を或る仕方、或る形式ごとに一々確認し、それでいいか判断しなければなりません。通念は、私の感情がつくる意味文脈とは別の意味文脈として働き、私の誘いに新たな意味内容を与えます。

なお、どうするか決める際に「それでいい」と判断するとき、それは価値的観点から良いということです。しかし、その判断が正しかったか、良いものであったかは、その後の成り行きで改めて判断するしかありません。良かった、あるいは失敗だったとなる可能性があり、それも価値判断であって、数学の問題の答が正しかった、間違っていたというのとは違います。

ところで、ここで私が「意味文脈」と呼んでいるものは「観点」と同じことではないかと思われる方がいらっしゃるでしょう。確かにそのように考える方が分かりやすいかも知れません。けれども第一に、私が問題にしているのは点ではなく、さまざまな事柄を従えて成立しているもので、それらの事柄を含めて「文脈」と呼ぶ方が実態を捉えた表現だと思います。感情という観点に関しても次のことを理解しなければなりません。その「感情」と呼ばれているものは、誘いたい相手が好きだという感情を中心にしながらも実は単純なものではありません。その中心感情はさまざまな感情の生起の中で育《はぐく》まれ、その内にそれら全体を引っくるめて表現するものという位置を占めるものなのです。そのことを無視する、ないしは忘れて、仮に好きだという感情を恰《あたか》も単に一つの感情として受け取ってしまうとしても(そのように受け取る、考える人は多いのではないかと思われますが)、この、観点として見いだされているものとしての単純感情は実は他のさまざまな感情をも引き連れていると言うべきでしょう。しかるにこのことを踏まえて私は「観点」よりは「文脈」という言葉を用いる方が適切だと考えています。

通念という観点に関しても同じことを指摘しなければなりません。通念はぽこっとそれとして、最初からその通念の完成形態として、一つの単独のものとして生まれているものではありません。人々の同じような思いが少しずつ結晶化するかのごとくして固まってきたものです。通念には、それが生まれてきた背景があります。その背景の広がりをも言い表すには「観点」という語よりは「文脈」という語の方が適切で、しかもそれに注目するときに大事なのは意味の事柄なのだということを判っきりさせるためには、「意味文脈」という言葉がぴったりだと私は思います。加えて、意味の概念は重要であるという価値評価と切り離せず、それゆえに人が幾つかの選択肢について考慮して価値判断を下すという実際の有り方を理解するにはとても有効な言葉遣いなのです。

第二に、問題としている事柄は或る観点から見ればその観点に応じて決まった仕方で見えてくるようなものではありません。或る家は丘の上から見ると正面を向いた全体の形がみえる、近くで裏側に回ると壁に小さな窓が二つだけある様が見えるというような事情にあるのとは違います。さまざまな文脈の中に位置することでその文脈それぞれから意味づけられるものなのです。誰かを好きという感情はその人に不意に会ったときにどきどきし、そして嬉しいとか何か喜ばせたいとか、切ないとかの感情の群れの中で、ああこれが好きということなんだというふうに意味づけられつつ生まれるものでしょう。一緒に食事をしようという誘い方や食事の形式がどういう意味を持つかを定めている通念も、人と人との間で無数にある関係、一緒に何かする、何かを依頼する、依頼される、命令する、懇願される、無視する、相手に対してぞんざいである、礼儀正しいなどの中で、食事を誘うこと、その誘い方、食事の形式などが意味づけられ、その意味づけを人々が共有することで成立するものです。そして、意味づけだからこそ、それは価値的響きを纏うのです。翻り、丘の上から見た家がどのように見えるかは当然に或る意味づけや価値評価と連動している、というわけではありません。

さて、どの意味も或る文脈の中で定まるもので、この点では言葉の場合と同じです。ただ、言葉の場合は、その意味は恰《あたか》も価値的には中立的であるかのようにみえます。（本当はそうでもない、ということについては本章第3節⑵で述べます。）けれどもいま取りあげている例では、その意味には或る価値評価が強く付いてきます。その点で意味文脈は価値文脈でもあります。しかも、その評価は誰が評価するかによって変わります。誘う側にしてみれば、それは試みる大きな価値があることですが、相手の側では、こんな誘いをしてくれるなんて嬉しいという高い評価の場合もあれば、何のつもり、この人は、というふうに散々な評価になることもあります。

ところで、いまの例の場合、私は感情と通念との二つの意味文脈だけを指摘しました。けれども、場合によっては更に多くの意味と価値との文脈を掘り起こし、考慮すべきことが増えてくるという事態も生じないわけではありません。

意味文脈の掘り起こし

この事態の例として今度は、自分が、親しい友人とか親戚とかではない或る人から、その人の家での食事の招待を受けた場合を採りましょう。しかも日時の候補を、できれば＊＊、無理だったら××の日と指定しての招待です。

なぜ招待してくれるのか、その理由を言っての招待の場合が普通でしょうが、無い場合もありますね。（ちょっと大事な話があるから、という程度の説明ということもあるでしょう。それから、理由とは意味的な事柄だということに注意しましょう。）無い場合だったら、いの一番に私は招待の理由を考えます。この考えることは想像することで、材料として私はその人と自分との関係がどのようなものか考えを巡らせます。それも、自分からみた関係を確認するだけではありません。招待してくれた人がどのような関係だと思っているのかも想像します。（招待相手が自分だけか、他にもいるのかなどが分かると、そのことも想像内容を左右するでしょう。私に妻同伴で来ないかと言われている場合だとどうか、などのこともありますね。）そしてこの関係については、これまでのこととして押さえようと努力するだけでなく、もっと重要なこととして、これからの関係がどうなるだろうかを考えます。そして誘いに応じる、断るのどちらにするにせよ、その選択は、誘ってくれる相手と自分とのこれまで、そしてこれからの関係というものが生み出している意味と価値との文脈の中で或る意味を持つことだと押さえることができます。

そして招待を受ける方向で思案する場合、特に先方が提案している日に既に何かを予定していた場合には、その予定事項がどれほどに重要なのかも検討します。その重要性とは予定事項が位置する意味・価値文脈の中で測ること、あるいは決まっていることです。たとえば先方の希望日＊＊には職場関係のことで塞《ふさ》がっている、次の指定日××は家族でピクニックを計画しているなど。前者は私の仕事、職場での役割、その職場でおよそ決まっている流れという文脈の中でその意味と重要性の程度とが決まっているということでしょう。そしてその重要性の程度と誘ってくれた人と食事することとの重要性を比較することになります。仮に職場関係で決めていた予定を変更すればそのことで職場の何人かに迷惑をかけると予想すると、それはその人たちがつくる文脈の中での私の予定の変更の意味づけに他ならず、かつ、変更するという私の判断の価値を見積もっていることになります。

＊＊の日に招待に応じるのは無理だと判断して、後者の××の日について考える場合も同様です。自分と家族それぞれにとってその日のピクニックはどういう意味を持つのか。私は特に娘と私との関係がどうもぎくしゃくしているという考えを背景にピクニックを計画していて、娘の方は単純に、いつもすっぽかされる約束が今度はちゃんと実現するのだと嬉しいだけのことだという場合もあります。長男は、妻が休日には偶には家族揃って何かを一緒にしたいという考えを知っていてピクニックへの参加を決めたのかも知れません。そして、その日には友だちとの付き合いを断らなければならないけどなというふうに、友だちとの関係がつくる文脈も考慮したに違

いありません。

このように、絡んでいる多数の人それぞれが引き連れている多くの文脈のもとで判断され選ばれた××の日のピクニック予定があります。そして私はこれらの文脈を次々に想像してゆきます。言うなればそれら複数の文脈を掘り起こすのです。しかるに文脈が異なれば××の日のピクニックの重要性の質も違います。それでも私はそれらの高低をそれぞれに勘案して全体としての重要度を見積もり、その重要度を招待に応じることの重要度と比べることをして、そのピクニックをやめるかどうか判断します。

ところで、この場合も、文脈の並列的複数性ということが問題なのですが、次に、文脈が並列ではなく層を成している場合をみてみます。

層になっている意味と価値との文脈

迷ったあげくに、結局は日取りの選択も含めて招待に応じることにした場合のことを考えます。このとき、更に考慮する事柄が出てきます。その日の服装（➡演習4）、手土産をどうするかなどです。このうち、手土産の方を考えてみましょう。

お土産にはどのようなものがよいか思案するとき、訪問先の方とのこれまでの関係や招待してくださった方の年齢を考慮したり、季節ないしは時候のことを考えたりします。これらは適切なお土産を思いつくための文脈として働きます。しかし、そもそも手土産のことを考えるというのは、手土産の文化があってのことではないでしょうか。この文化のないところでは手土産を不思議に思うことだってあります。そして手土産の文化は単独にあるのではなく、価値物の贈与や交換に関わる事柄全般がなす広がりの中にあるものです。ですからこの文化も、手土産の意味や価値を規定する文脈として捉える方がよいものです。しかもこの文脈自身がまた、礼儀というものが人間関係においては根本的な事柄であるということを前提にして生まれているのかも知れません。けれども私の場合は普通、手土産が意味を持つ文化という文脈に思い至りはしません。他方、私が手土産の選定の際に相手の年齢を考慮するときには、目上の方への礼儀のようなものが背後というか、より深いところで文脈として働いているからなのでしょうから、私は手土産の文化というものを掘り起こしはせずとも、礼儀という文脈は考慮して「どうしよう？」という問いの答を探そうとしているのだと思われます。

答の出し方②——問いを閉じさせる日常生活の流れ——

ところで、この、招待に関して「どうしよう？」と問い、また招待を受けると決めたあとでも幾つかのことで「どうしよう？」と問うとき、多くの文脈を次々に考慮しないわけにはゆかないのですが、この場合でも、お昼に何を食べよう？という場合と同じく、問いに対する答は大抵は容易に出てきます。一般に私たちが発する「どうしよう？」という問いは、稀《まれ》にしかない事柄に関わることでも、そして仮にどうするのがいいのか分からない場合でも、エイヤッと決めることもできます。選択は幾つか（ないし幾つも）の選択肢あってこその選択であり、選択肢のあれこれはさまざまな文脈があればこそ、想像する仕方で生まれます。そしてどの選択肢も、その文脈での

演習4　服装があれこれの意味を持つことは人は知っていますよね。列挙してみましょう。

重要性を見積もるわけで、それらの見積もりを踏まえて全体を総合するような仕方での価値判断をして人は決断します。

もちろん私たちが迷うことは多いです。けれども結局、私たちは決めます。迷って、どうするのがいいかも分からなくても、こうしようと決める。迷い続けるよりはいいからどうするか決めてしまう方がいいという価値判断が最後の一押しをするのでしょう。時に選択することを放棄して決めるのを放っておくこともあります。ただ、それは消極的仕方で選択することだと言えなくもない。恐らく放っていても（少なくとも当座は）済むというくらいの判断はしています。ただ、もしかして、放っておいて、その内に重大な局面に立たされるということもないわけではありませんが。

ともあれ、このように、私たちの生活ではほとんどの問いは閉じます。自分のさまざまな選択を支える価値文脈として働いているものの幾つかを掘り起こすとしても、それ止まりです。実際には、そのときに掘り起こす文脈を生じさせている背後の深い価値文脈というものもあります。けれども、どうするかを決める、答を出すのに、それらの文脈を次々に掘り起こして吟味する必要はありません。

考えるに、日常の暮らしというものは、或る秩序を持っています。秩序無しでは私たちは生きてゆけません。その秩序は、「どうしよう？」という問いによって脅かされるようなものではなく、逆にその問いに答を与えるべく働くものです（⬇コラム２）。

コラム2　日常の暮らしの秩序

失業中で不安定だと思う生活の場合でも人は、それなりのあれこれの秩序は保つものでしょう。眠る、食べる、起きる、職を探す、求職活動をする、いや、パチンコ通いをする等々。要点はどのように一日を過ごすかの時間配分にあります。もちろん、更に週単位その他の配分も重要です。その配分の中で、寝たり食べたりの不可欠の行動は別にしての、自分で重要と思われ、柱になるものがあるかどうか。

ただ、この日常が崩壊するかのごとき場合はどうなのか。パチンコ通いをしても大丈夫なんて贅沢な話だ、お金が無くて食べるものにも困っている。住んでいるところからも出なければならなくなりそうだ。いや、もう決まった住居も失ったというような場合。（ただ、それでも日常生活は続いてゆきます。戦場ですら或る日常をつくる秩序を構築しないと人はやっていけない。でないと恐らく気がおかしくなるのではないでしょうか。）このとき、「どうしよう？」という問いは切迫したものでしょう。そして、答が見つかって問いが閉じるというわけではなく、見つからず、そして見つからなくてもいいや、と問いを放棄することもできない状態ですね。このような場合がなぜ生じるのか、社会の仕組みの方から考えねばなりません。さまざまなセーフティネットというのが盛んに話題にされ、これを制度的に整えようとする最近の動きに希望を持ちたいです。私自身が何かをできるわけではないのに。

分からない意味・探す意味

ところで、私は何度か人から転職についての相談を受けたことがあります。また結婚生活についての相談というか、話を聞いてもらいたいとかのこともありました。両方が絡んでいる話の場合もありました。ご本人の中でどのようにするか或る程度方向は決まっていても、やはり迷いがないわけではないようですし、意見を聞きたい、話をすることで整理がつくなどのことがあるに違いないという場合もあります。私と話したあともしばらくは悩んだままということもあるようです。このような相談や話では、かなり多くの事柄が次々と話題になります。今の職場に嫌気がさしたとか、マンネリでうんざりだとか。目標がなくなった、これまで自分がやってきたことは何だったんだろうと疑問を呈するなど。更に、子育てが一段落したあとの夫婦って何なんだろうとか。あるいは単身赴任が長年続いて、今更夫婦が一緒に暮らすことがどういうことか、何だかよく分からないとか。そしてそれらの話題ではそれぞれ、なぜそうなのかも、話しているうちに改めて判っきりさせようというふうに、相談者の意識が向いてゆくことが多いですね。なぜ職場に嫌気がさしているのか、目標を持っていたとはどのようなことであったのか、結婚や家庭というものがどのようなものか考えるまでもなく分かりきったことと思っていたけど、何でしょうね、というふうに。それから相談者が、自分は一体、何に価値を見いだしているのだろうか、と自問してみることも生じがちです。長い間、よいと思っていたことが必ずしもそうではないらしいと気づくというか、あるいは価値観が変わったというか。もしくは、まだ自分が何を求めているのか分からないとか。

そして、同じことを意味という観点からみることもできます。今の職場に留まることの意味、転職することの意味、あるいは転職する場合の転職先が直ぐに見つからない場合も想定して、定職を持つことが当たり前だと思っていたけど、その当たり前って何を意味するの？とか、結婚生活を現在の形態で続けること、あるいは別居する、離婚することの意味というふうに。ここでも意味を見つけるということと正や負の価値を見いだすということとが一緒になっています。そして、当たり前にこれは価値あることと考えていたことに関してよく分からなくなったと考えることと、どんな意味があるのかという（幾分かの分からなさゆえの、一つの強いとは言えないが）問いが生じることと、これらは一つのことの二つの面です。しかるに、あれこれの当たり前だと思っていたことを必ずしも当たり前ではないなと思うのは、普段の日常生活からすれば違ったことになります。ただ、その一方で日常の生活はやはりさまざまな秩序を持って流れてはいきます、流れていかないわけにはゆかないのですから。

ところで、「意味」という言葉の二つの意味について述べたとき、私は人生の意味というような考えにも言及しましたが、この考えと、自分が、何が望ましい生活だろうか、言い換えれば価値を見いだせる生活だろうか、と思案していることとの間にはそう大きな隔たりはありません。しかるに人生の意味について考えるというか分からなくなると感じる場合、人は、生きているというあらゆる事柄の前提にまで降りていって、それについてさえ何か問いらしきものを発しているわけです。前提であるというのは、或る価値文脈が先立ちその上に或る価値文脈が生まれる場合の、先立つものが新たに生まれてくるものの前提だということで、その両者の有りようを私は、さまざまな価値文脈の深さの異なりとして表現してきました。しかるに、この最後の例の場合では、自分のさまざまな価値判断の際に働いている幾層にもなったさまざまな価値文脈を一つずつ掘り起こしてゆくというよりは、一挙に最深部にまで降りているということではないでしょうか。しかるに、この最深部を支えているものなんかはありません。現に自分は生きているのだということしか見つかりません。――（或る）神を見つけた、という信仰者は多いかも知れませんが、その神というものを人はどのように考えるか、捉えるか、ここにも人が体をもって動物として生きているのではなく意味の力のもとで生きているということの一つの形があると私は考えています。意味を有さない神なんて考えられない、無内容になるからで、その意味はどのようにして生まれるだろうと考える余地はあります。

ところで、私は、さまざまな価値文脈（繰り返しますが、同時に意味文脈であるもの）の層を一つずつ掘り起こしてゆく作業は有益だと思っています。そしてそれは哲学の仕事だと思っています。このことは人が生きる仕方にみられる構造の見取り図を描くという私の哲学の理念の一つと呼応しています。それで今は、人は動物として物的環境の中で体を生きるだけでなく、人々と一緒に意味が力を持つ世界をも生きているという大枠だけを指摘し、その意味の世界を司るのは想像の働きだということに意を注ごうと思います。

そこで以下では、意味の力とはどのようなものかを確認することができ、それから、その力は同じ意味内容を繰り返し思うことによって発揮されるということも納得できる例を取りあげましょう。その例は、個人的人間関係の中で働く意味の力です。そして、その意味とは人が思う限りで有る何か（意味事象）の意味で、思うとは想像することの一つの形であるということもみましょう。

第2節　約　束——個人間の交流——

(1)会う約束——約束の意味が約束を成り立たせる——

約束が未来を縛る力

さて、以下では約束を例に、意味の力をみてゆきます。最初は、太郎と花子とが、今度の土曜に会おうと約束するという例です。この例ではパンのような物的なものは登場しませんから、約束というのは純然たる意味的な何かであることが分かりやすいと思います。（「序」で、パンの所有というのは所有の意味を知っている人々の間でしか成り立たないと述べました。それから、わざと曖昧なままに述べたのですが、何処で会うかを——時刻とともに——決めておかないと、実際に会うことはできません。そしてその何処というのは物的な事柄です。実際、二人は或る駅の南改札口で会おうなどと約束します。現実というのには必ず何らかの物的なものが登場します。次節で話題にする青森銀行のように物的なものとしてあるのではないものも、それが現実に機能するにはその銀行で働く人々や本店を登記する所在地などが不可欠です。そして空間規定というものは根本的に重要なもので、空間規定は想像上のものでしかないものに関しても重要な要素として要請されることがあります。この点に関しては、本章第3節(3)の「民主主義」という語に関する議論で論じます。）

さて、約束したからには守らなくては、と私たちは考えますね。約束とは一般に未来の時点で果たすべき何かを約束することで、約束するとは、約束した人をその時点まで縛る何かです。この力、約束の効力はどこからくるのでしょうか。約束が人を縛る力は、約束を守ろうとする人が約束の意味を知っていることから出てきます。そう、意味の力が問題なのです。そして意味というものは見ることも触れることもできない。想うことしかできません。そして人が想うことを止めれば消えるものです。もちろん約束した相手があるわけで、だから相手も約束のことを想うのを止めればの話です。

想うことを止める典型的な場合は、忘れてしまうときです。今度の土曜の約束ではなく半年も先の約束なら、すっかり忘れることだってあるでしょう。ただ、人はいつでも約束のことを考えているわけではありません。考えていないときは実質的には忘れているのに等しいと考えてもいいかも知れません。が、折に触れて想い出すのなら忘れてはいないとするのが適切です（➡コラム3）。そして約束を想うことの実態は、この想い出しにあります。しかるに想い出すとはどのようなことか。太郎の方では、自分が花子と約束の場所で会っている様子を想像する、出会ったときに手を上げて「やあ」と声をかけるなどのことを想像するなどすることです。そのような想像が一切無い仕方で想うことなんかできません。

状況の変化と約束

ところで、約束した二人のうちのどちらかで、今度の土曜にどうしても都合が悪くなることもあります。そして約束をご破算にすることもできないわけではありません。けれどもそのとき、ご破算にしたい人は約束の相手に理由を説明するでしょう。しかるに理由というのは何処か物的世界にあるものではなく意味的なもので、その意味を相手に理解してもらう必要があります。その新たな意味の力によって、約束内容としての意味の方の力を弱めるわけです。ただし、そういう理由よりは約束の方が大事じゃないか、という受け止めが相手に生じる可能性はあります。

コラム3　印とその意味

太郎がカレンダーに印を付けておけば、その印を見るたびに太郎は想い出すでしょう。この目印は太郎にとっては、目印が付いた日は花子との約束の日という意味を持っています。ところで、カレンダーの印というのは太郎だけでなく太郎の家族も見ることができる物的なもの、カレンダーの表面の或る部分の一つの有り方です。ですが、その印の意味は、まさにその意味を見いだす人が意味を捉えることでのみあるものです。そこで、家族が、これには何か意味があるのだろうな、と推測するとしても、その意味がどのようなものかは、印を付けた太郎に教えてもらっているのでなければ分かりません。こうして、意味というものは見聞きできるようなものではないこと、物的な事柄ではないことが分かります。

とは言え、太郎の家族がカレンダーの印を見て、これは何の印だろうと考えるのはなぜでしょうか。それは、印は元々カレンダーに印刷されていたものではなく、だから誰かが理由あって付けたものだと考えるからです。人は誰か人、自分ではない他の人が関わっていることに敏感です。自然の森の中をぶらついていたら、幾つかの木々に赤い布が巻き付けてあると、その布の巻き付けに人は人為を見て取り、やはりこの布は何を意味しているのだろうと考えます。そして煉瓦が幾らか飛び飛びに並んでいるのを見るときにも、これらは何だろう、何か意味があるのかと、つまり何のために置いてあるんだろうと気になり、想像を逞《たくま》しくしてその答を探そうとするかも知れません。水が地面に溜まったときや地面がぐちゃぐちゃになったときにその煉瓦の上を歩くために置いてある？いや、それにしては……という具合です。そしてこの後者の場合の「意味がある」とは、本章第1節で述べた「意味」という語の二つの意味のうちの基本の方の意味内容、何か重要なのだ、という意味です。そしてカレンダーに付けられた印の場合の、何を意味しているのかなという場合の意味の方は、その「何か意味がある」はずだという「意味」という語の基本を踏まえた上で更に、「何かを意味する」ものという、つまり「意味」という語の第二の意味を持つものという、二段構えになっています。

一般に人為の事柄には意味がある、関わった人の意図ないし目的があるはずで、どうでもいいものではない、という想いがその事柄を見いだす人に湧き起こります。ここで「どうでもいいものではない」と考えるのは、理由がある、そして理由とはその人為の事柄をもたらした人が価値あると考えることに他ならず、それゆえにそれは価値あるはずのものなのです。行動の意図や目的は行動する人にとっては（少なくともそれらを懐《いだ》く時点では）良いものでしょう。そしてこの場合の、人為的なものであるに違いないこれは何を意味するのだろうと考えること、想像することは、そのもの――これ――が其処にあるようにさせた人の意図や目的を探ることに他なりません。

それから、太郎自身が、これは自分が付けた印なのに、何の印だったっけと思うなら、これは完全に忘れていることになります。滅多にありませんが、遠い未来の約束なら忘れることもないわけではありません。ただ、そうであっても、印を付けることをする場合は、しない場合に比べて忘れにくいということがありますね。この理由の一つは、付けるという行動、鉛筆か何かを使う行動は、謂わば単に頭の中に刻むことよりは覚えることに力を貸すということです。そしてもう一つは、印という見ることができるものは現実として強固に存在するものであり、折に触れて見ると、その印が意味する内容（想うしかないもの）を呼び出す作用をするという理由です。ただ、ずっと前の日記に記された印だと、もうその意味が分からなくなる、それはその印を長い間、ずっと見てないからです。なお、第3章第2節(2)での「標」と「徴」という二つの表記で区別すべき事柄についての考察もご覧ください。それからもう一つ、太郎が印ではなく言葉で「花子と約束の日」とカレンダーに書いておけば、事柄は単純なものになります。言葉の意味は印の意味よりは分かりやすいからです。また、家族もその日がどういう意味を持つか分かります。

なお、何の説明もせず一方的に約束を破るという事態も発生します。しかし、それは例外とみなすべきで、それが当たり前だったらそもそも約束という私たちにとって重要な事柄は生まれません。そしてこのような一方的破棄のようなことが続けば人間関係も壊れます。

⑵銀梅花をあげる約束――物的なものへの意味付与・物的なものの変化――

物的なものが帯びる意味

次に、太郎が花子に、来月第一週の土曜に自分の家の庭の二つの銀梅花の苗のうちの小さな方の一つをあげるという約束を考えてみましょう。太郎は挿し木で銀梅花を増やすことに成功したのでした。この約束では特定の銀梅花という物的なものが絡んでいます。興味深いのは、この銀梅花が約束によって特定の意味、花子にあげるべきものという意味を与えられ、そのことでその意味のもとで扱うべきものになったということです。太郎は常にも増して大事に銀梅花を扱うでしょう。太郎の姉は、太郎が花子にした約束を知るなら、約束の意味を理解し承知するものとして銀梅花を見、かつ、扱うでしょう。もう蕾を脱して開き始めた花を剪《き》って花瓶に生けるといいんだけどと思っても、やめとこうと考えるでしょう。太郎が気づかない、取り除く方がいいと思われる徒長枝《とちょうし》を剪る、あるいはそのことを太郎に助言するなどのことが生じるかも知れません。また、太郎の友人の敬子が、あら、誰か人にあげてもよい銀梅花なのだったら、「私に頂戴」と言えばよかったと思うかも知れません。これは銀梅花を見る目が変わるわけですよね。けれども太郎はその銀梅花を敬子にあげるわけにはゆかなくなります。最後に一つ、物的なものの意味づけ（意味付与）がそのものの扱い方を変えるということの興味深い例を紹介します。一八九三年のことです。アメリカ最高裁はトマトを果物ではなく野菜だという判断を下しました。実はそのようにする、意味づけることによって、メキシコから輸入されるトマトに課税できるようにしたのです（ムーニー『種子は誰のもの—地球の遺伝資源を考える』木原記念横浜生命科学振興財団監訳、八坂書房、一九九一年、一一〇頁）。

物的なものの変化

ところで、銀梅花は時の推移とともにあるもので、変化もすることに注意しなければなりません。そこで、花子に渡すはずだった日がくる前に枯れてしまうことだってないわけではありませんね。そしてこのように変化してゆく現実はその都度（過去の或るときと現在とを含めてのその都度）にすっかり決まったこととしてあり、覆《くつがえ》すことはできないものです。もちろん物的なものだけでなく、人の気持ちも変わります。気持ちも現実の事柄だからです。現実とは時間的なものです。けれども、約束を撤回したいという気持ちに変わろうと、約束という意味事象は、変化するものではありません。——約束内容はそれを想うときにのみあるもので、変化しないのではなく、消えるのでは？　そうです。実は、この変化無しということの内実は、繰り返し同じ約束を（約束内容としての意味事象を）想う、想い出すということに他なりません。

ですから約束は脆弱《ぜいじゃく》でもあります。そこで、約束が関わる銀梅花が枯れてなくなったという現実の前には、想いによってしか存在しない約束は無力となって当然のようにも思われます。けれども、では、それでお終《しま》いかというとそうではありません。太郎は花子に事情を説明して理解を求める必要があります。それは会う約束が守れそうにない場合と同じです。結局は人が絡んでいるわけで、物的世界のものも人と人との人間関係の中でさまざまな意味を（同時に或る価値、負の価値の場合も含めた価値を）与えられるのです。なお、物的なものではない事柄にも意味付与がありますが、このことについてはここでは論じません。

(3)個人間の応対と感情

次々に生まれる感情とその想像

ところで、太郎が銀梅花を花子にあげると約束したことに関係して太郎、花子、周りの人々でそれぞれ何か感情が生まれることが多いことに注意しましょう。仮に太郎が花子を好きで銀梅花をあげようと思いつく場合だったらその感情は約束に先立っていますが、約束の過程でも、あるいはその後に、何らかの感情の湧き起こりが太郎においても花子においてもあるでしょう。花子には嬉しいという気持ちが生じるかも知れません。あるいは、自分は特に銀梅花が欲しいのではないけど、折角太郎がくれるというのにむげに断れないし、しょうがない、もらっておこうかという心の動きが生じるかも知れません。そして見落としてならないのは、太郎の方では花子の感情ないし心の動きをそれぞれの時点で想像する、ないしは思い込むことがあるだけでなく、前もって想像することも大いにあることです。喜ぶだろうな、とか（➡コラム４）。そして花子は花子で、述べたばかりのように、単に嬉しい、あるいは銀梅花をもらうとお荷物になるな、水遣りなど大変じゃないかしらなどの気持ちも生じるだけとは限りません。自分の応対次第で太郎の方に生じるだろう感情を想像し、それとの関係でも或る感情が生まれるでしょう。困ったな、断ったら太郎さんを傷つけることになるだろし、そうはしたくない、というふうに。そして、この感情がどのようなものであるかが太郎に対して取る現実の態度への応対を決めるでしょう。そして、

コラム4 心について

心は感情や意思とか意図、意欲など多岐にわたり、苺や岩のように或る時間は場所を占めている仕方で在り続けるものとは違って、或る動きそのこととしてのみあるものです。ずっと続く悲しみ、わだかまる不信など持続する感情でも四六時中有るのではありません。たとい些事であれあれこれのことを為していかなければならない生活の流れがあるわけで、その折々にだけ繰り返し生じるものであるに過ぎないという性格を持ちます。そして感情が有る場所として特定の心というものがあるわけではありません。心は人がそのときどきにどのようであるかの中心をなす人の自己(私)自身のさまざまな質が生起し変化もしてゆくその動き(或る空間での物的なものの動きではなく、生起や変化そのことを言う動き)としての感情、それから何かを想い浮かべたり考えたり、もの想いに耽《ふけ》り、意図したり迷ったり決意したりする動き、それらの総体を引っくるめて言うものだと理解するのが最もよい理解だと思います。なお、感情についてはコラム20をご覧ください。

その応対そのものが明確になる前からあとまで、太郎の方は花子の心の一連の動きの幾つかを想像したり、それらの想像と連動する感情を覚えることが多いでしょう。想像内容は一つの意味事象として或る価値の響きを携え、その価値の感受そのものないしは強い感受が感情なのですから。(この「ないしは」という言葉の含意についてはコラム20での「怖い」という感情についての議論をご覧ください。)

また時が進んで花子の応対によって湧いてくる感情もあるはずです。喜んでくれて嬉しいとか、花子はそんなに喜んでいるわけでもなさそうだけど、もらうと言ってくれたからよかったとほっとする、あるいは拙いことしたかな、何だか花子に申し訳ないな、とか。それから約束の当事者ではない太郎の姉には、太郎を頬笑《ほほえ》ましく思う等の軽い感情が生まれるかも知れません。（当事者ではない人にも何か感情が生まれることの別の例を挙げると、父親が、今度の日曜にキャッチボールをする約束を兄としたことを知った妹は、一緒にプールで泳ごうと誘った自分には曖昧な態度を取って約束するに至らなかったことと引き比べて不満を持つか淋しい想いをするかに違いありません。）

物的なものに付与された意味と価値とゆえに生まれる感情

このようにみてくると、前節(2)で「どうしよう？」という問いと答を巡る考察で、意味文脈は価値文脈でもあると述べたことに加えて更に、意味や価値というものには往々にして（あるいはむしろ大抵の場合に、微かでしかない場合も含めて）感情の湧き起こりが付いてくるということに気づきます。約束とは、約束の意味を知っている人と人との間で成立するもので、その意味の力が当事者の態度、行動を導くのですが、そこに感情が絡んできて、しかもそれが約束の当事者ではない周りの人々においても生じる可能性はとても高いのです。そして事態を複雑にするのは、自分ならざる人の感情はすべて想像するしかないということです。それでいて、人の感情の有りようは人間関係では非常に大きな要素なのです。（いや、人間関係は別にしても、感情を懐く人自身において、とても重要なものです。だから人間関係でも重要となるのです。）

それからまた、それらの感情の生起に与《あずか》った物的なものもそれに与えられた意味と価値とを帯びるものになり、屡々ずっと後々《のちのち》までもふと人の心に特別なものとなることもあります。太郎は其処で何度も花子とお喋りをした喫茶店を想い出したり、忘れていても、未だ存続しているその喫茶店界隈を歩いていて店を見つけて感慨を覚えるでしょう。このような場合でも、人は感情に満たされ、そのことにそのときどきの己の存在を見いだすものであることが分かります。

第3節　言葉の働き

(1)人間の言語の特性――いわゆる動物の言語とは全く違う――

人の言語活動

ところで、約束が守れなくなった場合に、その理由を太郎は言葉で説明するのでした。それどころか、約束するときにも言葉を使ったはずです。そこで、言葉の働きとはどのようなものかみてみましょう。意味の力というものを考えるに、特に言葉が意味をもつという、人間にとって途轍もなく重要なことを今や主題にしなければなりません。

まず最初に、或る種の動物は言葉を有するという見方があることを念頭に、いわゆる動物の言語と呼ばれるものと人間の言語とでは、その構造も機能も大きく違っていることを示します。(ここで人間の言語活動と言うとき、それは、声という音を発する場合のことだけを言うのではありません。音声にならない内語というのもあります。それから、以下の事柄は歴史的にずっと後から生まれたことから分かるように副次的なものですが、その中で最も重要な文字は持続するという特別な性格をもっています。が、これは読まれる、すなわち音に変換されるものだという前提があることを忘れてはいけません。なお、手話も言語活動です。その有りようについては私は何かを言う資格がありません。また、その一つひとつが相手の質問に対する肯定か否定かを表す瞬《まばた》きの仕方は、それを解釈する側では言語に引き入れられます。——外国で、その国の言葉、単語を並べるだけで相手は分かってくれるというのと同様です。ただし、分かってくれた、自分の外国語も満更ではないと思う人は勘違いをしています。文法に従う文を言うことができなければその言語を使えるとは言えません。並べた単語を相手が文の形にして理解してくれているだけなのです。——また、視線を動かせ瞬きできる人も、外部の補助者が置いた文字盤のあちこちに視線を向け、補助者が見当を付けてこの文字でよいかを尋ねるときに肯定は否定かを瞬く仕方で伝えると、語や文を完成させることができます。これは単に単語を並べることとは違う全面的な言語活動ということになります。)

言葉が意味を持つというのは誰もが認めています。苺の赤さはその苺が甘いことを意味すると言うこともあります。しかし言葉は別格なのです。この別格ということの理由は何なのか、これをみなければなりません。その理由は同時に、人間の言語をいわゆる動物の言語とは全く別ものにしている理由でもあります。

言葉の現場としての文——叙述を通しての働きかけ——

人間の言語で最も重要なことは、語ではなく文が言葉の現場での形だということです。そして文は①何かを叙述しながら、②その叙述内容が意味することを通して聞く者(あるいは読む者)に働きかけます。「雨が止んだね、散歩しようか」と私が妻に言うとき、天候の状態を叙述し、そのことを理由に散歩に誘う、つまり妻に働きかけています。「散歩しよう」という部分も、これからの私と妻とのあり得る行動を早くも叙述しているとみることができます。妻は、家の外の様子を見ていなくても、私の言葉による叙述でそのときの天候のことが分かり、また「散歩しようか」という言葉で、散歩というものを単に理解するだけか、更に何らかの想い浮かべもするかはともかく、言葉が述べることを通じて私の考えを理解し、理解するそのことで働きかけを受けたことになります。(理解のときに想い浮かべもするかどうかについては、本節(3)の「民主主義」という語についての最後の考察をご覧ください。)

私の音声を聞くだけで理解は無しでは、誘いに応じるか否かの選択という段階は訪れません。私が小さく呟いて、あるいは妻は何か仕事をしていて、私が喋ったことが妻には判っきりと聞こえなかったなどの場合だと、その音声は妻の注意を引くものの、言葉としての意味内容が分からず、それ止まりです。だから妻は聞き返します、「何か言った?」あるいは「何て言ったの?」と。

言葉についての研究者たちは、「AはBである」という命題を例として取り上げ、しばしば①の方にばかり目を遣りがちですが、②の人への働きかけこそが言葉本来の役割なのです。しかるに、或る種の動物にはそれぞれの言語があるという流布している考え方は、②の中の「働きかける」ということに注意している点では命題重視の人々よりは言語の基本的な性格を前面に出していて良いのですが、②の中の「叙述内容が意味することを通して」という部分に気づかない、あるいはむしろこの部分も動物の言語では満たされていると勘違いしているという誤りをおかしています。

確かに蜂や鳥、イルカ、猿などはダンスや鳴き声などで同種の個体(仲間一般、あるいは特に雄が雌に)に働きかける場合があります。求愛のための鳴き声や動作は相手に作用します。だから人はこれらを動物の言葉として考えます。そもそも人間の言語も、同じような作用を動物として必要としているということから生まれていて、発生の根は同じものだと思えます。けれども人間は①で言う文による叙述を前提した上で、その叙述が意味することを通して働きかけるのであり、これは動物ではみられません。そして、動物の言葉と言われているものは意味を持つという考えの方も怪しくなります。この、意味を持つという捉え方は人間の言葉の働き方についての理解を投影した、言うなれば擬人的理解なのです。そして私たちが、仮に――実際はそうすべきではないのに――動物の鳴き声やダンスなどは意味を持つと考えることを許すとした場合に、その鳴き声やダンスは人間の言語で言えば語にしか相当せず、動物の言語と人々が捉えているものは決して文という形式を持ちません。(語に相当する音出し――鳴くこと――を二つ、違った鳴き声で続けてやるからといって、それを文と考えてはなりません。その二つに特定の関係を結ばせる仕方で発するのではないからです。直ぐにみるように、人間の言語における文とは二つ以上の語が取り結ぶ或る関係、先立つ語をあとからくる語が限定するということによって生まれるのです。そこでまた、謂わば一語文というのは微妙な取り扱いを要します。あとからの暗黙の語の補いだけが一語文という概念を成立させます。)

ここで二つのことを確認しましょう。一つは、いわゆる動物の言語として理解されているものは擬人的理解に過ぎないということに関して。もう一つは、文とはどのようなものかに関して。

いわゆる動物の言語――擬人的理解に過ぎない――

動物の鳴き声が仲間(同種の動物)に或る作用をすることはあります。たとえば一匹のミーアキャットやゴーファーが自分を襲うかも知れない鷹の影とか或る匂いとかに気づいて或る鳴き声を発すると、その音を聞いた近辺にいた仲間が一斉に巣穴に潜り込むのなら、鳴き声の仲間への作用を認めることができます。すると私たちは、その鳴き声は「逃げろ」とか「警戒せよ」とかの意味を持つというふうに言いたくなります。あるいは、その鳴き声は鷹、あるいは或る匂いを発している動物が近くに来たことを意味しているかのように考えることさえあるかも知れません。言い換えれば、鳴き声をその動物の言葉であるというふうに捉えるわけです。けれども、これらは擬人的な理解に過ぎません。音を出すとそれは、その音を聞く仲間の或る行動を誘発します。元々が音は出来事であり、動物は新たに生じることには敏感です。（人間でも原則はそうです。ずっと同じ音がしている場合は、その音は注意を引くことは少なくなります。時に、音が止むと、そのことが注意を引きます。）そして音の種類によっては或る行動を、誘発される行動をします。ですが、この行動は動物が生き延びるために有効な行動である、そのように動物はできているだけなのです。（もちろん、そのようにできていると言っても、動物でも、上手な行動仕方を少しずつ学ぶとか、個体による巧拙の差はあります。けれども、それらの事柄は或る基本的型の中でみられることです。同じことは、第2章第2節(1)で言及する動物における技術めいたものに関しても言えます。）そこで、鳴くという行動、鳴き声を聞くと巣穴に飛び込む行動、というふうに個体間の首尾良い行動連鎖が生まれます。そして同じような行動連鎖は、聞いた側が新たに音を発するなどして、次いでその音を聞く仲間がそれに応じた行動をするというようにも生じます。しかるに、これらの事柄を人が動物のコミュニケーションと呼んでいるだけです。それは人間の場合のように意味を介したコミュニケーションであるわけではありません。

仮に鳴き声が意味を持つと考えてみるとして、その意味とはどのようなものでしょうか。前段落で私は、鳴き声は「逃げろ」とか「警戒せよ」とかの意味を持つというふうに言いたくなることや、「鷹、あるいは或る匂いを発している動物が近くに来たこと」を意味しているかのように考えるなど、幾つか異なる候補を人が挙げるのではないかと言いました。どの候補を選べばいいのでしょう。どれでもありません。行動連鎖があるだけだと述べました。仲間の鳴き声を聞く動物が実際に巣穴に隠れるなどして逃げるとき、鳴き声に、隠れろ、逃げろなどの意味を見いだし、それゆえに逃げたわけではありません。

文の構造——人間の言語の時間性——

次に文の構造です。いわゆる一語文についての詳しい考察は省きます。すると「AはBだ」という文が典型になります。このとき、文はAについてBという内容を与えるという構造を持っています。いわゆる「主部・述部」という構造です。そしてこの構造を理解するには、人間の言語の時間的性格に注目しなければなりません。命題として無時間的に扱う学者の遣り方では、人間の言語の特性を理解することはできません。Aが時間的に先にきて、次にBがAを限定するという流れです。（この時間的性格はとても重要で、その詳細を幾つかの具体例で示すのが望ましいのですが、本書では全体のバランスの関係で省きます。この時間的な性格では、先にくるものが主語ないしは主部で、あとからくるものが述部です。だから、学校文法で言う倒置法という考え方も教育上の観点では有効でしょうが、言葉の実態を見誤らせてしまいます。「鳴いてる、鳥」は、「鳥が鳴いてる」の倒置ではなく、補えば「鳴いてる、それは鳥だ」という文なのです。「猫ではない」という言葉を更に補ってもいいかも知れません。なお、ここで私もAやBというアルファベットを用いていますが、これは便宜であって、言語構造を理解するには必ずAやBを語に置き換えなければなりません。——だから、AやB、C……と、それら間の幾つかの関係を示す諸記号だけを利用して記号論理学を打ち立て、その論理でみえてくるものをそのまま言語にも当てはまると考えてもなりません。——たとえば「AはAである」というのは同語反復で必ず真であるが、その代わりに新たな内容をもたらさない、との主張は受け入れるしかないと思われるでしょうが、Aの位置に具体的な語を持ってくると、様子は一変します。「君たちは君たちである」「盗人は盗人です」「駄目は駄目だ」「カラスはカラスだ」という文は決して無内容ではないですね。(➡演習5)

言葉の意味を言葉で説明できる——言葉が別格である理由・語のレベルでの体系性と安定性——

そして次に、文の主部・述部構造ゆえに可能となっていることでとても重要なことがあります。それは、人間は言葉の意味を言葉で説明できるということです。このことは、或る語の意味を他の語の群れでできている文で説明することを国語辞書がやっていることで分かりますね。そしてこれこそ、「何かを意味する」さまざまなものの中で言葉が別格である理由です。(国語辞書、それから英和辞典のようなものが何をやっているのかについては、記述の簡素化、例文の必要性など、多くの注意すべき事柄があるのですが、これらについては論述を省きます。➡演習6)更に、理解しにくい或る文の意味も、他の文の集まりで示せます。

それから更に、私たちは言葉ではないものにも意味を見いだしますが、それらの意味も言葉は説明することができます。たとえば赤信号の意味や矢印の意味、チャイム音の或る連なりの意味、地図記号の意味などについて。これは説明されるべき語の位置に赤信号やチャイム音の連なりを置くことで可能です。(しかし、赤信号の意味を黄色い信号や青い信号、ないしそれらの組み合わせで説明することはできません。もちろんチャイムでも説明できません。)

他方、動物ではどうでしょうか。たとえば或る鳴き声は仲間に「警戒せよ」とか「逃げろ」とかの意味を持つものとして発せられると人が考えるとき、その(鳴き声の)意味と称するものを当の動物が他の鳴き声か何かで説明できるでしょうか。できません。それはそもそも人間を除く動物は意味の世界を有していないからです。言葉の意味の世界とは(そしてそれは信号の意味やチャイムの意味なども含み込んでゆくのですが)、沢山の意味内容が互いに関係を結び合ってつくられているものです。或る語ないし文としての言葉(AないしA、B、C……等の組み合わせ)を他の語群(H、I、J……)で説明するとは、A、B、C……、H、I、J……等の語の、それぞれに意味を持つものの間に、従ってそれらの意味の間にも或る関係があることを認めることです。そしてこのような関係の編み目が諸々の語に張り巡らされていて、人間の言語は語のレベルで或る体系性を持っています。そしてここに個々の語の意味の安定性があります。そしてこの安定性があるからこそ辞書も作れます。ただ、一つだけ注意します。

意味の星雲を引き連れる語と文における星雲の収縮

辞書に戻って、辞書は語によっては沢山の意味があると説明していますね。これはどういうことでしょうか。語はどのような文の中で用いられるかによって意味を幾分かは変えるということです。語のレベルでの意味とい

演習5

1. 「君たちは君たちである」「盗人は盗人です」「駄目は駄目だ」「カラスはカラスだ」という文は、どういう内容をもっているでしょうか。
2. その他の例を挙げてみましょう。

演習6

1. 記述の簡素化とはどういうことでしょうか。
2. 例文はなぜ必要なのでしょうか。

うものは潜在的なもの、その語と他の諸々の語との間の諸関係によっても内容を得ている或る範囲の意味を保持しているものです。幾つかの語との関係によってどの意味が相応《ふさわ》しいかがおおよそ決まっています。そして別の語(ないし語群)との関係では意味のニュアンスが変わる、あるいは別の意味を持つなどのことがあります。この事情を私は、語は「意味の星雲を引き連れている」と表現しています。そして先に私が、人間の言語では、語ではなく文が言葉の現場での形だと述べたことと関係しています。

現場とは実際に言葉が働く場面で、働くときには文の意味内容はほぼ確定します。言うなれば文では各語が引き連れている意味の星雲は現実に言葉が働く場面ではそれぞれの語で一つの意味が前面に出るのです。ただし、そのとき語が担っている他の意味も背景として聞き取れるのも普通です。(特に、語が持つ派生的意義の方が前面に出るときには、その元になった方の意味は強く聞き取れます。)だから私は、意味の星雲が収縮するという言い方をします。ただし、この収縮が生じるのはもちろん、支離滅裂なものではなくちゃんとした文の場合です。また、人は次の例のように、文に二つの意味を同時に持たせて言葉遊びを楽しんだりもします。(言外の意味や皮肉も同様です。なお、言外の意味も文という形の言葉があって生まれるという当然のことを忘れてはいけません。演習5で取りあげた例も、この言外の意味を利用することで内容を得ているのです。)

「明日は祭日だから学校はないよ」と一人の子ども(A)が言う。するとすかさず友だち(B)が、「あるよ」と言う。「えっ? ないから、いつもの公園で遊ぶと**君と約束しちゃった。」そのように慌《あわ》てるAを見て、Bは言う。「明日、行ってみよう、ちゃんとあるに決まってる。火事にでもならなければね」と(➡コラム5)。

Bは「学校」という語で人々が校舎も考えることを踏まえて、それに特化した仕方でこの語を用いてみせています。他方、このときのAにとっては学校とは、その校舎を中心にした場所としての学校で子供たちや先生たちなどが行うあれこれの活動を指しています。そして子どもでも大人でも「学校」という語を、場所と活動との両方を曖昧なままで指すものとして使っています。それで済むのです。ただ、その語を使う文脈でどちらの意味かは分かるのが普通です。時には、この語を含む文が発せられる状況が広い意味での文脈として働き、どちらの意味かを決めます。

コラム5　語の一般性——固有形容詞・固有動詞などは無い——

序でに言えば、この例で子どもたちは「＊＊小学校」と言わずに単に「学校」と一般名詞でもって自分たちの学校を指しています。そこで、これはどのようにして可能か、という問いが持ち上がりそうですが、私はむしろ、名詞にだけ固有名詞がある理由を問うべきだと思います。固有形容詞とか固有動詞などはありません。語は或る意味を持つのですが、意味とは総じて一般的なものなのです。(この点で、意味的なものが属する意味次元はすべてが個的である現実の次元と対比的です。現実は隅から隅まで確定していて、だから探索によって次々に新たな内容が発見できますが、意味的なものはスカスカです。その意味を想う人が与えただけの内容しか持ちません。探究ということとは無縁です。なお、現実の次元と意味次元との対比にも拘わらず、現実はその意味次元の事柄をすべて呑み込んでゆきもします。その次元を開く想像する人の現実の一部としてです。)そして、一般性を持っている語は、にも拘わらず個的なものに適用できます。そもそも一般的なものと個的なものとの関係は、分類その他、さまざまな場面で出てくることで、大抵は明確です。ただ、時にはこの関係に目を遣らないと事態を適切に理解できないことが生じます。たとえば自然科学などで言われる法則の意味などを誤解している人たちが哲学者の中にも多数います。ただ、残念ながら、ここで論じることはしません。

(2) 言葉が携える価値評価

言葉が感情を生まれさせることの基底

さて、私は本章の冒頭で、事情が生じた側は約束の相手にその事情を説明するときに言葉を用いるということに注意を向けました。すると説明のために働く言葉については、言葉の意味の理解というものに主眼をおくことが当然となります。太郎は銀梅花が枯れたという事情を（それは場合によってはその事情が自分にとってどのような意味を持つかも）言葉で説明し、その説明する言葉の意味を花子は理解できるから事情が理解できる、という当たり前のことです。けれども、前節(3)で、私は言葉の遣り取りにおいて、その言葉を発する人、それを聞く人々（話の相手とは限らず、聞く人一般）において感情が生まれることを話題にしました。そこで本項では、言葉が——表情などと並んで言葉もまた——感情を生まれさせることの基底にある幾つかの事柄に目を向けたいと思います。

相手の呼び方と自分の呼び方

誰かが誰かに向かって話すということを考えましょう。すると、話者が自分のことや相手のことを呼ぶことも多いわけですが、そのときどう呼ぶかには話者が二人の関係をどう捉えているかが反映され、その捉えには価値の観点が入っています。まず、相手をどう呼ぶか。

「君」「貴女《あなた》」「貴方《あなた》」「お前」「あんた」「てめえ」「貴様」……などなど。このように日本語では二人称の表現は沢山あり、それら表現の一つひとつに独特の価値的響きを聞き取ることができます。そして、どの言葉で呼ばれるかで人は異なる感情を持ちますね。「お客さま」や「先生」、「課長」というような立場を言い表す語で呼ばれる場合も同様です。（「山田先生」というふうに名前とグループとの組み合わせになることも多いです。なお、「先生」と呼ぶのが生徒の場合、話し手と相手とは特定の関係にあることを踏まえての表現ですが、人が代議士などを「先生」と呼ぶときはそうではありません。特定の間柄ゆえに出てくる表現としては「お母さん」「お姉ちゃん」「叔父さん」などがあります。が、時に、相手の子どもではないのに「お父さん」「お母さん」と相手を呼びながら会話をする人や、弟や妹の立場にいるわけではないのに会話相手に「お姉さん」「姉ちゃん」という言葉を使う人もいます。――なお、これは相手をどう呼ぶかということからは離れますが、小さい子どもが自分の姉のことを話題にするのに誰が相手でも「お姉ちゃんとね」というふうに言うのは普通ですが、或る程度成長した人が話題の主を呼ぶときには、話す相手と自分との距離を測って、「お姉ちゃん」「お姉《ねえ》」などという言葉か「姉」という語かを使い分けます。その距離の測りというのも或る価値評価を背景にしていますし、聞き手はこの価値評価を聞き取ります。「父さん」と「父」の語の使い分けなどでも同様です。――それから、これらさまざまな選択とは別に、「ねぇえ」「あのう」などの呼びかけの言葉で済ますこともありますが、どういう呼びかけの言葉かがまた相手をどう捉えているかを反映しています。）

また、相手を名前で呼ぶ場合も多いですが、これがまた多様です。「中村花子さん」「中村さん」「中村」「花子さん」「花子ちゃん」「花ちゃん」「花子」「花」「山田太郎君」「山太郎」等々があります。これらがどういうときに使われるかは容易に想像できますね。また更に渾名《あだな》で呼ぶ場合もありますが、その渾名のニュアンスがさまざまで、親しみを籠めた語の場合もあれば呼ぶ相手を貶《おとし》めるような場合もあります。そしてこの貶めを籠める場合、話者によっては、やはり相手が属するグループを指す「＊＊」という差別語を使って、「＊＊」「＊＊野郎」と呼ぶ場合もないわけではありません。（「＊＊」の例は挙げません。）いずれにしても呼びかけられる言葉の中に呼びかけられる側は相手が自分との関係をどのように捉えているのか、その捉えに潜む或る価値評価を聞き取りますし、それゆえに或る感情も生まれがちです。

それから一人称として、「ぼく」「俺」「おいら」「自分」「小生」「私」「うち」「あたし」「あたい」……などのどれを用いるか、それにも自分と相手との関係をどのように捉えているかを反映していて、その捉え方を聞く側は分かり、それ次第では或る感情が湧き起こります。

敬語法

次に、「お気に召したでしょうか？」という言葉と「気に入った？」という言葉とでは、言葉をかけた相手に対して自分がどのような態度を取っているのかの違いが明白に表れています。態度の違いは相手と自分との関係の有り方についての或る価値判断から生まれています。後者の言葉では発言する自分と話かける相手とは同等だというニュアンスがありますが、そのときにそれを殊更に意識しているわけではなく常態化していて、選ぶということではないことも多いでしょう。しかし前者の言葉の場合は、相手は目上であるという価値判断が表に出て、その判断と言葉とが連動しているのではないでしょうか。前者のグループとしては相手の事柄に用いる「仰《おっしゃ》る」など、また、自分を低めて相対的に相手を高める「申し上げる」「承《うけたまわ》ります」などがあります。それから、「＊＊さんに話す方がいいんじゃない」と言うか「＊＊さんに話されるのがよろしいのでは」と言うか、「嬉しいんだ」と「嬉しいです」、「行くよ」「行きます」「参ります」などの表現でも、言葉が意味する主内容は同じでも、言う側と聞く側との関係を発言する側がどう捉えているかを示し、そのことを聞く側は敏感に受け取ります。いわゆる敬語法に従う表現の効果です。そしてこの効果には受け取る側での感情の生起がくっついてきます。

なお、以上では話し手自身と会話の相手とをどのような語で言い表すのか、それから両者間の関係の捉えに基づく敬語等の使用というものをみたのですが、その相手を呼ぶときに使った言葉や、あるいは相手次第で「気に入る」か「お気に召す」かを使い分けるなどした表現を、話題の人物について用いることもあります。「山田君は気に入ったようだ」「山田大先生のお気に召すだろうか」「山田課長に申し上げた」「山田の野郎に早く来いと言ったんだが」「山田女史には早めにお出でいただきたいとお願いしたよ」とか。それからこれらのうち二番めの表現「山田大先生」は（あとで論じる）「大」という語の付加があるものの、単純に山田氏を高く評価しての表現だとは限らないことにも気をつけたいですね。このことは、「山田大先生めが、がなってやがってた」という表現では山田という人を揶揄するようなニュアンスがあることと照らし合わせると理解できます。これも「先生」ではなくて「大先生」という表現が醸す効果です。また、このようなとき、山田さんが学校の先生、医者、代議士など「先生」と呼ぶことが多いグループに属しているか否かも関係ないですね。

それで、このように多様な表現があるのですが、どういう表現をするか、それは聞く相手を選びます。ということは、聞く側は、語る側が自分をどのように捉えているかを聞き取るわけです。

純然たる評価語

今度は、次に純然たる評価語に目を向けましょう。「素晴らしい」「みすぼらしい」「美しい」「最高」「誇らしい」などの語が何かについての評価を表す語だということは明らかですね。そして、これらはさまざまなもの、事柄に適用できます。「素晴らしい旅」「誇らしい仲間」「みすぼらしい身なり」等々。そして、これら明白な評価語を含む複合語も価値評価を携えることになります。「美貌」「優美」「美酒」「美談」「美質」「賛美」「最高記録」「最高潮」など。(「美しい」という語の意味内容が「優れている」ということへと重心が移っていることにも要注意です。)同じようなことは「上質紙」「祝辞」「幸運」「惨事」「慶事」などの語にもみられます。

ところで、「最高」という語は元々は単純に「最も高い」ということを言い表し、その「高い」「低い」は空間的な規定を言うに過ぎず、価値評価を含んではいません。「低い木」「高い木」の場合に明らかです。ただ、高低は価値の大小を言うようにもなっています。「高品質」「低価格商品」というような語の場合です。この理由をここで述べる必要はないでしょう。(「晴れ」「晴れやか」「晴れ晴《ば》れ」「曇り」「雨」についてもほぼ同じようなことが言えそうです。)

反対の意味を持つ形容語——程度がある語——

ところで、「高い」「低い」は反対の事柄ですが、同時に相対的な事柄でもあります。庭の低い樹木でも塀よりは高いというふうに。そして多くの形容語は「高い」「低い」と同じように対《つい》になって生まれています。しかも、「とても高い」から「少しだけ高い」へとその高さの程度が次第に小さくなり零度となる、そしてそれは、他方の形容語が意味する側の「とても低い」から「少し低い」へと移ってくるその終点としての零度と一緒になる、そのような性格を持っています。ですから、程度の漸次的移行を通じて反対の評価に移るとも言えます。同じことは、たとえば「明るい」「暗い」にも、「美しい」「醜い」にも、先に述べた「大」という語の元である「大きい」にも言えます。それから、「鋭い」「鈍い」、「どんより」「爽やか」、「澄んだ」「濁った」、「重い」「軽い」、「穏やか」「激しい」などなど。

これらの語も、程度の漸次的移行を通じて反対の有り方を表す語に移るという性格を持っています。

知覚種や感覚種によって異なる質とそれらの質の質

ところで上記の語の幾つかは、物的事象の異なる知覚(視覚、聴覚、触覚など)と体の感覚それぞれに特有の質(色や音や匂い、それから痛みや痒さ怠《だる》さなど)に共通の質とでもいうもの、そこで「或る質の更なる質」とでも言うべきものを見いだして言い表しています。「明るい色」「明るい音」「濁った色」「濁った音」「濁った味」「爽やかな色、音、匂い、味」「ぼんやりした音、味」「くすんだ色、音」「軽い音、味、痒さ」「鈍い音、色、痛み」「穏やかな色、味、匂い」「強烈な色、音、痛み」等々。これはどういうことでしょうか。

次のことに注意すると事情が理解できそうです。すなわち、これらの語はまた、あれこれの感情の有りようにも適用できること。「明るい感情」「鈍い(心の)痛み」「重い悲しみ」「ぼんやりした不安」など。これらの語は心の有り方を私たちの外の事象の有りように託した比喩的な表現ではありません。けれども、これらの語が言い表すのは外のものに見いだす質の一部でありながら、その質を感受する人自身の基本的な心の有りようとも連関しているという性格をも持っているのではないでしょうか。ところが感情自身は正負の仕方で現われる、人にとって優れて価値的なものです。そこでまた、これらの語は単に或る質の様子を言い表すだけでなく、或る価値評価の響きを持ってくるのだと思われます。

語が価値評価を引き寄せる仕方

さて、このような評価を携える語というのは少数派でしょうか。いいえ、そうではありません。「みじめ」「辛い」「溌剌」「痛い」「痒い」「病気」「健康」「災い」「嵐」「祝う」「呪う」「喜ぶ」「褒める」「羨む」「助ける」など、切りなく挙げることができます。というより、実はほとんどの自立語が或る価値評価を分泌しています。

たとえば「表」や「裏」という語はどうでしょうか。複雑な価値の帯び方があります。葉っぱの表と裏とを指す場合、それは単純に通常見えやすい側と見えにくい側を指すだけです。そして植物学者は表と裏とでどのような構造の違いがあるか、その構造は植物にとってどのような役割を持つかなどを調べますが、その構造や役割をどう評価するかということは、「表」と「裏」という語の方に何か評価的な響きを与えはしません。(因みに植物にとっては葉っぱの表も裏もそれぞれに重要な働きをします。)けれども、「裏金」「裏工作」「裏口入学」「裏取引」「裏がある」「裏切る」「裏目に出る」などの語となると、これらはマイナスのイメージを持つ語となっています。どうしてそうなのか、容易に推測できますね。普通に見ると表は見えるが、裏は見えない。家の裏側だと見ようとすれば少しは見えるが見えにくい。また、葉っぱの場合だと、表には光が当たって裏は当たらない側で陰になっている。建物でもできれば陽当たりが良い側が表になるよう建てることが多いですが、すると裏は明るさが乏しくなります。そこで、元々見えない、もしくは見えにくい上に暗くてはますますそうで、これをよいことに良からぬことが行われる、そういう場所として裏が用いられることもないわけではないと、このように連想が働くわけでしょう。(マイナスのイメージとまではゆかなくとも、何につけ表は立派に拵えたり飾ったりしても、裏は余り見られることがないからそのような配慮はしないということもありますね。この場合、少なくとも表よりは価値評価が低いものとして裏は扱われています。）

また、光と陰との異なりは、嵩じると光と闇との対比になります。その「闇」という言葉ですが、これまた「闇取引」「闇に葬る」「闇討ち」など良からぬことという価値評価を携えた語をつくっています。

それから、「男」「男性」という語はどうでしょうか。対になる語として「女」「女性」という語を想い浮かべて、男性の方は女性よりは偉いんだ、などの響きを持っている、あるいは少なくとも歴史的にこれまでは持ってきたとの指摘もあるでしょう。しかしこのことは措いて、「男」と「女」、「男性」と「女性」との対の方ではなく、「男」と「男性」という二つの語、それから「女」と「女性」という二つの語の異なりの方に目を向ける場合にはどうでしょうか。前者の二つの組で考えるに、使用頻度としては「男」の方が高く、また、さまざまに複合語をつくったり、常套句に入り込んだりして、それによっていろんなニュアンスを持ってきて、そのニュアンスには価値評価の響きも混じっています。「男盛り」「男冥利」「男が立つ」「男が廃《すた》る」「男を上げる」など、プラス評価が多いように見受けられます。「男がめそめそ泣くなんて」と負の評価がある男が泣くことでさえ、「男泣き」となるとそれを肯定的に認めるようなニュアンスになります。他方、「男性」という語の方は少し澄ました表現というか、いつでも中立的というか。だから、たとえば統計などでは「男」という語よりも用いられるのではないかと、このようにも思われます。（ところで、本書の最後の「謝辞と執筆の経緯」に記した、本書の草稿を読んでくださった内山くるみさんからのコメントに次のような見立てが書いてありました。〈「男」「女」というのはそれぞれの言葉を聞いた時に連想される態度や理想像などが絡んできますが、そこに「性」という言葉が付くことによって、そうした語に対する付加的なもの（意味？）を知らず知らず排除しているために、「男」「女」よりも「男性」「女性」の方が中立の響きを持つように感じるのかな、と思いました。〉成る程、適切な指摘だと思います。）それでも、「男らしい」と「男性的」とでさほどの違いはないでしょう。だから、二つの語、「男」と「男性」とが（それらを文脈から離れてみた場合に）特に異なる価値評価を携えているのではないと思います。けれども、或る事件の報道で「男は」「男を」「男性は」「男性に」などの表現を聞くだけで、前の二つは犯罪者などその事件を引き起こした側、あとの二つは被害者ないしは目撃者等を指すと分かりますね。「男」という語は事件報道という文脈では明らかに負の評価を引き連れた語になっています。「女」「女性」という二つの語の違いに関しても同じようなことがみられます。

加えて多くの語は、その使われる現場で多かれ少なかれ価値評価を滲ませるようなものになりがちです。「あいつは狼だ」「彼は狸だから、信用しちゃいけない」というような「狼」や「狸」という言葉の使い方を考えてみてください。それどころか、単なる語のレベルでもう、子供たちにとっては聞かされるいろいろなお話のせいで、「熊」という語は優《やさ》しくて力持ちだとかの内容を抱え込んでいて、「優しい」というのはプラスの評価を携えているし「力持ち」もそうです。実際の熊が人を襲うことがあるとか、そのとき熊に力があることは怖いことだとかの方は無視されています。

語彙の豊かさ

最後に一般的な話をしますと、語は多くの語とさまざまな関係を取りながら或る位置を取っていて、そのことで互いに他の語からの影響を受けます。そして語の位置取りの一つの有り方としての複合語では、その成分としての語が他にどのような複合語をつくるかということがあり、その結果、それらさまざまな複合語が関係を持ってきて、互いに各語が携える価値的内容を他の語に与えることも多くなります。たとえば「もの淋しい」「うら淋しい」「もの悲しい」「うら悲しい」「もの侘びしい」「うら侘びしい」「懐《ふところ》が侘びしい」「もの憂《う》い」「もの静か」「もの想う」「うらぶれる」「心哀《かな》しい」などなど。（そしてこれらの語のお陰で人は、語を知らなかったときと比べてより繊細な感情を懐くことができます。言葉が自分の感情を理解させ、理解が感情をより細やかなものにします。）また、語がどのような文で用いられるかによってその語のニュアンス、価値的響きも、同じ文を構成する語の影響を受けます。要するに、語は他の諸々の語と関係を取ることで多様な内容を潜在的に抱え込むのです。そしてこの事態は、語彙が豊かである人、そして沢山の文章を読む人においては特に生じやすいことです。（聞くよりも読む方が、というのは、日本の文字では読むときには漢字が持つ内容が加わるからです。たとえば「悲しい」と「哀しい」。）なぜなら、語彙が豊かであると、より多くの複合語に馴染み、その複合語の成分を成す語を通じて或る語は他の沢山の語と何らかの関係を持ってゆき、諸々の語が密であったり粗かったりする編み目をつくり、語は他のあれこれの語との諸関係を背景に、その背景の語群それぞれの有り方を反映する内容を持ってくるからです。要するに人は多くの言語表現に馴染んでゆくほど、大きな言葉の森を作ってゆき、そのときに森を成す異なる種類の木々が増えつつ互いに多くの関係を持つのです。そして森は安定したものになります。ただし、他方、それでいて時に語の新しい使い方が現われるときに、森の或る部分が思いがけない様相を見せることにもなります。

言葉遣いによって人を評価することと感情の生起

以上の諸例を考えると、私たちが主たる内容としては同じことを言うのに、話題にする事柄によって、あるいは相手によって、言葉を選ぶ、言い方を変えるというのは、語の選びや言い方が或る価値評価とでもいうようなものを伴わせることが多いゆえだということが分かります。そして、その言葉を聞く側は、その語や言い方が、敬語表現のように言葉を聞く側が自分であるゆえに選ばれたに違いない場合はもちろん、話題の中で殊更に選ぶということもなく当たり前であるかのごとく或る語を話者が使うときでも、その語が携える或る価値判断ないし価値評価的響きを聞き取ります。そしてその響きは言葉を発する人の評価へと場所を変えます。たとえば差別語を平気で使う人に対して、この人はこういう人なのかと思います。「……ですのよ」「大叔母様のご機嫌がお悪くて、どうしたらよいのかしら」のような言葉遣いがいわゆる育ちの良さを想わせることもありますし、繰り出される語の種類が、金満家的とか社会的階層、ないしは職業の傾向や社会的地位などを想像させることだってないわけではありません。また、一つの発言を聞くときでは生じないけれども、同じ人が別の場面で用いる言葉が違ってくるときに生まれる価値評価というものもあります。たとえば上司に対して完璧な敬語を使っていた人が、上司のいないところで上司を話題にするときの言葉遣いでは上司を貶めるような言葉遣いになるときでは、それら二つの語が携える価値的響きの落差によって、人は発言者についてどう思うでしょうか。

また、物言いが率直だというのは語の選択仕方からくる感じ方であると同時、その音声の出し方、態度などからくる感じ方でもあります。熱弁、朗らかな音声、調子よい喋り方、木訥《ぼくとつ》な喋り方があるし、陰気っぽい喋り方だってあります。ですが、話をこのようなことにまで拡散させることはやめましょう。

ところで、前節で銀梅花をあげるという約束を取りあげた箇所でみたように、会話は決して一方向的ではなく相互的なものになるのが一般的です。そこで、互いの間で行き交う言葉が二人の振る舞いに劣らずというか、いや、それ以上に、二人双方で、あるいは直ぐ近くで聞いている人においてさえ、さまざま感情を次々に生まれさせることをみました。実はそのときも、二人は相手が言う言葉の意味内容を理解するだけではなく、言葉遣いが携えてしまう或る価値的響きを聞き取り、その感受も全体の感情の生起に与ったに違いありません。

言葉によって引き起こされる感情がどのようなものであるか、これはとても大事なことです。感情もまた、歓迎したいもの、反対に、できれば味わいたくないものとでも述べたい或る質を持っていて、感情が生じる人のそのときの有り方を深く規定します。そして屢々、その感情を引き起こす切っ掛けとなった人、自分に語りかける人をどう想うかと一緒になった感情というものも生まれ、こちらは特に、その人と自分との関係に影響を及ぼします。ですから、話し手の方からすれば、自分の言葉ゆえに相手がどのような感情を懐くよう仕向けられたのかとその人本位で気に懸けもする(想像する)し、今後の二人の関係という観点でも気に懸けざるを得ません。言うなれば自分の言葉の使い方が自分自身に跳ね返ってくることを承知しているわけです。

(3)言葉によって初めて生み出されるもの・発見ないしクローズアップされるもの――「約束」「青森銀行」「民主主義」――

A.「約束」という語

ところで、前節で、約束の意味を知っているから約束できるという話をしましたが、もしかして「約束」という言葉がなければ約束という事態は存在しないということはないでしょうか。特定の西瓜も、同じようなものである西瓜のグループも、それを言い表す「西瓜」という語がなくても存在します。特定の犬も「ポチ」という語なしで存在します。これらの語は、それぞれに存在している或るものを指すものとして、その指す働きを持つゆえに便利なものとして、その存在しているもののあとから生まれます。生まれると、「西瓜が食べたい」とか「ポチは何処だ？」というふうに、そのように言う人の周りに西瓜がなく、ポチがいなくても話題にでき、聞く人は或る果物（種類）のこと、ポチという名の犬のことだと分かるし、「西瓜は季節はずれだから、夏まで待つしかないね」とか、「ポチだったら、隣の花子ちゃんが散歩に連れ出したよ」というふうに言って、最初に発言した人と同じように果物やポチについて何か述べることができます。そして、それを聞く人は、聞かないでいるときとは違った有り方になります。「夏になるまで食べられないなんて分かってるよ、待てと言われると益々食べたくなる」と言いたくなる、そういう気持ちになるかも知れないし、口に出すかどうかはともかく、「じゃあ、ぼくも公園に行こう」となる、あるいは「花子ちゃんと一緒だったら安心だ」となるかも知れません。そして、可愛がっている犬を「チョビ」と名づけていても同じようなことが生じます。けれども、約束の場合はどうでしょうか。

子どもが買い物に出かける母親に、「＊＊の饅頭を買ってきてね」と言い、帰宅した母に「お饅頭は？」と尋ねると、「買ってこなかったわ」と母。「え？　頼んだでしょう？」と子ども。「約束はしなかったでしょう」と母は言う。母にしてみれば、約束は「約束」や「約束する」という言葉とともに二人の間で生まれることで、子どもは一方的に依頼しただけだ、という理屈です。そして依頼に応えることと約束を守ること、依頼に応じないことと約束を破ることとは別のことです。依頼と約束とではそれぞれに相応しい言葉があります。

また、朝、学校の玄関で一緒になった一人の子ども（A）がもう一人の同学年でクラスが違う子（B）に「今日は一緒に帰ろう」と言い、Bが「そうしよう、今日は授業が五時間だよね、じゃあ、玄関でね」と答えるとき、当の子供たちのどちらも「約束」という言葉は口にしていないとしても、約束したと捉えているでしょう。だから、授業が終わって二人が玄関の所で落ち合い一緒に下校すると、二人は、自分たちは約束を守ったと考え、もしBがすっぽかしたなら約束を破ったということになります。その証拠は、Bは次にAに会うとき、「ああ、ご免、忘れて先に帰ってしまった」とか、「居残りさせられて、連絡しようと思ったけど、先生が教室から出してくれなかったのでできなかった、悪かった」などとか言って謝ることにみられます。忘れたとは何を忘れたのでしょうか。謝るのはなぜでしょうか。一緒に帰るという誘いを忘れたのではないでしょう。誘いには誘われた朝、乗ったわけです。そして乗ったとは、もし誘いの内容が未来のことであるなら、誘いとそれに応じるという二つの事柄は終わって新たに二人の間で約束が生まれたのです。（誘いを断るのも断るときに成立し、それでお終いです。）ですから、誘われたことをしなかったとき、それは誘いを忘れたと考えるべきではなく、誘いに乗ることで約束したことの方を忘れた、あるいは覚えていても何らかの事情ですっぽかしたのです。誘いを断るときに「ご免、ちょっと無理なんだ」と言うときの朝の「ご免」と、ずっと後で謝るために言うときの「ご免」では、その意味合いが違います。前者の「ご免」は相手の気持ちに反する態度を取るゆえのものです。後者での謝るとは、約束は守るもの、果たすべきものだからです。守るべき、果たすべきとは、先立って約束が生まれたことを前提しています。他方、誘いは乗るべきものと決まってはいません。「べき」という要素が誘いと約束とを分けます。だから以上の状況は、子どもたちは朝の段階で偶々《たまたま》「約束」という言葉は口にしなかったものの知っていた、その使い方、意味を知っていたということを示しています。約束することは「約束」という言葉とその意味の理解なしではできません。

念を押しますが、人ないし人々の或る振る舞いがあって、その振る舞いをあとから人々があれを「約束」と呼ぼう、「依頼」と呼ぼうなどと名づけるのではありません。これらの言葉の意味を了解して初めて人々は約束や依頼という内容を持つ振る舞いができます。そして、ということは人は既に人々の間で流通している「約束」や「依頼」という語の使い方を覚えた後で初めて約束や依頼ができるということです。（もちろん、「依頼」という言葉は知らずに「頼む」や「頼み」という言葉で依頼をすることはできます。けれどもこれは単に、同じような内容を持つ語が幾つかあるという事情によるに過ぎません。ただし、いわば同義語でもそのニュアンスは必ず異なります。）

B．「青森銀行」という語

次に、「青森銀行」という語はどうでしょうか。この語を、名づけとして生まれた語と考えることは自然です。けれども、それは既に有るものを名づけたのではなく、名づけることで初めて生まれるものの名なのです。西瓜や犬は名無しで存在します。それは物的なものだからです。けれども「青森銀行」という名前がなくてはこの銀行は存在することはできません。

青森銀行が実在しているということは、私たちが青森銀行から融資を受けたり、青森銀行の或る口座に送金したりできることで確認できます。けれども、この融資や送金は「青森銀行」という名無しではできません。それは私がブロック塀を造るAさんと、これこれの条件で来週の月曜からAさんのもとで一ヶ月間働くと契約して契約書を交わすなら、契約書には私とAさんの名を記さなければならず、だから二人とも名を持たないわけにはゆきませんが、これと同じことでしょうか。

私が文字を書けないとき、たとえば名前の代わりに拇印でも済みます。アメリカにやってきた移民の少なからぬ人々が棒線を二つ引くなどで署名したことになりました。実際には私にもAさんにも名があり、名があるから互いに呼び合ったりするのに便利ですが、仮に名無しでもちゃんと契約はでき、契約に従って私は働くことができます。（契約と約束との違いについては第5章第2節(3)で論じます。）

小説にありますが、風来坊がやってきて名前なんて持ってないと言い、それでも雇ってもらえる、ただ、その内に、風来坊を呼ぶ名を雇い主が考え出して、その名を用いると作業の指示その他がスムーズにいく、ということはあります。このとき、やはり名の前に名づけられる人の存在があります。しかし、青森銀行の方は「青森銀行」という名がなくてはそもそも存在できない。青森銀行は見たり触れたりすることができるような存在ではないからです。

確かに、青森銀行という看板が出ている本店や支店を見、そこで働く人々がいるのを確かめると、ああ、間違いなく青森銀行というものがあると思います。けれども、その建物も働く人々も「これが青森銀行だ」と言えるようなものそのものではありません。（他方、架空の銀行を舞台に大掛かりな詐欺を働くために、贋の店舗や従業員を用意し、それを詐欺の相手に見せて安心させることもできますが、見せられた建物や人は銀行の実在とは無関係です。なお、店舗を一つも持たないネット銀行があります。ただ、業務を行うには登記が必要で、登記には所在地を記さなければならないという興味深いことがあります。人間では、青森銀行のように物的なものではなくても存在するものとして扱うことができるものがあるのですが、そのものでも何処か現実の場所を言える物的世界のものに何らかの仕方でつながっている必要はあるのです。存在の概念と空間の概念とは切り離せません。フィクション上のものに関してすら事情は同じ、空間——架空の空間であってかまわない——の指定無くしてはフィクションは成立しません。）

銀行の実体はさまざまな業務、資産などのうちにあります。だから、先に述べたように青森銀行からの融資やりません。

では、数々の送金業務の総体、あるいは発行株式数、預金量、融資残高、取り引き企業や個人の一覧、それらを集めれば青森銀行の内容を満たすことになるでしょうか。いや、そのような仕方では、切りがありません。銀行の内容は、いわば途方もなく拡散していると表現してもよく、その拡散している事柄すべてを追いかけても、私たちの理解は締まりのないものになってしまい、何が重要なのか分からなくなってしまいます。いや、根本的に、そもそも、どういうものを追いかければよいのか、これは先立って青森銀行とは何なのかが分かっているのでなければ、可能ではありません。拡散しつつも確実に一つの統合体としてある銀行が問題です。それら拡散しているさまざまな事柄によって具体的内容を与えられつつも、それらの総体を可能にしているものこそ青森銀行なのです。何か金融業務を行っている組織が実態としてあるのだから、その組織が青森銀行だと主張しようとしても、銀行の組織とは、顕微鏡下で見る植物の維管束組織のようなものであるわけではありません。名前なしでは、その組織は溶解してしまいます。すべての内容を集め束ねる芯、結晶化する芯の役割というか、輪郭づける役割というか、これを果たすのが名前なのです。そして、或る店舗が閉鎖され、従業員が交替し、取引先に変動が起ころうと、青森銀行は青森銀行であり続けるのですが、そのあり続けるものは「青森銀行」という名とともにのみあります。(もちろん名前を変更できます。けれども、変更した新しい名前がなければ存在できません。引き継ぐ名前無しでは、それまでなしてきた業務はどれもできず、ということは業務の遂行などから成る銀行としての存在は無くなるということです。➡コラム6)

「青森銀行」という名を相手に契約書を交わせばこそ、それが青森銀行という存在と契約したことに他ならないのですし、また、この名を相手に契約する仕方以外に青森銀行の融資を受けられません。仮に、精悍《せいかん》な顔やがっしりした体格を具えた人物として見ることができる頭取と具体的な話をし、打ち合わせたのだとしても、頭取の個人名を相手に(つまり青森銀行の代表者という資格でなく)契約書をつくるのでは青森銀行を相手にしたことになりません。

明らかに何らかの名前の創出なしでは存在し始め得なかったものが問題となっています。名があって初めて名づけられたものが存在し始める。名は後からくるのではありません。名があろうとなかろうと誕生してしまえば存在する仔犬とは違って、特定の具体的な銀行の誕生のためには、誕生するものの名が必要なのです。そして同じように、青森銀行が新しい部署を存在させたいなら、それはその適切な名とともにでなければできません。(ただし、語というのは固有名詞という特殊なものを除けば一般的なものですから、新たな部署名も、複合語となるだろう多くの場合をも含めて、一般的であるのが普通です。――固有形容詞や固有動詞というものはありません。固有名詞がなぜあるかの理由について述べることは省きます。――たとえば「リテール課」「女性キャリア推進室」というふうに。そこで、似たような部署名が他の銀行でもあるということにもなります、リテールの部署が大所帯で、「リテール一課」「リテール二課」という部署名を有する銀行も出てくるというふうに。そして、部署名の頭に「青森銀行」等が付くことで特定の組織を指す固有名詞として機能するわけです。)駅東口地区開発のようなプロジェクトも、名を持たずには機能しません、つまりは存在することはできません(⬇コラム7)。

コラム6　名前の変更や引き継ぎ

名前の変更は、業務が拡大してきたゆえにそれをカバーするような名前にするという場合もあります。けれども、フェイスブックが新しい領域に取り組むことを明示するためとして「メタ」と名前を変更したとき、それには、不祥事と言わないまでも少なくともさまざま批判をかわす意図もあったような匂いがします。それから幾つかの企業が合併する場合、合併後の新しい名前があって初めて新しい企業は存在できます。けれどもこれは合併前の企業にとっては名前の変更になります。同じことは或る企業の子会社になった企業が名前を変更した方がいいという判断の場合にも生じます。なお、合併後の名をどうするかで、合併する企業がそれまでの名前を新しい名の中に入れることに拘ることがありますね。三〇年余り前には「太陽神戸三井銀行」というものがありました。これは二段階での合併によるものですが、合併前の銀行名が何だったか直ぐに分かります。その後も銀行の統合は盛んで、「東京三菱銀行」が他の二つの金融業と一緒になると「三菱東京フィナンシャル・グループ」となって、元の名前の順序がひっくり返るなどあって、面白いものです。名前が先にくるのがよいのか後の方がよいのか。自治体の合併でも同様の妥協があります。茨城県の霞ヶ浦の北東部にある「小美玉市」は、「小川町」「美野里町」「玉里村」の合併によって生まれた市です。

また、名がブランドとして高く評価されているとき、これまた名の重要性が明確に浮かび上がります。花王は子会社化した「カネボウ」の名をそのブランドゆえに大切にし、用いました。というか、カネボウブランドが欲しくて買収したとも聞いています。それから、歌舞伎、能、陶芸などの芸道の世界で襲名のために名前を変更する人がいます。これがどういうことかは広く知られています。

コラム7　「銀行」という一般名詞

「青森銀行」という名の「銀行」という一般名詞の部分も重要です。これは「青森銀行」が指す特定のものは銀行というグループに属することを示しています。「青森銀行」という語は複合語なのです。（「青森県」「青森市」「青森市役所」「青森駅」などもあります。なお、複合語はこれらの例よりはずっと広範なもので、私たちの語彙の圧倒的大多数は複合語です。そしてその複合の構造も実に多彩です。）そこで、以下では「銀行」という語について考えてみます。

歴史上の現時点では、銀行というものは制度の枠組みに支えられ、その中でのみ存在し得ます。銀行にも種類がありますが、どれも日本の銀行法という法律に則《のっと》るものとしてでなければ存在できません。それでも、かつて、今日の銀行の業務の一部と同じような仕事をやっていたものを「銀行」と呼ぶことはできないものでしょうか。（序でながら、今日、お金の貸し付けのような銀行業務の一部をやっているものを「＊＊銀行」と命名してよいというわけにはゆきませんが、「闇金融」というものはあります。）

銀行が存在している時点から過去を振り返り、あの時代のこれこれの機関は、実質的に銀行であったと言えると、歴史家が考えることはあるでしょう。たとえば、エドウィン・グリーンは、「銀行」という語（日本語に翻訳前の“banking”や“bank”などという語）の起源も調べていますが、他方で、紀元前三〇〇〇年のメソポタミアの「利息をともなった貸し付け」に遡るなど銀行の起源のおぼつかない探究をし、後世では判っきりと確認できるお金に関わるさまざまな業務の拡大、新たな工夫などが、いつ、何処で誰によって、どのような理由で生まれさせられたかを紹介しています。（石川通達監訳『図説　銀行の歴史』原書房、一九九四年、英国で出版された原書は一九八九年。また、国際銀行史研究会編『金融の世界史　貨幣・信用・証券の系譜』悠書館、二〇一二年も参照。）けれども本項での私の観点で重要なのは、この歴史の過程で新しい業態が生まれるとき、その業態を言い表す言葉は必ず必要で、その語無しではその業態は安定しては存在し得なかったということです。「安定して」というのは、最初は遣り方を説明する文の群れがあれば済んだかも知れませんが、それではそのとき限りになるということとの対比で言ってます。「両替」「担保」「為替」「公債」「割引」「銀行券」「信託」「スワップ」などなど。

C.「民主主義」という語

「民主主義」という語

次に「民主主義」という語とそれが言い表すもの、それからこの語の働き方について検討します。「民主主義」という語について、辞書はどう記述しているか。次のように記述されています。

【民主主義】 人民が主権を持ち、人民の意思をもとにして政治を行う主義。デモクラシー。

この記述は正確には、「「民主主義」という語は、人民が主権を持ち、人民の意思をもとにして政治を行う主義を表す語である」と読むべきですが、民主主義とは何かを説明していると読むことも可能です。とは言え、簡潔と言えば簡潔ですが、内容としてはほとんど形式的なものでできあがっていて、「人民」「主権」「政治」等の語の組み合わせを示し、あとはそれらの語が意味するところから察せよ、と言わんばかりです。ですが、「人民」や「主権」という語は日常生活ではまず使いません。そこでこれらの語の意味をきちんと理解しなければ民主主義というものは理解できないのか。いや、これらの語よりはむしろ「民主主義」という語の方をより何度も耳にするのだから、多くの人々にとっては辞書の説明の方が、言うなれば空疎に感じられるとまでは言わないものの、何かを実質的に教えてくれるようなものとしては受け取り難いかも知れません。

ところで、民主主義について説明している、あるいは論じている書籍が多数あります。しかも、それらが述べる内容は決して同一ではありません。人々は確かに同じ「民主主義」という語で語り合い議論することができていますが、他方で見解に相違がみられるという現状があります。民主主義について人々が互いに理解し合える共通内容の部分と人によって異なってくる部分との両方があるのです。（尤も、これはほとんどの語について言えることです。「桃」という実に単純そうな語でさえ、果実としての桃や花としての桃、或る樹木を言い表すという、多くの人々に共通に分かり合える内容の部分がありますが——とは言え果実としての桃しか知らない子どももいる——、他方、桃太郎の話や桃の節句、桃源郷などを知っている人と知らない人とでは、少なくともこの語が含み持つ意味内容には違いがあると考えないわけにはゆきません。ただ「民主主義」という語では、その共通部分が出てくるのは、これらの語を用いる夥しい文の群れの中の何度も繰り返される基本的と人々に見なされているたぐいの諸々の文——概念文と呼ぶのが相応しい一群の文——によってのみだ、という事情があります。これは直ぐに述べるように、一般に概念を言い表す語では必須のことです。）

民主主義の国とそうではない国家という分け方を私たちは事も無げにしていますが、自分の見解に照らして、前者とされている国家で本当に民主主義が実現されているのだろうか、という疑念を私たちは持つことはできますし、その一方で、後者と見なされている国の政府ないし指導者が、自分の国には自国に相応しい民主主義がある、と主張したりします。このようなことをどう理解すべきなのでしょうか。「民主主義」という語は何を言い表すのでしょうか。私はこの語は民主主義という概念を言い表すのだと考えています。そして一般に（或る）概念とは、その概念を言い表す語があって初めて存在するものであり、かつ、人による解釈の違いがあることを許容するものです。そして、この違いの許容にも拘わらず、人は概念を持つことで或る事柄が理解できるようになったり、或ることを実現しようと努力することができたりするという点で、概念は力を持つものです。「民主主義を守ろう」とか「真の民主主義を実現しよう」とか人が言い、そのことで変わってゆく社会というものは確かにあります。二つの言い方は、前者は現に民主主義は存在しているとの前提に立ち、後者は民主主義は未だ存在していないと判断しているという違いがあるにせよ、これら「民主主義」という語を要素とする言葉はどちらも力を持つのです。そしてこの力はもちろん「民主主義」という語無しでは生まれません。

文の群れによって内容を与えられる語――概念語――

しかし、では、この「民主主義」という語はどのようにして生まれたのかという大きな問題があります。また、この語が生き延びて人々の間でどのように流通するようになったのか、その過程で内容は変化があったかというのも劣らず大きな問題です。するとこの語の誕生と流通との歴史的経緯を辿ることは、この語が力を持つ理由を理解するには重要なことになります。ですが、その辿ることは決して容易ではありません。というのも以下のような事情があるからです。

日本語で現在は定着している「民主主義」に相当する語は夙《つと》に古代ギリシアにありました。そしてその語が或る政体という制度的なものを言うものとして登場したゆえに、その内容はかなり明確でした。ですから、この語の誕生の経緯については分からないというのではありません。けれども、辞書で民主主義の説明にみえる「主権」という語は一六世紀のフランスの政治家、思想家ジャン・ボーダンが初めて用いたそうですし、「人民」という語が何を指すかについては古代ギリシアにおける了解と現在における了解とは異なっています。また、このボーダンより更に後の時代になるという歴史の経過において、民主主義に対する評価は逆転しました。この逆転がどうして、どのように生じたのか、これを追跡することは簡単ではないでしょう。

そこで、現代に生きる私たちは、この語がどのように使われているかを確かめるということが実際的だということになります。しかるにその確かめはこの語が用いられる夥しい文の群れでどのような意味として用いられるかをみるということに他なりません。このことは、この語の意味内容はそれらの文で与えられるということを示しています。「民主主義」という語は先に述べた概念語なのです。そして「民主主義」という語が出てくる文の群れの中でも、基本的な文というのが幾つかあります。国語辞書に掲載されているのはその一例であり、百科事典や思想事典での記述を成す文の多くもそうです。そしてそれら基本的な文を概念文と呼ぶことは適切です。

この事情は、次のことと対比させるとよく理解しやすいでしょう。「民主主義」という語の内容は、「雉《きじ》」という言葉に初めて出会《でくわ》した子どもが「この語の意味が分からない、教えて」と尋ねる場合に、「それは大きくて尻尾《しっぽ》が長くて……クオゥッ、クッと鳴く鳥を指すんだよ」という答で済ませる、もっと幸運な場合には、あとで雉がいる場所に連れていって、「ほら、あの鳥が雉だよ」と示せる、そのような内容とは異なるということです。（「雉」という語の場合、語は何かを意味するということが何かを指すということと不可分です。雉という名を与えられている鳥はこの名無しでも存在しているからです。序でながら「学校」という語も「民主主義」という語と同じく、建物を言い表すのではなくその建物を中心にした場所で行われる諸活動、「教育」「学び」などの語で理解される事柄を言い表す場合には、概念語として理解しなければなりません。しかるに、この語に相当すると言われているギリシア語「スコーレ」の本義は閑暇であり、この語を用いたことは、学ぶ人が市民階級の青年であったということから切り離せません。そこで主として小中学生の学び――と教育――を想わせる日本語の「学校」とでは、その意味内容に隔たりがあります。因みに、古代中国で学校を言い表す「庠《しょう》」「序」は学舎《まなびや》としての建物の方を指すのでした。）

あと一つ。「公正」という語とこの語が言い表す概念を例に考えましょう。この語の誕生とはどのようなものであったでしょうか。恐らく、「公正」という語が未だ生まれてなく、だからこの語を用いてはいないものの或る事柄があるときに、まさにその或る事柄ではあるがぼやけているもの、これを言い表す語として「公正」という語を誰かが思いつき、かつ、その語が次第に流通するようになるなら、それが誕生に他《ほか》なりません。そのとき、この語の内容は多数の文によって内容を与えられなければなりませんし、誕生以降も文によって支えられてのみ存在するのです。そしてこの語のお陰で、ぼやけながらも何となく人々が捉えていた事柄がより鮮明になるということが生じます。そして、公正とは公平ということとも違うな、公平は公正であることの一部だな、という具合になるでしょう。もちろん、或ること、たとえば或る裁判結果について、それが公正な判断かどうかということはきっぱりと決まるというのではありません。「公正」という語が言い表すものの有り方は、「雉」や「桃」という語の言い表しの場合とは異なります。それは、これらの語のように、或る物的なもの、見たり匂いを嗅いだり、味わったりできるものの名として、そのもののあとから生まれる語とは生まれ方が違うからです。

「民主主義」という語で想い浮かべるもの――概念と現実との接続――

ところで、概念文に支えられて概念を言い表す語の内容の中心は定まるということの他に、その語が何を言い表すかについてはもう一つ重要なことがあります。私たちは一人ひとり、その語とともにどのような事柄を想い浮かべるのか確認できるということです。一般に、語が言い表す概念に関して何を想い浮かべるか、その内容に、概念の内容、すなわちその語の意味内容、意味事象と現実との通路があります。この通路を辿ることはその語の歴史を辿ることよりは現実的で重要なことです。というのも、結局、現在というものが重要だからです。（とは言え、歴史は私たちの理解の浅はかさを教えてくれるということがありますし、今後その語をどのように用いてゆくのがいいか示唆を与えたりします。なお、意味事象と現実との接続仕方のさまざまについては、前掲『想像のさまざま』第5章をご参照ください。）

ただ、注意すべきですが、私たちは民主主義そのものを想い浮かべることはできません。民主主義とは空間的なものではないからです。ただ、民主主義に関わる何らかの事柄で空間性を持つものの方は想い浮かべることができます。以下の例がそうです。

「民主主義」という語の場合に、辞書の説明であるように「人民」という語を使うことは無しで、人々が或る国で選挙で政治家を選べるなら、その国には曲がりなりにも一応の民主主義があると人が考えるとして、実際の選挙の有り方をさまざまに想い浮かべるとします。想い浮かべるとは単なる概念的な理解で済ませるのではなく、或る現実を、たとえば立候補した人たちが演説したり、人々が投票したりしている様子のように見聞きできるものとして具体的に想い浮かべることです。この空間性を伴うあれこれの事柄の想い浮かべに概念と現実との通路があります。そこで、政府批判をなす人たちの選挙での立候補を認めない、更には逮捕する国で、そのまさに逮捕された或る人物が連行される場面を人は想い浮かべるのなら、その選挙は仕組まれたもので決して民主主義の一つの形ではないと判断する、そこに概念の適用があり、概念が力を持っていることの証《あか》しがあります。

理 念

さて、このようにみてくると、もしかして、民主主義とは理念でしかないのかも知れません。けれども一般に理念は力を持ちます。理念の存在とは意味的なものの存在でしかありません。理念を想う人無しではないもの、人が想うことをやめれば消えるもの、けれどもその想う人の存在の内容の一部として、その人によって想われているものという資格では有ると言えるものです。この「有る」とは物的現実が在ることとは異なって儚《はかな》いあることです。けれども、それは力を持ちます。その点で、現実との異なる次元の事柄であるのに、一つの現実、人々に想われるものでしかないのでありながら広い意味での現実になります。（現実はすべてを呑み込みます。ただ、それゆえに現実は曖昧なものになります。現実とはどのようなものか分かっていてそれを前提に想像内容でしかないという現実と対比的なものがあるのに、その想像も現実の一つだと言うのですから。だから、現実に属するものの種別を判っきりさせなければなりません。この種別は桃と柿とは種類が違うというような種別ではありません、存在の有り方の種別です。そして細かくみれば右記の二つの種類だけがあるのでもありません。）

人々はあれこれの理念を持つことでさまざまなものを手に入れてきました。序でに言えば、希望や願望が人を動かすことは誰もが知っていることですが、希望や願望というものもその希望や願望する事柄を想像する仕方で何ものか内容を得るのですが、その内容は未だ実現されていないものであって現実としてはありません。けれども想像し、その想像内容に現実への通路を与えようとするとき、それが希望や願望の実現に結びつく大きな可能性を開きます。そして実に、希望や願望の内容を言葉で言い表すときこそその内容は判っきりとしてきて安定した形を取るのです。この形を取ったことそのことを或る種の存在の獲得、意味的なものとしての存在と考えていではありませんか。希望や願望は、第一に「希望」や「願望」という語、第二に、その内容を言い表す概念文の群れという二段構えによって初めて存在します。言い表されない希望や願望はないと言ってもいいくらいです。何だかもやもやしていて内容が分からないけれども何か希望していることがあるとでもいうような、結局は力を持たないものが現われようとして挫折するとでも表現すればよいような事態、これもないとは断言できませんが。

それから、新しい概念として私たちは「パラサイトシングル」「DINKS（二人で稼いで子どもはいない夫婦）」「ミレニアム世代」「情報格差」「ニューカラー（ブルーカラーでもホワイトカラーでもない働き手）」などの語の誕生に立ち会ってきましたが、これらの語はどうでしょうか。これらの語が新しく何かを生まれさせるというわけではありません。けれども、既にあると思われる事柄を言い表そうとする数々の文を束ねる語として登場することで、その事柄に輪郭を与えて恰も発見する、あるいはクローズアップする働きをして、そのことで人々がその事柄に大きな関心を抱いたり、それに対してどのような価値判断をすべきかと考えさせたり、あるいは或る感情や行動を引き起こすなどの作用をします。そしてこれらの作用は意味の力による作用なのです。

第2章　物的なものと人
――文化の誕生――

第1節　物的なものについての知識と想像

⑴体と物的環境

物的環境を生きる体

前章は主として、人の想像する働きと、その働きによって生まれる意味事象が力を持つことを巡る考察（付随的に言葉についての考察）でしたが、これらのこともまずは前提として、人が動物として生きていることあってのことです。そして生きるとは物的環境を生きることです。この前提に関しての探査は生物学や生態学、医学などが引き受けてくれていますが、以下では私は、それらとは異なる見地から眺め、その物的環境内のさまざまな物や事象を見る、聞く、それらを相手に行動するなどの基礎的部分に関してさえ人間に特有な有り方があることなどにも目を遣りつつ、どのようにして人間は他の動物とは違う生き方をするようになったのか探りたいと思います。

さて、物的環境、すなわち自然の中に、動物として生きるのに不可欠な食べるものもあります。けれども現代の大抵の人々は食材をお店で買う、レストランで提供されるものを食べるなどします。木苺を求めて野山に行くとか川や海で魚を探して捕まえるなどすることがあっても、それは日常のことではありません。また、食に関してはほとんど自給自足という人も、野菜を採集するのではなく工夫して育てて手に入れます。このような生き方が他の動物にあるはずがありません。

けれども、ずっとずっと昔の人類は、他の動物と同じように自然の中に食べ物を探し求めていたはずです。そのような暮らしから現在の私たちの暮らしへの移りゆきを理解するには、やはり物的環境の中で体として生きるという大前提、これがどのようなものか確認しておくのは、遅ればせながらもやはり必要です。

確認しますが、体も物的なものです。そして周りの物的環境無しでは生存できない。では、体と物的環境と、両者を私たちはどのように経験しているのでしょうか。そしてそのことにみられる人間に特有の有り方とはどのようなものでしょうか。体の方から考えるべきなのかも知れません。が、体とは環境あっての体だという理由で、環境の方を先に考えてみましょう。この考察の中で体の有り方もみえてきます。

物的環境――環境主による価値的分節――

環境とは何かにとっての環境です。羊歯《しだ》にとって、タンポポにとって、赤松にとって、蟻にとって、泥鰌《どじょう》にとって、クジラにとって、そして人間にとって、という具合に。これらそれぞれを「環境主」と呼びましょう。いずれにせよ、生き物だけが環境主となり得ます。これはどういうことかというと、生きているものは自分の活動によって次の時点でも生きていよう、生き延びようとするもので、そのためには自分の周りのものと適切な関係を取る必要があり、これゆえに周りの物的世界は環境という性格を持つわけです。そしてこの適切さということのうちに、周りのものは環境主の尺度によっていわば価値的にはさまざまになるということが含意されています。環境主が一切居ないところではこの価値という要素は消えてしまい、環境という概念は意味を失います。単なる物的事象があるだけです。そして物的事象は時の推移とともに変化してゆきます。そして環境主も物的なものですから、その変化には、環境主の存在によって生まれるものがあります（⬇演習7）。

体と物的環境内のものとの相互作用——体と体の外の物的事象とは同等の存在——

物的なもののどの変化であれその仕方は環境主の存在の有り無しに無関係です。たとえば、人の例で考えますが、人が単に或る場所に身を置くだけで、昼間ならその場所には光が当たらなくなります。それは人ではなく猫がやってきたときも、大きな石が落ちてきたときとも同じです。そして、代わりに人の背中や猫の体の上部、石の上側に光が当たります。柔らかい土なら其処に窪みができることもあります。草が生えているなら、その草は

演習7　生き物である環境主無しでは環境という概念は意味を失います。けれども、比喩的にでしょうが、この部屋は書物を置くには不適切な環境だというような言い方をします。この比喩が成立する理由はどのようなものでしょうか。

一時的に、もしくは人が立ち退いたあとでも、ぺしゃんこになったりします。そして体の方は少し土が付いたり、草で湿ったりします。服を着ている場合には服がそうなります。（このことは体と服とはその存在仕方に関して基本的には同じようなものだということを示しています。）このように体と体の外のものとは相互作用をするという点では同等のものです。そして、このような物的事象についての研究は一般に物理学というものが引き受けてきました。また、その無数の環境主とそれらの外的物的世界との関係、環境主相互間で生まれる諸関係を主題とした学問としては生態学があります。そして生態学は、多様な生物種の維持を念頭に語られることが多いですが、酸素や二酸化炭素、水等の循環、ひいてはエネルギーが関わるさまざまな変化、太陽と地球との関係、海洋や湖沼と近くの陸地との関係等による変化——どちらにおいても生き物たちの有りようによっても異なってきはする変化——など、生物とは別の物的要素にも目を向けないわけにはゆきません。

生きるために物的環境内で必要なもの

では次に、人という環境主にとっても物的環境のあれこれが異なる価値を持ってくるということに注意しながら、人が物的環境とどのような関係を取るのか、みてみましょう。

第一に、そもそも環境とは身を置く場所として、いつでもなくてはならないものなのです。また、人は眠ることも必要としているのですが、眠るとき、眠る態勢の体を置け、かつ安全な場所を見つけることが望ましいですね。（危険という価値的にマイナスのものがあるから、その反対の安全という正の価値の事柄を環境内に求めます。ところで、眠る場所の安全を私たちは屢々人々の協力のもとで得ます。地域によっては集落に夜警がつくということもありました。ただ、他方では人こそが人にとって最も危険で残忍である、言い換えれば、安全を脅かす側になることもある、という残念な事実があります。このことは、集団間の戦争、殺戮、権力者によるいとも簡単に人を殺したり追放したりの措置などにみられるほか、私たちの身近で幼児ないし児童の虐待があることでも認めざるを得ません。虐待についての報道があると暗澹たる気持ちで、どうしてそんなことができるのかと思い、いわゆる悪の問題という、私にとっては難しい事柄を思わされます。歴史上、悪を罪として位置づける思考のもとで何が悪かを決めつけ、或る人々や集団を糾弾する熱狂的な人々がいつの世にも現われてきました。私にはそのような人の方にこそ悪という言葉が相応しいとも思います。）

第二に、人間も従属栄養体制――無機物から有機物を体内でつくることができず、外から有機物を摂取する必要がある体制――の動物ですから、環境内で見つかる他の生き物を食べなければなりません。食べ物は、体の生理や運動のために必要なエネルギー源として用いられるためと、新陳代謝をする体の構成物質となるため、という二つの理由で体内に摂《と》り込まれます。栄養としての食べ物というふうにまとめてもいいでしょう。それから、動物の種類によっては食べ物に含まれている水分だけで十分で特に水を飲む必要はないかも知れませんが、人は飲むことも必要とする動物の一種です。水は体の成分の大部分を占め、体内の生理を成すさまざまな化学反応の舞台となります。しかるに、可食生物も水も何処にでもある（いる）わけではありません。

それから、飲食とは違って絶えずしなければならず、その点ではもっと大切で不可欠のこととして呼吸があります。体内でエネルギーを得る化学反応が生じるためには酸素が必要なのですが（このことは、呼吸の概念を内呼吸まで広げると、代謝その他につながっていることから分かります）、それは外気に求めなければなりません。また外気は、吸われた空気とは成分が僅かに違う吐息を受け入れるものとしても必要です。そして食べ物や水の摂取に戻れば、反対に体から出すべきものとしての排泄物も、それらを受け入れてくれる地面あって可能なことです。

人に必要な機能①――物的事象の知覚と行動――

さて、以上三つ挙げたうちの最初の二つ、人が身を置く安全な場所、食べ物と水は、求めねばならぬものですから、人はそれらを探すために物的環境内で自ら動き回り、見つけるようにできています（➡コラム8）。この行動すること、そして見つける仕方としての知覚（見る、聞くなど幾つかの種類に分かれた知覚）も必須の機能として動物としての人間に具わっています。（尤も場所は既に何処かに身を置いているのですから、差しあたりは見つかっているので確認するだけという部分もありますが、必要に応じて別の場所を探します。）しかるに人間という動物は行動と知覚とを、他の動物には及びもつかない仕方でなし、これが人の実に極めて多様な有り方を生まれさせます。では、その仕方とはどのようなものか。

行動に関して重要な点の一つは、既に第1章第1節(1)で、私たちが行動するに当たって「どうしよう？」と問うことをみたことで分かるように、人の行動は多くの場合に想像の働きによって導かれるという点です。もう一点については、第3章第1節(1)で穴掘りについて述べる箇所で論じます。知覚に関しては次項(2)で論じます。

人に必要な機能②――自分自身の体の有りようを告げる感覚――

次に、環境内の物的事象の方ではなく体の方に注意を向けると、人は自分の体をどのようなものとして発見するのでしょうか。もちろん行動は体を動かすことを必須とするのですし、見聞きする知覚は目や耳の働きによっ

コラム8　空気・知覚と感覚

空気は探すまでもなくふんだんにある（希少ではない）のが普通ですから、食べ物や危険物と違って知覚する必要がありません。また、空気は大抵の場合には体の移動、運動を妨げるものではありませんから、自分の体が沈まないように体を支えてくれる地面やぶつかる可能性のある木立や岩のように知覚する必要もありません。けれども、息を吸うと冷たいものを知覚することがあります。その冷たいものは空気です。そして空気は、強い風としても気づきますね。髪が額から上へと吹き上げられる、風上に向かって歩きにくいなどは体にとって或る価値的な事柄だという状況ゆえです。ところで、体が冷える、息を吸って鼻孔に冷たさを感じる、これは体ないし体の局部がどのような状態かを告げる感覚です。このように、冷・熱・寒・暖などでは、物的環境内の何かの知覚と体ないし体の局部の感覚との両方が生じることが多く、ただ、場合によって一方の方がより強く、時には片方がもう一方を閉め出すようにして生じます（➡演習8）。

なお、吸うべき空気を探すということは、炭鉱で閉じこめられた人など、余程の場合でなければありません。けれども、その場合には息が苦しくなるとかの強い体の感覚が生じ、それは体が危うい状態にあることを告げるのです。そして、このような（また高山などの）特殊な状況ではないのに息が苦しいというとき、それは体の変調によるものです。

演習8　コラム8で、「冷・熱・寒・暖などでは、物的環境内の何かの知覚と体ないし体の局部の感覚との両方が生じる」云々とありますが、これらの例を挙げて、どうして場合によってそのように分かれるのかも考えてください。

て可能なわけですから、それらの働きとの関係で体の有りようが分かります。ただ、体のその時々の有りようを告げる感覚に特に注意しなければなりません。

体が怠い、腰が痛い、背中が痒いというふうに、体全体の有りようや局部の有りようを告げるものがあり、これは「感覚」と呼んで、色や匂い、音など、物的事象一般の知覚的質とは区別すべきです。このことを特に言うのは、人が痛さや痒さ、色や匂いなどをすべて引っくるめて「感覚」と呼ぶことは多いからです。このことにも理由はあるのですが、その理由の一つは私がコラム8で指摘していること、体の外なる事象の知覚と体の有りようを告げる感覚との発生は動物において同時であっただろうということ、二つには、第1章第3節(2)で「質の質」について述べたこと、これらの論述から考えてください。本書では本格的な考察は省きます。ここで是非とも確認すべきは、色や匂いは、その色をしているもの、匂いを発しているものが自分の体であるということを告げはしないということです。自分の手は肌色だ、上腕は手よりは少し白っぽいとか目で見て分かるとき、それらの見えている内容には(色だけでなく指の形なども含めて)、それは自分の体のことだと告げるものはありません。別の仕方で自分の体だと分かっていて初めて自分の体の色だ、体の一部としての手の色だということが分かるのです。手をテーブルに置いているときに見える手とテーブルとで、その見え方は基本的には同じです。

では、別の仕方とは何か。それが感覚によって、ということになります。何もしていなくても明確な場合は痛いとか痒いなどの感覚によってですし、体を動かすときには、たとえば手を伸ばせば肘の内側部分が伸びる感覚や上腕や肩が引っ張られる感覚が生じます。大きな運動、激しい運動では息が苦しくなったり、胸が膨らんだり引っこんだり、心臓が動悸を打ったりすることが感じられます。何か見ようと目を動かすとその目の辺りに或る感覚が生まれ、見つめていて緊張を感じたり、目が疲れたりします。そしてこれらのすべては、その体を持っている人しか感じません。林檎の丸さや赤さを居合わせた人が同じように見る、あるいは風の音を同じように聞くのとは違います。（実は、物的な何かが在り、それは或る形をしているということと、そのものがどのような色をしているか、音を出しているかなどの知覚的質とではその有り方が違います。前者については人々は一致できます。この論点について興味ある方は前掲『想像のさまざま』第６章第６節(3)(4)をご覧ください。）

歓迎しない感覚について

何もしていないときに生じる感覚は、痛いとか痒いとか、歓迎しないものが多いように思えます。負の価値を持って現われるとでも言いましょうか。けれども、それらは必要なのです。たとえば痛みはそのときには感じたくないものであっても、体がより良く生き延びてゆくという観点からは良いことです。痛い箇所から血が出ているかも知れず、そのことを痛さは教えてくれ、手当てするように人を仕向けます。痒いという感覚についても同様です。痛さをいつでも全く感じない人はさまざまなものにぶつかって傷を受け、大変なことになります。腹痛も、食べるのを控えるようにさせる効果や、排便するという体にとって望ましい事柄を導きます。また、走っていて胸の辺りが苦しくなるのは、運動をやめて休む方がいいということを知らせます。そしてこのようなことがあるから、それらは目立つ感覚なのです。反対に、体が心地よく感じられるとき、その感じ方は強くはありません。漠然と体の調子の良さを告げる程度のものです。

⑵人間の知覚の自在さ

動物の知覚――行動を引き起こす――

さて、前項で私は、人間という動物は行動と知覚とを、他の動物には及びもつかない仕方でなす、と述べました。どのような仕方なのでしょうか。

動物にとって環境は、その或る場所に、そのときどき（つまりは各現在）で、生き延びるということを尺度にした或る価値（危険なもののように負であるもの、マイナス価値も含めた価値）を持ったものが現われる、そういう性格のものとしてあります。そして動物はその現われるものに適切に応じるべく行動します。食べ物が見つかれば食べる、ただし、大きな危険がないという条件で。あるいは自分を襲うかも知れない捕食者からは逃げるなどです。（渡り鳥のように季節によってその環境を変える動物もいますが、どういう切っ掛けで新たな環境へと移動するのか、それも長い期間をかけて、ということに関しても、きっと、その切っ掛けも価値的なものとして動物に現われるのでしょう。）そして、その現われということを動物の立場から言えば、周りの物象に関するものですから知覚ということになります。しかし、だとすると、動物では知覚即行動という構造があると思われます。逆方向からみれば、行動を引き起こすものが知覚内容となる、と言ってもいいでしょう。もちろん、その内容の背景となるものの漠然とした知覚もあるのでしょう。特に、動物自身が居る場所を含み、その中を移動できる広がりがどのようになっているか、これは重要ですからいつでも背景として知覚しているはずです。とは言え、「いつでも」という表現が示すようにそれは持続することで、或るとき特に注意を惹かれるというものではありません。そして背景としてではなく注意を惹《ひ》くものは決まっています、或る匂いや動くものなど、その時に対処すべき事柄です。

ところで、この場合の知覚内容とは何か。匂いや音、動くものを挙げたばかりですが、場合々々によってそれらのどれかとなっていると思われます。或る音がしたら巣穴に引っこむゴーファー、或る匂いを嗅ぐとその匂いが強まる方向に進むナメクジ、或る色のものを目指して飛んでゆく蝶などを考えるとよいでしょう。ところが私たちはどうでしょうか。

人間の知覚――或るものとそのさまざまな知覚的質（色・匂い・音等）という捉えが一般的――

第一に、知覚することは直ちに或る行動を引き起こすわけではありません。そもそも、行動で直ぐさま対処しなければならないのではないもの、これらも広く明瞭に知覚するのが人間です。星も見ます、それも時には注意深く。草が生えている所を歩いていてふとテントウ虫に目を留め、更に赤い背中の黒い点を数えたりもします。テントウ虫は行きずりのもので、食べ物でもなく、自分に噛みつくなど害を与えるものでもないのにです。このような知覚は必要な行動のためのもの、という理屈に従属していません。

もちろん人間にあっても、動物における知覚機能の発生の理由は活《い》きています。環境内で何か対処すべきことを見つけることです。ただ、人は知覚を行動を適切に行う（対処する）ために利用するだけではありませんし、利用する場合でも、知覚によってどういう行動をすべきかが決定されるのではありません。そしてここにはささやかですが自由の始まりがあります。テントウムシの背中の点を数えるのだって自由を前提しています。

第二に、人間を除く動物は恐らく、知覚の種類ごとに異なる内容のそれぞれに応じて或る行動を為すと思われるのですが、人間の最も一般的な知覚様態ではそうではありません。私たちは、異なる知覚種によって手に入れる内容を一つの知覚対象のさまざまな知覚的質として捉えることをします。多くの知覚種によって捉えることができる対象の例として、人が作るもので自然のものではありませんが、煮えたっているカレーを取りましょう。或る匂いがしてきて、ふつふつと音も聞こえ、匂いや音がする方を見ると辛子色のものが見え、お皿によそって食べると熱々で、或る味がします。色も匂いも音も熱さも味もカレーの性質だという捉えを私たちはしますね。私たちは異なる知覚種によって得る内容を一つのもの(カレー)の異なる性質だと捉えるのです。これは、「何かと・その何かのさまざまな性質」という仕方での知覚ですので「分節的知覚様態」と呼ぶのが適切です(⬇コラム9)。

翻ってナメクジが或る匂いを嗅いで動いてゆくとはどのようなことか考えてみましょう。ナメクジは匂いを苺の匂いとして捉えてはいないと思います。ひたすら匂いが強まる方向に進み、その結果苺に到達し、今度は苺を囓ります。囓るという新たな行動は囓る相手との接触によって生じる知覚内容(そして恐らくナメクジ自身において生じる或る感覚のようなもの)によって促されます。行動が止むのは何か危険を察知したとき、それから言うなれば満腹したときでしょう。以上のことは私がナメクジについて研究した人の報告も踏まえ、推測して、しかも擬人的表現も交えないわけにはゆかない仕方で述べていることです。ですが、人間の知覚仕方の特性を理解するための対比としては役立つと思います。(実はあと二つの知覚様態が人間にはあります。一つは元々の知覚機能の発生の理屈にそったもので、たとえば背後で大きな音が突然するなら直ちに人はぎくっとするし、振り向いたりするでしょう。尤も、振り向くというのは何が音を出したのかを見て確かめようとするのですから、この様態は、以上に述べた知覚様態へと直ぐに移行します。そしてもう一つ、綺麗な色、あるいはさまざまな色の配置にうっとりするとか、匂いを味わうとかして、その色が何の色か、味わっているのは何の匂いなのかを全く気にせずに知覚的質だけが前面に出るという知覚様態もあります。)

コラム9　人間の知覚の分節的様態

　異なる知覚的質が同じ一つのものの性質だということはどのようにして分かるのでしょうか。知覚的質の空間的規定が一致することによってです。（哲学史では連合などを持ち出して説明するというようなこともありました。言葉だけで解決した気になっていますが、なぜなのか。知覚の空間性に目を遣ってないからです。そしてその理由は、人の経験内容をすべて非空間的なものとしての精神のようなものに帰するという誤った根本前提を採ったからです。）

　音や匂いは何処かからしてきて、その何処とはカレーが或る色で見える位置です。近寄ると段々温かく感じてくるし触れると熱い、味も舌に接しているものの味で、そのとき、もし覗けばその場所に色も見えるでしょう。ですから、質は空間的なものではないと言う哲学者たちを信用してはいけません。序でながら、痛いと痒いとかの体の事柄としての感覚も、これらは体というものにおける空間規定ですが、やはり広がりを持っています。体自身がヴォリュームを持ち、その部分である腰が痛いとか背中が痒いとか、時には体全体が怠いとか熱っぽいとか。いずれにしても量だけに空間性を認めるわけにはゆきません。質の空間性というものを見落としてはいけません。ただ、質の強さないし程度を量で表すことを私たちはしますが、この理屈は非常に興味深いです。紅茶に砂糖をスプーン二杯入れたものは一杯しか入れなかったものより二倍甘いという子どもと、科学的見地からは一・二倍に過ぎないと言う人とどちらかを選ぶべきでしょうか。それから、この場合は砂糖の濃度を問題にしているのだけども、そのときの甘さの程度と砂糖そのものを食べるときの甘さの程度とを連続的に捉えていいのか、メロンと桃と蜜柑など、すべての果物の甘さを、甘さの種類が異なるのに一様に糖度として示すとはどういうことかなど、沢山のきちんと理解すべきことがあります。ただ、残念ながら、この論点は本書では扱いません。（拙著『食を料理する―哲学的考察―』東信堂、二〇〇三年、増補版二〇二〇年、第五章を参照。）

さて、カレーの知覚仕方に戻って、この仕方からどのようなことが生じるでしょうか。私は或る匂いを嗅いで、ああカレーだと思い、その黄茶色やひりひりした味のことを想ったりします。注意すべきは、匂いは現に嗅いでいるのですが、色は見ていないし味も味わってはいないことです。ということは、このときの私にとって黄茶色とかひりひりした味とかは現実の事柄ではないということで、すると意味事象でしかありません。想像上の事柄です。では、カレーは？　カレーの匂いには特色がありますから、カレーの匂いだとすることは如何にも知識の事柄であるように思えます。いや、色や味の場合でも、カレーの色や味についての知識がなければそれらを想像することはできないように思えます。こうして、知識と想像との関係という大きな問題があることが、またも分かります。

この問題については本書「序」(4)の直前とコラム1で言及しました。ここでおさらいし、少し付け加えましょう。

①知識として遇されるものにはいろいろあるが、すべては人の意味世界に属するものであること、しかし、

②知覚、感覚、感情などの体験内容が意味事象化することによって成立する知識が基礎的な一群の知識を構成すること、

③空想から生まれる物語の内容など、言い換えれば想像内容一般も知識内容という位置づけを得ることができること、

④いわゆる雑学的知識も含めてどの知識も或る意味事象が他のあれこれの意味事象と結びつき、その結びつきが反復して想われることとして成立していること、

⑤推論によって手に入れる新たな知識の獲得過程とは、想像の或る仕方での働かせ方に他ならないこと。なお、⑥人々が最も信頼する自然科学の知識がどのようにして得られ、それはどのような性格を持つかについては、これは沢山の論点を含んでいますが、前掲『想像のさまざま』の第6章第6節（簡便には拙稿「自然・機械・人間」（『哲学雑誌』第一三二巻八〇四号合冊、二〇一八年所収）、および、渡辺・木田直人編『哲学すること——松永澄夫への異議と答弁』（中央公論新社、二〇一七年）所収の「吉田全章による第八の異議　物と時空——そして〈私〉」と「松永による第八の異議への答弁」）をご覧ください。また、以上に列挙した①から⑤のことについても同書で詳しく論じていますが、特に②はとても重要なことで、ご関心がおありの方は同書第3章をお読みください。それから、科学においても日常生活においても極めて重要な数学における真偽の問題については。拙著『言葉の力』（東信堂、二〇〇五年）第2章B5をご参照ください。数学は関数を通じて幾何学化され、私たちにとって空間形式というものがいかに重要で分かりやすいかということの例証ともなります。空間形式は、質や強度の数値化という、コラム9で提出した問題でも重要な要素となっています。

(3)横の関係の発見——意味するものと意味されるもの・知識の拡張と想像——

知覚内容から知覚可能なものへ

ここで苺の匂い、色、味を例に採って、私たちがこれらの間にどのような関係を見いだすか考えてみましょう。カレーの場合と違って、匂いも色も味も相関的に変化するというのが例とする理由です。未だ白っぽい苺を私たちは熟していないと判断しますが、その熟するとは、苺が甘くなって食べ頃になることだ、との理解ですね。そして苺が赤くなると熟してきたと思い、摘んで食べようか、となります。ただ、赤さもいろいろです。そこで恐らく多くの人々は、苺の赤さが濃くなる、あるいは苺が甘い匂いを漂わせるときにこそ、この苺は甘いぞと考えます。ところでこのことを、苺の濃い赤さや甘い匂いは味が甘いことを意味する、あるいはそれらは味が甘いことの徴だと捉えることもします（➡演習9）。しかるに、このような捉え方はかなり広い範囲の事柄についてみられます。夕焼けは明日の晴天の徴だ、犬が吠えているのは客人が来たことを意味するなど。

これらのどの場合にも共通することがあります。現に知覚している内容のうちのどれか（A）を契機として、知覚していない別の知覚内容（B、知覚できる状況が整えば知覚できるものを実際に知覚するならそのときに得られる内容）へと注意を向けるということです。しかるにAもBも知覚できる事柄（従って物的環境内の事象）ですから、AとBとの関係を「横の関係」と私は呼びます。

知覚機能の発生理由からすれば、何かを知覚するとはその何かに対処すべきことがあるかを教えてくれるもので、だから、人にとってはそのときの知覚内容、従ってAに向き合うのが本来です。（動物における知覚機能の発生の観点からは、向き合いもせずに、知覚すると即、行動するというのこそ本来です。それに対して、人間では知覚内容を「或るものの知覚的質、すなわち色や匂い等」と位置づける仕方で捉えるのが基本――飽くまで基本でしかない――となっていて、その或るものと知覚的質とを別のこととし、両者を関係づけます。）そこで、現に知覚している内容Aに向き合うのではなく、それから離れて横の関係にある別のBに向かうというのは特異なことなのです。動物では決してこのようなことはみられません。第3章第1節(1)で話題にしますが、猫は私の指を見ても指が指している方向にあるものを見はしません。

特定の横の関係を見いだすこと

ここで二つの問題があります。一つは、現に知覚しているもの(A)に向き合うよりは横の関係を辿って別のもの(B)に関心がゆくとはどのようなことか。もう一つは、特定の事柄の間に横の関係を見いだすのはどのようにしてか。

最初の問題に対しては、先に挙げた例のすべてで、そのときの人にとってはAよりはBが重要だということが背景にあります。赤くて綺麗な苺を飾り付けに使う場合だと、極端に言えば味はどうでもよいのですが、普通私たちは美味しい苺を食べたいので、美味しいかどうかを食べる前に教えてくれるものが欲しいわけです。明日が晴天となるか否かも来客が来たことも重要な場合に、そのことを知らせるものも、そのことゆえに、つまり二番手として重要だということになります。そして後者が現に知覚によって与えられると、これから一番重要な事柄へと移るのです。

では、どういうふうにして二つの間の関係が見いだされるのでしょうか。苺の例では、その色を見たり匂いを嗅いだ後で食べることが繰り返されるのは自然です。その繰り返しの中で、白っぽい苺はどれも(いつも)甘くない、赤い苺は甘いことが多い、甘い匂いがする苺は甘いことが断然多いとなると、苺の色や匂いと味との間に幾つかの関係をみることは自然なことです。そして繰り返しと言えば、人が来ると犬が吠えるということが繰り返

演習9　匂いと味との両方を同じように「甘い」と表現するのはどういうわけか、考えてください。

されるので、犬が吠えるとそれは来客の徴だとなるのも自ずからのこととなります。けれども、夕焼けと翌日の晴天との関係となると、これを見いだすのは簡単ではないですね。けれども、古来、晴天の方から出発して、晴天の前触れとなるものはないのか探すということは熱心に行われたに違いありません。農作業や船を扱う人などでは、明日の天候がどうなのかはとても大事なことでしょう。雨が降るかどうかが気懸かりな人が、空が曇って、更に暗くなり、冷たい風が吹いてくると間もなく雨が降るということを発見するのは簡単ですが、それと理屈は変わりません。反復経験が大事です。

ところで、気づくのが至極簡単な例だと、何かとその影との関係でしょうか。というのも、両方を一緒に見ることは多いですから。（といっても、何かを見ることとその影を見ることとは別のことです。ですから、やはり横の関係になります。）光と何かとその影との関係に気づくのも造作ないでしょう。そこで、自分の影の横に自分とは違う影が現われると、その影を落としているものは何だと、こちらが気になります。なお、暑いときに日陰を求める場合だと、繁る樹木からその影の方に向かいますが、それは、陰は涼しいのでこちらが重要だからです。

知識と想像

さて、この苺は赤いから甘いだろうと想像しただけなのです。ここには一般性と個との関係という根本の事柄が潜んでいます。しかるに知識は幾つかの意味事象間の一般的関係としてあらざるを得ないのですが、それは右記の例のような基礎的知識の成立の場合には、具体的な個的なものの体験から出発しての一般化――私が「意味事象化」と呼んだ事柄とともに生まれる一般化――を内側に抱え込むことでそうなります。そして、知識の確認とは意味事象間の関係を（確認するという或る時に）想うことで、その想うことは想像の働き一般、空想などをも含む想像の働き一般と何ら変わりはありませんし、具体的な場面での知識の適用とはいつでも想像に他なりません。

ところで、「意味する・意味される」という関係は、「語とその意味」や「信号とその意味」のように広くみられます。そしてこれらの場合では、この語の意味は知っている、「赤信号は停まれを意味する」ことを知っているとなります。特に後者について考えてみましょう。交通信号は技術によって、「赤信号は停まれを意味する」等々と定められ、その意味に人々が従うことを前提として作られたものです。ですから、意味する・意味される関係はきっちりとしています。この関係が場合によっては成り立たないのでは困ります。そこでこの場合は、信号とその意味との関係については知識という資格のものが要求されます。そして信号の意味に従うとは、意味が促す行動をすることとです。知識として知られるのであっても、その知識は直ちに利用されるべきものなのです。知覚機能の発生理由に関して、何かの知覚はその何かに対処すべきことがあるかを教えてくれると述べましたが、まさにこの対処に狙いを定めたものです。ただし、この対処行動は信号の意味を知らない人では生じず、また知っている人でも信号を見るや為すというのではなく、やはり人がしないこともできるもので、そこには人の自由があるということも忘れてはなりません。

相関関係と「意味する・意味される」関係――因果関係の強さ――

次に注意したいのですが、「何か（A）が何か（B）意味する・BはAによって意味される」という関係の方向性において、AとBとのどちらが意味する側になるかは必ずしも定まっていません。さきほどの樹木とのその影の例でも分かります。また、仮に暗がりで苺を食べて甘かったら、この苺は赤かったはずだと想像することもあるでしょう。そしてそれは、甘さは赤さを意味しているという捉えとしても理解できます。普通に私たちがなす捉えと逆方向になっています。同様に、お昼前に、昨日の夕方まではなかった土の窪みを兎の足跡だと捉えれば、これは兎がこの半日の間に此処を通ったことを意味すると言ってよいですが、兎をその辺りに見つけた途端に消えて見えなくなったときに、兎はこの辺りの地面では足跡を残す動物だ、だからその足跡を探そうと、逆方向になります。この後者に関して、兎が動き回るということは足跡を残すことを意味するとは言いはしませんが、構造としては兎から足跡へという方向の捉えであることに変わりはありません。「この広大で凹凸の激しい雪原を渡るなんて、それは死を意味する」という言い方もあります。

ところで私たちは、赤い苺は甘い、匂いが強いものは甘いと考えますが、なぜそうなのかを問おうとはしないのが普通ですね。二つの事柄の間に相関関係があると認め（ないし想像し）さえすれば、そこに「意味する・意味される」関係を読み込むことができます。藤の花が咲くのを見て、今の時期に谷川に行けばイワナがよく釣れるなと人が想うことも、前者は後者を意味すると捉えているようなものです。そして同じ人がイワナを釣りながら、藤の花が咲いている里を想い浮かべるなら、それも反対方向での同じことです。そしてこの場合も、藤の花とイワナとの関係がなぜあるか、単純に同じ時期のことだとするのが関の山でしょう。

けれども、科学者は、苺が赤くなるのは苺の中に赤い色素ができて増えてゆくのだし、甘くなるのは糖分が増えているからで、これら二つのことが生じる原因を探ろうとするでしょう。恐らく一つの原因から二つの事柄（赤い色素の生成と糖分の増大）が生じ、それらの結果が同時期となるのでしょう。そして原因が分かれば、たとえば有り方ではなく黄色い色素を生み出す仕方を発見して赤ではなく黄色いときに甘い苺の品種を作り出すことができるかも知れません。しかるに翻るに、来客と犬の吠え声の関係、兎と足跡の関係も因果関係ですね。これらのことは因果的理解が優れていること、また強固なものとして理解されることを示しています。しかるに、私たちが因果関係に強い関心を持つのは、私たちは選択的な行動するものとして、行動する前に自分の行動が（原因として）どのような結果を引き起こすかに気を配るし、行動した後でも気にするからです（➡演習10）。

第２節　文化の芽生え

⑴風土と物的事象に関わる技術

人間は全く異なる風土でも生活している

本節では、横の関係に気づくという人間の有りようが技術の獲得を可能にし、他の動物とは違う生き方へと導いたということをみます。技術は文化の芽生えとして捉えるべきものです。

人類は他の動物と違って地表の何処ででも生息していると言っていいほどです。大海原ではなく湖などでは水上生活の人々もいます。物的環境が大きく異なるわけです。とは言え、それぞれの環境には、特徴的な周期的変

演習10　秋になったから紅葉した、と人が言う場合、因果関係があるのか無いのか。どのように事柄をほぐせばいいでしょうか。

化を内蔵はしつつも或る安定性を見いだすことができます。（ただ、今日、この安定性が保たれずに、いわゆる異常と評したいほどに変動する時代に私たちがいるのではないか、という危惧があります。）そして人々はその一応の安定性ゆえに、環境にさまざまな工夫で適応できます。この工夫は人の体に内在する適応能力によるものではありません。つまり、単純に人の動物としての異なる環境への適応によってもたらされるものではありません。人間は、他の生物だったら種の変異という形でのみ適応するしかなかったに違いないほどの環境の大きな差異、風土の違いをものともせずに地球上の至る所で暮らしてきました。種の同一性を保ったままです。それが可能であったのは、それぞれの環境で生きてゆくために数々の技術を編み出していったゆえです。

生物は、平地、高山、低い山、川や湖、海など、それから季節によっても変わる気温、降水量ないし降雪量、風などの気象条件に合うものが生育、棲息しています。そして多くの動植物が季節の変動によって有り方を変えます。繁殖に適した季節があり、成長を許す季節もあり、枯れたり死したりして世代交代もある。動物だったら、季節の移りゆきと連動した地理的に小さい、もしくは大きな移動もあります。そしてそのように生きている動物は、同じく以上に述べたような仕方で生きている他の動植物を探して食べるわけです。。だから風土の構成要素の一つに動植物があります。昆虫の手助けで受粉するたぐいの植物にとっても環境（風土）は無生物であるわけにはゆきません。そして人間も、そのときに居る地域で、寒暑、風、雨などによって体が衰弱しないという条件を満たした上で、まずは食べることができるもので入手しやすいものを見いださなければなりません。（人でも、遊牧民族のように決まった仕方で移動する人々もいますし、個人として異なる時期に互いに極端に違う幾つもの環境に身を置く人もいます。このような人の移動は動物の移動とは性格を全く異にしていて、移動先のどの環境でも生きてゆけるために必要な数々の技術の恩恵をこうむること無しでは可能ではありません。因みに、自分の移動――体を尺度とすれば大きな移動のため――あるいは荷物を運ぶために馬やラクダを使うことも既に技術の事柄です。）

けれども、その食べ物を手に入れる仕方が、他の動物の遣り方とは異なっています。人間は採取や狩猟などのために道具を使う、食用動植物を育てる等のことを始めます。そしてもちろん、どのような道具を作るのか、どのような動植物を育てるのか、利用するのかは、人が暮らす物的環境がどのようなものであるかによって制約されています。そこで、技術というのも所変われば違うものになります。そしてこの違いは、いわゆる文化の違いの一翼を担います。物的事柄に関わる技術は人間の文化の一大領域を形成します。のみならず、まさに文化を芽生えさせたものの一つです。

一つの例

自分がいる土地で食べ物となる動植物を見つけ、かつ、手に入れることができるか、これは決定的に重要なことですね。それから、塒《ねぐら》すなわち住まいと衣服。衣食住という基本を整えることが優先順位の上にきます。（尤も、食と住――塒――とは多くの動物も必要としますが、衣だけは人間特有のものですね。蓑虫《みのむし》の蓑や刺蛾《イラガ》の繭《まゆ》は決まったものとして作られ、多様にあり得る人間の衣服とは性格が異なります。）そこで食べ物としての魚に関わる技術としてはこんなものもあるだろうと、一つ例を考えてみましょう。前節(2)で取りあげた横の関係に注目するという人間特有の知覚の有り方、これに想像の力が加わって生まれる技術の獲得の様子が分かるような例です。

川の岩と岩とが作る狭い隙間（A）に、よく或る種の魚（B）が見つかるとします。（実は、隙間を岩と岩とが作るものとして捉えることそのことが人間に特有の捉え方です。動物は隙間を隙間とだけ見いだします。）すると、同じような隙間を探し回って魚を捕まえようとするでしょう。けれども岩と岩の隙間にいる魚を捕まえることは簡単ではありません。魚がもっと奥に引っこんだり、隙間の少し奥にある出口から広い川に逃げたりしたらお手上げです。そこで、人が自分の手で、川のこれはと思う場所に魚が集まるような隙間を作る、それも魚が逃げる場所がないような隙間、つまり適度な窪み（Ｃ）、隙間と似たようなものを作ろう、と考えることはありそうです。

このとき第一に、人は繰り返しの経験により特定の横の関係（隙間Ａと魚Ｂとの関係）に気づいています。そこで、ＡがあればＢもと考え、川中の岩の隙間Ａを探して見つけ、其処に魚Ｂがいないか探すでしょう。この気づいた内容を知識と呼んでもいいとすると、この知識からすうっと、Ａの知覚（知覚できている内容、隙間）から、未だ現実にいるかどうか分からない（知覚するに至っていない）魚Ｂを想う、想像することが生じます。ただ、知識といっても、知識はＡ一般とＢ一般という二つの意味事象の間の関係を内容としていて、それは意味次元に属するものとして想像することによってのみ支えられているものです。対するに、現実の世界ではすべては個的であり、その個別性と一般性とには隔たりがあります。隙間があるなら其処には魚がいると考えても、別の言い方をすれば、川の中に或る種の隙間が其処に魚がいることを意味すると考えても、それは想像上のことです。現実に魚がいるとは限りません。

第二に、窪みＣを作ろうと考えること、これは新しい隙間を、しかも自然の中に見つけるものよりもっと望ましいものを想像することですね。この想像は、背後に魚と魚捕りということがあって生まれる願いと一緒になっています。そして何であれ何か（この場合は川中の窪み）を願うとは、それを想像することを含んでいます。

そこで次に、川中に自分にとって都合の良い窪みがあったらいいなとの願いをもつ人が、大小の石を川の何処かに積むことで窪みを作るとして、役立ちそうな石を探して川に持ってゆき、実際に窪みを作るとします。これは、ヒヨドリが巣作りをするために、落ちている細い小枝や乾いた草の茎を地面で探して見つけたり、南京ハゼの小枝を嘴《くちばし》で掴んで両足を踏ん張ってちぎったりして、それらを営巣する場所に運び、少しずつ巣を作るのと、似ているようで、同じような仕方のものではありません。ヒヨドリは営巣期には細い枝などで巣作りをするようにできています。枝や草の茎と巣との関係は発見するものではなく、最初からヒヨドリにおいては組み込まれています。それに対して、人が作る窪みは願いにおいて想像した窪みCを先立たせ、このCの現実化を目指すことで生まれるものです。ですからCとは異なるものを想い浮かべてもいいわけです。けれどもヒヨドリは巣を想像もしませんし、願いもしません（⬇コラム10）。

コラム10　必要は発明の母

　願いについて言及したので、序でに次のことも確認しましょう。「必要は発明の母」と言うように、技術発見を促す一つの要素として「或るものが必要である」ということがあります。けれども、実際に必要だという、いわば客観的な事実と、その必要ということを知ることとは別のことです。たとえば私たち人間を含めて動物には食べ物は必要です。ですが、人間以外の動物が食べ物を探すということだけの中には食べ物の必要を知っているということは含まれていません。動物が食べ物を探し回り、手に入れるために戦いもするのは、そのようにするようにできているからでしかありません。お腹が空いていることと一緒になっている食べることの欲求も、必要を知っているということとは異なります。食べなかったらどうなるのかの想像無くして食べることの必要は分かりません。

有用物を作る

さて、ここで話題にしている技術は、さまざまな物的なものを人にとって有用なものへと変えます。人工物を作ると言ってもいいです。もちろん、変えて何か作り出すことはどの動物にもあります。蜘蛛は体から糸を出して網を張りますが、網を支える体の外の木の幾つかの枝は単なる木の枝ではなくなって、小さな昆虫などにとっては巧妙な罠の一部となっていますし、網が張られた空間はもう完全に空っぽの広がりではなくなります。それは相変わらず風が吹き抜ける空間ではあっても、獲物や木の葉などが通り抜けることができるものではなくなっています。（体内から出す蜘蛛の糸でさえ、大元の原料は蜘蛛が食べたものでしょう。）また、ビーバーは巣作りのために河川の或る部分の有りようを目覚ましく変えますし、その遣り方は凄いです。ですが、蜘蛛の網張りであれビーバーが川の様子を一変させることであれ、そのときに彼らが用いる遣り方とは性格を異にするのが人間の技術です。人間が獲得してきた技術（そして捨ててきた技術）の根っこにあるものは人間の想像する力なのです。そして、技術の始まりとしての物的事象に関わる技術の場合、前章でみた、横の関係への着目による知識の拡張とも大いに関係しています。

試行錯誤

ところで、現実に人が作る窪み、それは当然に想い浮かべていたCとは異なるものです。願っていた通りのものができたと喜ぶ場合でも、その身分が違います。単に想像しているだけのものと現実のものとの違いです。ですから、人が作った窪みは混乱を避けるために今や「C′」と表記して、Cとは区別する方がよいですね。

確かにCとC′はその内容に関して似ていると言えます。とは言え、想像した窪みは想像内容きっかりの内容しか持ちません。それは意味事象です。人が想う限りで何ものかであり、その想いの内容としてのみある約束の場合と同じです。他方、実現できたものとしての窪みは現実に属し、確固たる存在として、それについて人が何かを思う思わないとは無関係に存在することになります。そしてそれは隅から隅まで確定したもので、それがどのようなものであるかの探索には切りがないものになります。また時の推移に連れて持続しながら、かつ、変化してゆくものでもあります。翻って想像上のものは想像しているそのときだけ何ものかであり、ただ、何度も同じものを想像すると言える場合も多く、するとそのものは恰も時の推移を超えてあるかのようです。

他方、取りあげている例では、C′は、人が石の一群（D）を川の何処かに積むなどして作ったもの、石の或る仕方での集まり（D′）なのです。そして、魚を採りたいという願いを背景に、窪みCを想像し、石に着目し、石を積むという仕方で現実の窪みを作るということ、これを技術と呼ぶことができます。ヒヨドリとの比較に戻れば、この石に相当するものが小枝や草の茎、石の集まりに当たるものが巣です。そしてヒヨドリが巣を作る仕方も巧妙で、それをも技術と評してもいいですが、人間が生み出す技術とは性格が違います。人間の技術は、述べたばかりのように、或る願いを背景に、何かを想像し、その想像したことを実現するというふうに、願いと想像というものを介在させています。そしてこの介在ゆえに試行錯誤というものもあります。試すということそのことが既に想像によって支えられています。何かを先に想像し、それを実現しようと試みるのですから。そして作り出した窪みに関しては、これは凸凹《でこぼこ》しているとか、幅が広過ぎる、水流で崩れやすいのではないかなどと評価して、窪みを作り直すなどするわけです。

そもそも一般に、こうすればこういうことが生じるだろうという想像があって行動する、というのは、人間の行動の特徴です。「こうするなら」を実行すれば物的事物との関わりが便利になると想像できるとき、そこに技術が生まれる可能性があります。なお、技術は反復できるものとなって初めて技術と言えます（⬇コラム11）。

一般化と転用

さて、人がなぜ石Dに着目するかなどについては、いろいろ考えなければならないことがありますが、二つだけ述べて、あとは省きます。一つは偶然の発見とその一般化です。たとえば大風で折れて落ちた木の枝が別の太い枝の上に十字になって重なり、その枝をシーソーのように動かせることを知るという場合、これは梃子の発見ですが、偶然の発見です。けれども、この、とても重い物でも或る仕方で動かすことができると知るとは一般化を含んでいます。この一般化とはどのような事態か、あれも魚、これも魚という分類における一般化とは違います。ものの一般化ではなく、遣り方の一般化です。ただし、一般化とは総じて具体的な事柄から離れ、従って意味の次元の意味事象を形成することであり、かつ、その意味事象を機に応じて具体的な場面を意味づけるものとして適用する用意があるものとすることです。

そして二つめに述べたいこと、それは転用です。たとえば遠出した海岸で偶々ホラ貝の殻を見つけ、水を川から汲んだり雨水を溜めたりするのに使えると思いつき、実際に使用してうまくゆく、これは既に自然の事柄を人間の関心のもとで別のものとすることです。物そのものは同じでもいまやホラ貝は容器です。ホラ貝を何か加工するわけでもないので技術というには至らないと思われるかも知れませんが、私は立派な技術だと思います。同

コラム11　技術の修得（習得）と技術の知的理解――能力と技術・技能・技術の応用――

本文では技術の発見と反復についてだけ述べていますが、既に生み出された技術に関して二つのことを述べます。一つは技術の修得と能力、それから技能という概念について、もう一つは技術の知的理解について。

何か一回だけできることは技術とは言えません。百メートルを十秒で走る人がいれば、それはその人の能力ゆえのこととして理解しますが、スタート時の足の蹴り方を工夫することで十秒を切ることが安定的にできるとすると、それは元々の能力の他にこの蹴り方の技術を生み出したからだと言えます。そしてその技術は他の人々も能力があれば修得することができます。そこで、その蹴り方ができる人にはその「技能」があると呼ぶのが適切になります。体操選手が鉄棒を使う或る特殊な体の動かし方を編みだし、かつ、それを反復できるようになると、私たちはその単なる体の動かし方でも、普通は人がやらない動かし方であるゆえに、これも一つの技術だと位置づけます。まして土を捏ねて器を作ることが繰り返しできると、それは土器作成の技術を手に入れたことになります。技術を手に入れることと技術の修得とは切り離せません。言うなれば、技術的行動は、技術を習慣のうちに飼い馴らした行動です。習慣化する方向へゆかないなら、技術は未だ修得されたとは言い難いでしょう。さりとて私たちは、習慣のうちに溶けてしまった技術については、もはや技術の概念を適用しないことがあります。これはどういうことでしょうか。研ぎ澄まされた仕方で技術を意識した行動をこそ技術的行動だと言うべきだからです。

ところで、既に誰かによって見いだされた技術は、或る潜在的能力をもっている誰にでも修得可能な事柄という性格を持ち、こうして、いわゆる技術の伝承が可能となります。（この場合「修得」は「習得」でもあります。なお、人によって技術の高さに差があるということは、能力と技術との二つの概念間の関係を示しています。また、別の文脈のことですが、人の社会的位置などによって技術の修得が阻まれるというようなこともあります。）

次に、土器の制作であれ或る料理であれ服の仕立てであれ、自分ではできないものの、それはこれこれの技術によるものだということを人は知的に理解することができます。もちろん、それ留まりならどうということもありません。けれども、たとえば土器制作の技術がどのようなものかを理解しているゆえに、その技術の一部である「土で器の形に作ったものを焼く」技術を何か別のこと、たとえば建材（「煉瓦」と呼ばれることになるもの）の制作に使えないかと考えることは実り多いことです。これは技術の応用と言っていい。けれども、その応用を言う人が実際に建材を作れるか、これは別のことです。また、幾つかの技術を組み合わせて何か新しいものを作ることもやはり技術の応用です。いわゆる諸技術の枠としての機械や装置、諸技術が詰め込まれた機械や装置を考えてください。ただ、機械や装置に関しては、それをつくる技術と扱う技術——新たな技術——が必要とされること、また逆方向に、それまであった幾つかの技術が機械や装置によって代行されてしまうこともあるということにも注意しなければなりません。

様に、前に述べたように、ラクダに荷物を運ばせることも技術です。馬を乗りこなすのを人は優れた技術だと称賛しますが、この技術と同列のことです。また、更に私が注目したいのは、ホラ貝を容器として使っているうちに、そうだ、魚が誘う窪みにも転用できるかと思いつくことです。そしてこの転用も一つめの思いつきも、想像の働きによって可能となっています。なお、一度或る技術が生まれると、その技術を基礎に新しい技術を工夫するということが生じます。現代の科学が既に確立したと見なせる諸理論を利用して更に進むというのも同じです。

⑵どの文化でも似たような機能を持つ人工物が異なる姿で現われる――多様性の基底にある共通の要求・衣食住――

前項で述べたように、人にとって何が必要か、ないしは望まれるか、その最初の事柄は人間の体とその物的環境との関係から自ずと出てくるように思われます。そのことは、環境が人工物の有り方を制約し、従って、環境が異なれば制約も異なっているにも拘わらず、人々は種類としては同じような人工物を作ってきた、その作る技術を開発してきた、ということで確かめることができます。前項では食に関わる魚捕りを取りあげましたので、人間の生活の基本である衣食住のうちの住と衣に関わる例を挙げましょう。

どの環境でも人々は住居（休み、眠る場所、子育てをする場所、多くは食事をする場所、道具、衣服などを制作する場所……）を求めます。野宿は一時的に留まるべきという考えが大抵の人にはあるでしょう。遊牧民族でも然《しか》るべき根拠地と一夜限りの仮の宿とは違います。しかし、どのような住居になるかは環境によって異なるものになります。その異なりは素材の異なりだけでなく技術の異なりでもあります。そして地域によって異なる特色があることが、その環境で暮らす人々ごとの文化を言う理由の一つとなります。

広い草原という環境では、その起伏の中にまずまずの高低差のある小さな崖のようなものが見つかれば、横穴を掘って草が生えた土を天井にした家にするでしょう。森林では、樹木の幹や枝を利用した屋根や壁のある家。所によっては石を積んで壁にする家。雪原では雪を利用した家。要は、暑さや寒さ、降水降雪はどうか、風はどうか。そのためにはどのような住居が望ましいかという大前提を踏まえて、その土地で手に入れることのできるもの。自然の或る部分の物的性質を利用するのです。ただし、その利用に当たっては何か道具が必要でしょう。穴を掘ったり、木を切ったりするための道具が。しかるにその道具も自然の中から調達しなければなりません。

衣服でも同様でしょう。その地で（多くの場合に或る道具を使って）手に入れ得る丈夫な草の茎や蔓、あるいは動物の皮などは、加工仕方、使い方によっては衣服にも住居にもその一部として用いられるでしょう。また、さまざまなものを縛るのに使えます。

因みに、何かを縛るというのは画期的なことではなかったでしょうか。実際、縛ると言えば、何かを固定するだけでなく、幾つかの物を一つに纏めること、そしてそれらの持ち運びに関係しますが、このことには、その何か、たとえば食べ物を直ぐに消費するのではなく、短い間でも保存すると言える部分があります。そして自ずと長期の保存の仕組み（風が通る洞窟、土を掘っただけのもの、仕切り、器《うつわ》等）も求められることになったに違いありません。

こうして、自然物からさまざまなものを手に入れるための道具、次にその道具を活かすための道具や、道具を作るための道具というふうに、人工物の種類は増えていくことになるのも成り行きとしてはどの地域でもみられたことでしょう。全く異なる風土で暮らす人々において、一口に言えば衣食住という人間の暮らしの基本（言い換えれば、それぞれの環境に制約される中でも目指すことが必定《ひつじょう》の事柄）のための工夫ということから出発して、さまざまな技術が生まれてきて、それら技術によって拵《こしら》えられた人工物は、機能としては同じものがみられるわけです。けれども、その具体的姿は風土によってさまざまとなります。この地ではひょうたんの実を乾かして作った容器と土で作った容器があり、別の土地では獣の膀胱を利用した容器というふうになります。

そして、時代が進むに従って、機能をより発揮できるものが工夫されるというのも当然の方向でした。土器から青銅器へというふうに。ただし、青銅器を生み出すことができるようになったからといって土器は捨て去られるのが当然というわけではありません。また、或る地域に遠く離れた地域からの人工物がもたらされるということ、のみならず、その人工物を作る技術ももたらされるということも出てきます。

⑶人々の間に秩序を設けること

人の力を超えたもの

ところで、自然環境との関係で姿をみせる衣食住に関わる物的事柄に関わって人々に便利さなどをもたらしている諸技術、これらだけが文化を構成するのでしょうか。いいえ。あと二つ、文化というものの芽生えがあります。一つは人々の関係に或る秩序をもたらす技術の誕生。人が他の人々と一緒に暮らすに当たって希少なものが問題になるとき、競争や争いなどはもちろんあるものの、そこに人々は人間独特の秩序（たとえば、①所有の概念によって安定がもたらされる秩序と、その秩序の上で更に、②配分あるいは競争のルールを定めることによって得られる秩序）を構築するに至りましたが、これも技術と呼ぶべきです。生得の事柄ではないからで、だから人々の集団によって②のルールは異なっています。また危険なものに対する対処でも、我がちに逃げるなどの方が勝るかも知れないですが、少なくとも今日、危険回避の遣り方に何とか人々が従う秩序を設けられないか工夫してきています。地震や水害のときにどのように避難するかが盛んに論じられ、啓蒙されることはその例です。

そして二つめは、人々が自分たちの努力ではどうにもならないことに関してどのように振る舞うのかとして文化は現われます。そして物的事象に関わる文化と同じく、異なる地域で同じようで異なる文化が生まれます。たとえば祈りや儀式という性格を持つ点では同じで、その具体的な有り方としては異なっています。

もちろん風土によりますが、日照り続きで困っているとき、どのようにしても日照りを止めることはできません。それで、昔の人々は雨乞いをしたようです。(今でも日本の各地で、かつてとは意味合いが異なって、地域の伝統だから、保存すべき行事だから、あるいは地域興しとして有効だから、などの理由で、行われているそうです。)ただ、その遣り方は地域によって異なるでしょう。煙を生じさせるという部分を含むことでは共通でも、その煙をどのようにして生じさせるか(特定の木の葉を燃やして煙を立ちのぼらせる、タバコの煙をトウモロコシの茎に吹きかけるなど)に違いがあることもあれば、煙無しの雨乞いでは黒い豚もしくは黒い羊を雷神、風神、雨神に供えるなどのこともあります。これらは、黒い雲が現われるとその後に雨が降るということからきた発想でしょう。(連想と言ってもいいですが、連想は想像の一つの形です。なお、煙の方が黒豚などよりは、黒雲に近いですね。)太鼓を打って雷鳴に似ている音を出すという雨乞いもあるそうです。そしてもちろん、雨水ならぬ或る水そのものを(単独または他のものと組み合わせて)用いることもあります。或る川に棲むと信じる水神の心を動かすことになると思える蛙のような動物に出番を与えるものもあります。これらは実際に雨を降らせる技術とは違います。自分たちの技術では雨を降らせることができない、けれども雨を願う気持ちを心にしまっておくだけでは堪えきれず、雨が降りますようにと、せめて祈るのではないでしょうか。

また、祈るということでは、誰が表立って祈るかということが重要だということが際立ってきます。祈る人によって願いが聞き届けられるかどうか、どの程度に願いが叶うか異なってくると考える人たちがいるわけです。そこで、タバコの煙をトウモロコシに吹きかける場合でも、男が吹きかけ、女たちは踊らなければならないなど。これらは儀式と呼ぶのが相応しいですね。巫女、呪術師、政治的な首長などが祈りの儀式の中心に出ることも。そして儀式が、日照りが長く続くとなされるだけの場合と、決まった季節に行う場合と、さまざまです。これら祈りの目に見える形としての儀式を私たちは文化として捉えます。（祈りの中心人物と政治上の有力者とが同じであるということのうちに、本書「結び」の(2)で取り上げて検討する、いわゆる「祭政一致」という考えにつながる状況があります。祭りごとは政《まつりごと》でもあるという考えです。）

また、或る動物が沢山見つかり捕獲できるよう、また、獣に襲われずに済むようにと、まじないのごときものを唱えたり、或る儀式を行うということも各地でなされていたという報告があります。動物が沢山いるか、これは自分たちではどうにもならなかったことに違いありません。あるいは強く手ごわいゆえに森の主と思う、たとえば熊を仕留めたとき、その肉を食べることを許してもらうよう、その様々な気持ちが伝わると思えることをさまざまに工夫して執《と》り行うなどのこともあります。文化人類学やその傾向の書物で狩猟文化について調べると、沢山のことを教えてもらえます。私としては、雨乞いのときと同じように、連想の働きその他の事柄がみられ、想像が儀式内容を導いているということだけ言い添えておきましょう。

それからもう一つ、圧倒的な自然景観を前にすると人はそれを特別なものと感じ、畏《おそ》れたり敬ったりするのではないでしょうか。ずっと昔から生えていたに違いない幹回りが途方もなく大きく空に向かって聳《そび》えている大きな木、日に映えて輝く赤褐色の巨大な岩、海の沖合で尖塔のように屹立《きつりつ》する岩などは、人には奇跡のように思えるのだろうと思います。それらに対して人々は頭《こうべ》を垂れるとか、樹木をしめ縄のようなもので囲って神聖視する、岩に日の光が当たる方向が特別な日と時刻に集まって其処で太陽と岩とからパワーをいただこうと両手を高く広げて目を閉じて光を浴びるとかするのかも知れません。これらも儀式と言えるでしょう。

なお、これまで述べてきた事柄を、人々の不安を鎮めたり、希望を持たせたりするという点で、自分たちの心の有り方を或る方向に持ってゆこうとする、いわば心に関する技術として考えることもできないわけではありませんね。ただし、心の持ち方を変えるのに心だけをどうにかしようとするのではなく、儀式を典型とするような行動その他を通じて変えるのだ、ということを見落としてはなりません。（関連することとしてコラム20および本書第6章第3節の「行為の内面」という見出しのもとの記述もお読みください。）

人に不可避なこと・ありそうな災厄や死

次に、外的自然ではなく人に関わることで、人の手立てではどうにもならないこととしては、病気があります。誰もが病気になるわけではないですが、病気は人にとって重大なことです。病気の有効な手当て、それから積極的な治療法、これは歴史的には本当に徐々に獲得されてきたに過ぎず、本格的な医学的技術の発見、発展は一九世紀後半のパスツールによる微生物学の樹立以降のことでしかありません。人が病気になる、けれども治療法は分からない。だったら病人を放っておくか。いえ、きっと治癒するように祈る、それから、これはどうかと思う草の汁や動物の血などを病人の皮膚に擦り込むなどを試してみるのではないでしょうか。（この試しの方からは、実際に効果ある技術というものも見つかるかも知れません。けれども、そうもいかないことの方がずっと多いというのが人類の歴史でした。）ですが、この祈りや試すということは多くの地域でなされても、その具体的仕方は地域によって自ずと異なります。文化的影響や交流が生じさせることは別にしてです。

それから、人が死ぬこと、これは不可避のこととして受け入れるしかないことです。そして死とは、死にゆく（死を想像する）人にとって、また残された人にとって重大な出来事です。そこで、人の死をどのように受け入れるか、その遣り方も文化として捉えることができます。どの集団でも同じということにはならない有り方、これはそれぞれの集団の文化と言わざるを得ません。

そして人の死に目を向けると当然に人の誕生にも目を向けないわけにはゆきません。また、成人となること、結婚等、これらの節目も人の生にとって重要で、しかも当人だけの事柄ではありません。誕生した赤ん坊は世話をする周りの人々がいるから生きてゆけます。成人というのも周りの人々が成人の仲間入りということを認めなければ成人として振る舞うことはできません。そこで、これらの節目で人々がどのようなことをするのか、その遣り方も文化を構成します。通過儀礼、各種のお祝い、お祝いに伴う飲食や歌や踊りなど、あるいは死体の処理仕方、死の哀しみや葬送のための歌もあるでしょう。これらは種類としては多くの異なる集団に共通にみられ、ただ、その内容は地域によって異なっています。これらは謂わば人と人との交わり方としての文化です。人が誕生から死に至るまでの行路は決して変え得ないことに注意すべきです。

なお、この人の人生行程に関してどのような遣り方で対処すべきか、これがどの文化でも男と女とで大きく異なっていたというのは見逃すわけにはゆきません。女性だけが子を産み、その結果、次の世代の仲間を確保できるという事情ゆえでしょう。今日、この事情を踏まえてなお、男女による差を設けない、そういう文化が地域によっては模索されていると思われます。

最後に念押し的に総括しましょう。技術を見いだすことも儀式を生み出すことも、ひいては文化全般の誕生は人の想像する力によるものだと私は考えます。文化は人間にだけあるものですが、それは文化の源にあるのは想像だからです。

第3章　人を捉える

第1節　人に対する敏感さ

(1)人の現在の有りようについての想像

人に対する敏感さと想像

前章では人間の物的環境との関わり方をみてみました。本章では居合わせる人をどう捉えるかをみましょう。第1章第1節(2)での食事に誘う、あるいは招待するという例、そして第2節の約束の例は、既によく見知った人どうしの間で或る出来事が生じるという例ですが、ここでは行きずりの人についても当てはまる一般的なことに目を向けたいと思います。

まず気づくことは、私たちは人(自分ではない他の人、その場に居合わせる人)に敏感だということです。この敏感さは、動物として当然に食べ物や危険なものに敏感である、それより強いほどのものです。これは、人では乳幼児の無力で人に世話してもらわなければいけない時期、そして周りの人次第でどのように扱われるかが決まるという時期が長く、その間はそのときどきで人がどのようであるかに敏感にならざるを得ない、ここからきているように思われます。また、人は成人しても食べ物その他の調達を他の人々に依存し、他の人々に危険なものから守ってもらうことが多い。こういう生き方が根底にあります。(それから、人は何かの切っ掛けで――とりわけ、こちらの態度次第で――急に有りようを変える、そのような存在です。ですから、そのときの相手の有りように対して適切な態度をとるべく、その有りように敏感にならざるを得ません。なお、今日の日本で、通り魔殺人など滅多にはないけれども人が危害を加えることがあるという残念な状況があります。普通の日常生活では人々は互いに親切なものだと思いますが。)

他の動物も種類によっては、仲間もしくは縄張り争いをする相手として同種の個体には敏感です。繁殖期には雌雄は互いに敏感でしょう。けれども第1章第3節(1)で言葉について論じたときにみたように、動物は敏感に気づく相手の或る振る舞いにはこの振る舞いを、というふうに対応し、相手は相手で、こちらの振る舞いに応じた振る舞いをするだけに違いありません。そこには動物の種によって定まった様式内に納まる仕方があるだけです。ところが、人の他の人に対する敏感さは、その人について実に多くのことを想像するよう誘う、そのようなもので、だから、相手に対してどう振る舞うかは、その想像内容に応じたものになり、多様になります。この想像する能力は確かに生まれつき具わったものでしょうが、その能力が引き出されることは人と応対することによって始まるのかとも思われ、想像の種類も当初は決まったものに違いありません。けれども人が想像する力を強く持つようになると、想像の内容は個々人ごとに異なるさまざまな広がり方をするのです。

視線と指先

最初に、行きずりの人にさえ敏感である例として、人の視線について考えてみます。当然に目が見える人の場合で考えることになります。

私たち(A)は、人(B)が視線を何かに向けるのを見るだけで、何を見るのかと視線の方向を見ます。ましてBが自分(A)を見ると何か自分と或る関係を取ろうとしているのかと思います。Bが見知らぬ人の場合でこちらを少しでも長く見ているのに気づくと、なぜ自分を見るのかとても気になります。

そして視覚ではない知覚で同じような場合のことだと、事態はもっと大変なことになるのではないでしょうか。満員電車の中とか非常に混雑した通りを歩いている時はともかく、仮に誰かが私に触れてくると、えっ、なあに、と思うでしょう。触れるというのは親密な間柄でなければしないことですよね。また、誰かが私の方に向かって鼻をくんくんさせて匂いを嗅ぐような仕草をすると、自分が匂ってる？まさか、などと心配になるかも知れません。

それから、私たちは人の視線の先を見ることも多いです。そして同じく、いや、それ以上に、人が或る方向を指さすとその指先に何があるか見ようとします。それほどに私たちは人に関心があり、その関心を誘う相手の動きに敏感なのです。(このときは、その人の意図が、あっちを見てみろ、ということだと思うからですが、これは既に取りあげた「意味する・意味される関係」ですし、指と指さす相手とは横の関係にあります。それから、確かに猫だって私と視線が合うと――その切っ掛けは私の体の動きに気づくからでしょう――、私が猫を見ていることに気づきますし、私が視線を逸らすとほっとしたように私の方を見ることをやめます。けれども、私が何処を見ているか、その視線の先を見ようとはしません。また、猫は、私が指さす仕草そのことから離れて、指さす向こうの事柄に気を向けることもありません。)

表情——感情、時に体の感覚の想像——

ところで、視線を見るとは目を見ることを含み、指も見えるもので、目も指も人の体の一部です。私たち(A)にとって(目が見える場合には)Bの体は木々や石などと同じような視覚対象でしかありません。そしてAはBの体の形(各部の大きさやバランスなども含めた形、それからそのときどきの姿勢)と大きさ、肌色、それから、目や眉、鼻、口、顎、頬等の形と配置と一緒に見てどのような顔か、これも分かります。このことを、樹木だって細かに見てゆくことはでき、だからそれは樹木を見るときよりは詳しく細部をも見ているに過ぎないのだ、と押さえてもいいかも知れませ。けれども、私たちはBが顔を顰《しか》めると、痛いのかな、それとも何か気に入らないのかなどと想像し、Bの顔が赤くなると恥ずかしいんだなと想像します。顔に表情を見てとり、その表情に応じてさまざまに想像するのです。これらの想像は見ることの内容ではないもの、Bの体の感覚の内容や感情を狙っています。こちらが気になるのです。そして見える内容はその気になることへの通路のようなものです。(人が顔を顰めるとき、体の何処かがとても痛い場合と、何か誰かの不作法を見て何やってるんだという気持ちが湧き起こった場合、嫌なこと、もしくは不愉快なことを想い出している場合、もしくは何か難しいことを考えている場合など、さまざまで、そうすると、顰め面を見る人の想像内容はその時の状況理解によって違ってきます。状況の理解が人の想像を導く場合も多く、その場合には状況を把握しないと表情が何を示している——意味している——のか捉えそこないます。状況という概念についての詳しい考察は、前掲『想像のさまざま』第8章をご覧ください。)

人の動き――行動としては何か――

それから、Bが急に或る方向に早足で歩き始めると、どうして？何だろう？と気になります。この「どうして？」はBの意図ないし理由を問うています。また、Bが穴を掘っているのを見ると何してるんだろうと考えます。そうしてこれらはその答になる候補を想像しようとすることです。穴を掘っているのは体の動きを見れば分かるのですが――その人の体の動きと、その動きに連れてスコップが動き、地面に穴が空いてゆくのは見ることができますから――、穴を掘ることで何をするのか、生ごみを埋めるところを作っているのか、それとも……と考えるわけで、それはこちらの方こそ重要で、またBがやっていることとして押さえるべきことだからです。そこで穴掘りは生ごみを埋める所を作るという行動の要素行動、あるいは海賊だったら宝物を埋める場所を掘っているという行動の要素行動と位置づけるべきです。そして今の例の場合、その行動（重要である「何の行動」と規定すべき行動）が見ても分からない、だから「何してるんだろう？」となります。

この場合、行動する人の側（一人称）に立ってその振る舞いは行動としては何かを問題にしていますが、振る舞う目的が行動として何であるかを規定するという論理があります。この論理のゆえに行動の成功や失敗という考えも成立します。また、傍からみると体操しているように見えても、本人が踊っているつもりなら、それは踊りとは言えないと評するとしても、その人は一応は踊っていると認めないわけにはゆきません。

ただ、振る舞いが行動としては何であるかを決めるのは結局は振る舞いの結果です。目的も、振る舞う本人によって見込まれた結果です。そして二人称の立場から人の振る舞いを見ると、この穴掘りは、未だ最終の結果が分からないまま、生ごみを処理する場所作りの行動ではないかと想像することもありますし、振る舞いの結果から、あらあら用心しないとその付近を歩けはしない、落とし穴をつくってしまったんじゃないと決めつけてもいいことになります。これは、振る舞いを目撃していなくてもできる理解で、或る結果を重視する仕方で誰でもできる行動規定です。だから三人称による規定と言ってもいいでしょう。そこで、二人称と三人称とによる行動規定の場合、本人が意図しない行動や気づいてもいない行動もしたことになるということも起きます（⬇演習11・1）。

人は自分と同じような有り方をすると思い、その具体的内容が分からないと想像する

このように、私たちが気に懸ける誰かBの有りよう（現在のBの有りよう）とは、知覚することで分かる限りのBの体の有りようだけではありません。確かに痛いというのはBの体の何処かの有りようですし、Bが此処が痛いという場所、Bの肩とか膝とかをAは見ることができます。しかしBの痛さは見ることはできません。だから想像するしかない事柄となります。（なお、体の痛みは自分が感じる痛みでも知覚内容にはなりません。けれどもそれは感覚として現実なのですから想像する必要はないものです。そこで、たとえば歯医者がBの歯の状態を見て「痛いはずはない」とBに言っても、Bが痛いのなら痛い。逆に、歯医者が歯の専門家の立場で「痛いはずだ」と言い募《つの》っても、本人が痛くないなら痛みはありません。）

私たちは自分自身の有りようと同じものが他の人にもあると考えています。体の何処かに痛みや痒みを感じること、元気だったり時に不調を覚えたり、病気もすること、身の周りのさまざまな事象を見たり聞いたり、引っくるめて言えば知覚すること、さまざまな感情が生まれること、何かを考え、あるいは望み、決意し、行動する

こと、想像することなど。ただ、知覚を除いて、その内容が現実にどのようなものであるかは本人でないと分かりません。だから周りの人は想像することになります。知覚に関しては、自分が百合を見、その香りを嗅ぐと、居合わせている他の人も自分と同じような内容を見るし（あるいは見ることができるし）、同じ香りを嗅いでいるに違いないと思っているし、私が聞く風の音をその人も自分に聞こえる音と同じ音として聞くと考えています。知覚の内容は共通だと思っているわけです。ただし、この内容が全く同じであるかどうかは分からず、何かの拍子にそのことが気になることはあります。いや、或る標識を作成する場合なら、色盲の人には標識に用いるペンキの色がどのように見えるかを考慮しなければならないということはあります。けれども概して、知覚内容が同じかどうかは実生活では取るに足りないことです。自分が百合を見ている位置と他の人が百合を見ている位置とは異なるので百合の見え方は違うはずだということも人は分かっていて、だからといって不都合は生じません。

想像から行動へ

さて、或る人に関してあれこれ想像するとき、その想像に留まる場合もありますが、留まらない場合もあります。見ず知らずの人でも何だか足がとても痛そうにしている（痛いんだろうと想像する）と、「どうなさいました？大丈夫ですか」と声をかけ、何か役立つことがないか探したりしますね。車を運転していて（➡**演習11**・2）、ついスピードを出し過ぎたとき、同乗者がそのことを気にしているらしいと気づくと速度制限を守る、桜の花見をしながら大きな音で音楽を聴いていたら、近くの人が眉を顰《ひそ》めていることに気づき、ああ、音がうるさいのだろうと想像し、音量を下げる、あるいは音出しのスイッチを切るなどします。

⑵どのような人か——性格・健康状態・ポジション（年齢を含む）など——

どのような人か

ところで前項では、居合わせた人のそのときの有りように対して自分がどう振る舞うかという場面で、その有りようを想像することについてみてみました。けれども私たちは他方で、その人のそのときの有りようではなく、或る長い期間で一貫した有りようがどのようなものであるか、すなわち、よく言うように「どのような人か」を気に懸けます。この「どのような人か」には、性格ないし人柄、健康か病弱か、年齢を含めたポジション、すなわち長女、独りっ子、末っ子、高校生、社会人成り立て、自営業、年金生活者等々沢山のことがあり、状況によってそれらのうちの幾つかが気になり、想像しようとします。（最近では男女は見れば分かるから想像しなくていいと言っていられないこともありますね。）というのも、どのような人かによってどう振る舞うか、振る舞えばいいかを決めることがあるからです。少なくとも、どのような人かということはその人と自分がどういう関係を取るかの大枠を導く一つの要素となります。そしてこちらが基礎にあって、更にその都度のときにどうするか、ということがある場合が多いと思います。そこで、或る人がどのような人かがもう分かっている場合ではなく、言い換えれば未だよくは知らないとき、人のこの有りよう、どういう人かを想像するということを考えてみます。

表情や言動から読み取る

前項とのつながりで、次の場合を最初に取りあげます。それは、興味深いことに、特に或る表情は、何か気にいらなさそうだなと、その表情をする人のそのときの想いを見る人に懐かせることもあれば、この人はいつも不機嫌な人ではないかと、性格を想わせることもあるという例です。前者は、その表情が長く続きはしない場合で、まさに「或る何か」が見あたるような状況の場合だと確実にこちらの想像になります。後者はそのように状況に依拠せずに表情を理解しようとするとき、そしてその表情が長続きしたり、繰り返しみられる場合でしょうか。

性格ないしは人柄はまた、人の言動を見ることで想像がつく場合は多いですね。幾つかの言動を目にするだけで、陽気な人だ、真面目そう、慎重な人らしい、せっかちだ、几帳面だな、面倒くさがりではないかなどが推測できることがあります。或る種の性格は何をするにも表れると思われます。また、何に大きな関心を持っている人か、どのような事柄を高く評価している人かということが、その人の幾つもの行動から窺えるということもあります。

ところで、以上のように話の流れを作ってきましたが、以上の事柄の前に非常に単純なことがあります。それは人がどのようなポジションの人かを想像することです。ポジションというのは一般的な事柄で人の個性ではありませんが、どういう人かという観点では基本的なものです。

演習11

1．人が拳銃を扱って、銃弾が飛び出し、それが当たった人が死ぬ、これにはいろいろ場合があります。そのさまざまを考え、それぞれで人は何をしたことになるのか考えてみてください。そしてそのとき、人がどのような立場に立たされるかも考えてください。

2．車の運転とは何をすることか、さまざまに考えることができます。例を挙げてください。

この子は中学生かなと思う（想像する）。これは年齢の推測がほぼできるということと、もう一つ、これくらいの年の子どもは中学にゆくものだという社会の有り方をも踏まえてなすことです。それから、この人は会社勤めに違いない、会社でもけっこう地位が高い人ではなかろうかとか、どうも自営業の人じゃないかななどと想像することもあります。このとき、顔つき（また髭を生やしているかなど）や雰囲気といった漠然としたものがそうさせることもあり、また服装や持ち物が想像を導くということもあります。そして服装を言えば、ペンキの跡が一杯ついて少しだぶついたズボンを見て、ああ左官屋さんだろうと思うことがあります。服がまるで左官屋さんのしるしであるかのようです。ただし、もちろん、それはそのように読み取る人にとってはそうなっているというだけです。左官屋さん自身が、俺は左官屋だということを示すためにこの服を着ているのだ、ということはないでしょう。体の動きとの関係での機能性、安全などを考慮して、あるいは左官屋だったらこういう服を着るものだという業界の慣習ゆえとのこともあるでしょう。また、警察官だったら制度として或る服の着用が義務づけられています。業務によっては非常に似た服の方々がおられて、見る側からに紛らわしいことがありますが、腰の拳銃その他までとなると、そういう服装をしている人は罰せられるということにもなります。警察官ではない人が警察官の服装をすることは禁じられています。警察官の振りをして人を騙すことになりかねないという理由が基底にあります。それほどにこの服装等は多くの人にとって徴として働きます。私たちはその服装を見てこの人は警察官だろうと思う、その実、想像しているだけなのですが。

人による服装（加えて場合によっては装身具）の選び自体は多くの文脈でなされています。防寒や安全などの物的価値の文脈、各種制服、その場、結婚式や葬儀等での相応しさを規定する社会的文脈、あるいはファッション、それから個人の好みという価値文脈。そしてこの最後の二つは、着衣している人の(職業などではなく)人柄がどのようなものかについて見る人の想像を誘います。派手？　きっちりしていることを良いと考える性格なのかな、シック好みの人だな、というふうに。裕福だろうとか想像させるなどのことも付随しますが。

ところで、人が長くやってきた仕事の場合には顕著ですが、人の佇《たたず》まいが、これまで何をしてきたかという経歴によって生まれているということはありますね。私は研究者の街として全国的に知られているつくば(筑波)からさほど遠くはない場所に住んでいるのですが、その街に行くと、歩いている人の雰囲気で、この人は研究者だなと分かるというか、想像します。そしてこの想像は妻の想像とまず一致しますし、当たっていることが多いですね。この雰囲気は過去の積み重ねで生まれた佇まいで、私たちは現在の姿にそれを嗅ぎ取ります。

とは言え、これは過去が現在のその人の有りように流れ込んでいるゆえに、特に人の過去が過去として力を持つ、意味的なものとして力を持つという事態とは異なります。けれども、過去が全く過去の資格で現在で力を揮うということもあります。そこで以下では、この事態に目を向けたいと思います。

第2節　人の過去

(1)過去の事柄が過去の資格で力を持つ

オリンピックの金メダリストが、受賞後何年も経ってもその栄光のもとで人から見られ評価されるということは多いですね。高い評価の代償にプレッシャーを感じることもあるようです。或る犯罪を犯した人が更生して社会復帰しようとしても、過去の犯罪が邪魔をするということもあります。そしてもっと多くの人に当てはまる例を挙げると、誰か（A）が誰か（B）と結婚し、離婚すると、その人は離婚者だとしてみられ、それゆえに或る仕方で周りの一部の人から接されるということがあります。（結婚そのことも、AはBの奥さんだ、だから……という捉えが重きを置く場合もありますが、これは結婚という事態が持続しているので、結婚したという過去の効力ということも言えないわけではないものの、私が話題にしている問題から外れます。ただ、婚姻届を自治体に出して法的には結婚していることになっているが、別居を含めて実態として結婚生活は解消しているとき、二人は過去の届けの効力に縛られ、形式的配偶者に何か重大な出来事が生じるとき自分が責任を負わねばならないようなこともあります。なお、序での話ですが、AとBとが夫婦のとき、両者の関係がどうのこうのとその有り方を話題にして話しているときは別にして、これから話題の主を登場させるときには、上述の「AはBの奥さん」という仕方の方が多く、その反対の「BはAの夫」という遣り方は少ないように思えます。たとえば「エリザベス女王の夫のフィリップ殿下は」という持ち出し方は少ないと思われます。これはどうしてなのか。女性の方が特に有名だという理由はあると思いますが、その裏では、そのような事情でもなければ当然に「Aの奥さんのBは」という捉え方が多いということがあり、これは男女の格差云々という論点につながることですね。）

しかるに、過去の栄光も過去の犯罪も離婚ももう過ぎたことです。もう決して窃盗などしない人なのにいつまでも犯罪者として扱われるということがあるわけです。もちろん一般に、過去にどうであったかによって現在の有りようが違ってくるということがありますが、しかしそのとき過去は現在の中に流れ込んでいて、それ自身は消えるものです。たとえば昨日、或る川の上流で大量に雨が降り、その結果、今日下流が増水して岸を洗う場合、昨日という過去の雨はもう消えていて、言うなれば現在の増水した川の姿の中に統合されています。それは広範囲にわたる物的な事象の変化に過ぎず、上流の雨の結果、下流がどのように増水するかは決まっています。そのように増水するほかはなかったのです。けれども、オリンピックで優勝したことが人に栄光を与え、その人がメダリストとして称賛し続けられるかどうか、これはそれ以外にはなりようがないこととは違います。現在の人がどう思うかによって変わることです。そしてその思いの内容とはメダリストに与える意味づけであり、その意味づけは過去の優勝を人が（メダリスト本人も含めて）どう捉えるかからきています。捉え方が異なれば違った意味づけになります。ですから、メダリストの場合は過去の事柄が過去の資格で或る意味を持ち、その意味が現在、力を揮っているのです。そしてこの力が働くのは、その過去を持った本人においてということもあるでしょうが、周りの人々においても（屡々より強く）そうです。ただ、多くの人々が同じような意味づけをしているかどうかが重要です。

ところで、上記二つの例ではどちらも、人が何かをしたという特定の過去が主役をつとめています。しかるに、人が何をするでもなく、ただ、或る人間として生まれたという過去が重要である場合もあります。次項⑵では後者を取り上げ、前者については⑶で或る過去ゆえに人を非難したり称賛することについて、および章を改めて第4章では、過去の労働に焦点をおいて論じます。

⑵或る人間として生まれたこと・徴《しるし》と標《しるし》

王子と奴隷

分かりやすい例を挙げます。たとえば或る人を王子として捉えるか奴隷として捉えるかということは、その人が何をしてきたか（という過去）とは無関係に生じ得ます。そしてこの捉えによって人々は王子や奴隷に相応しいと思う仕方でその人を遇します。王子は王の息子として生まれたということによって定まるものです。もちろんそれは、人々がそのように考えるということによってのみ生じることです。奴隷の子どもとして生まれたから奴隷だという捉えは、そもそもが奴隷という身分を人に押しつけるということがあり、その上で更なることとしてあることで、何とも酷いことです。が、そういう捉えがかつてあったというのは事実です。しかるに王子と奴隷とどちらの場合でも、出生という過去を人が知っていなければ生まれない捉えです。（黒人奴隷の場合には、その人がアメリカの奴隷を働かせている地域にいるのなら、肌の色を見るだけで分かったでしょう。）

王子や奴隷は特殊な例だとしても、最近はマスコミの報道では話題になることが滅多にないですが、日本で部落問題というのがあって、それは或る部落で生まれたそのことで人が差別されるというものです。就職や、とりわけ結婚に関して困難に直面するということがありました。今でも地域によってはそういうことがあるのではないかとも思います。それから、日本で働く外国人を見ることが多くなっていますが、彼らを見る目が、また彼らに対して取る態度も、欧米人の場合と東南アジア系の人々の場合とで違うというようなことはないでしょうか。ただし、ここで言う欧米人とは、ずっと以前にアメリカに他所から強制的に連れてこられた黒人の子孫や、アメリカでも英仏その他の国でも自発的移民として当地の国籍を得た人々は別にした、如何にも白人という感じの場合の人で、彼らと東南アジア系の人々とを見分けるのは、その肌色や顔立ちその他で比較的に容易です。

けれども王子に戻って、人が誰かを王子だと分かるのはどのようにしてなのでしょうか。王子のような顔立ちだ、振る舞いだ、だから分かるということもないわけではないでしょう。けれども現実にはそうもゆきません。

昔話に次のような話が多くあります。何かの理由で捨てられた(あるいは殺すように命じられた人が殺さずに木の洞や洞窟に置き去りにするとか小舟に乗せるとかの仕方で捨てるだけにした――そして誰かが見つけて育てる――、あるいは誰かに育てるように依頼した)赤ん坊が長じて若者になったとき、王の息子であることが判明する云々、というものです。その判明とは、王の子として生まれたという過去が分かるということです。それは、その若者は、捨てられていて発見された赤ん坊が大きくなったのだ、という履歴を語る話によって分かるという場合もあります。(ただし、このとき、その話が本当かどうか、という問題が生じます。バーネットの『小公子』という物語で、伯爵の長男の偽者《にせもの》の子ども――偽の孫――を連れてきて、その子どもに伯爵の後継者という地位を与えるよう要求する女がいるように。)また、より信頼できる事柄として、王妃や王様によく似ているだけでなく赤ん坊のときに特徴としてあった背中の痣《あざ》や黒子《ほくろ》が若者にあるから分かるというようなこともあります。

服装が語ること

ところで、人が王子の背中の黒子を見るようなことが生じるのは稀です。それに対し、その服装が王子を示すと受け取るような機会は多くの人々に開かれています。つまり、前節で話題にした服装などが徴のように働くということがあります。マーク・トウェインの『王子と乞食』という作品では、王子と乞食とが服を取り替えたら、王子は乞食に、乞食の子は王子と周りの人々から受け取られ、その結果生じる出来事が描かれています。乞食についても乞食らしい服装をしていることで見分けがつくと人々が思い込んでいたからです。けれども、実際には王子は乞食ではないので、この思うことは現実を知っていることではなく、想像することに他ならないことが分かりますね。するとまた、翻ってその服装で人を王子と考え、そして実際に王子である場合も、その考えることとは想像することなのだということも理解できます。

「徴《しるし》」と「標《しるし》」

ところで、これまで何をしてきたかという過去とは無関係の「過去の過去という資格」での力、意味の力という主題からは離れますが、ここで序でに、人が自然の中に見いだすしるしと人為的に付けるしるしとの区別について述べます。犬が吠えるのは来訪者がきたしるしだ、苺が赤いのは熟して甘いというしるしだいう場合、これは第2章第1節(3)でみた横の関係を利用して人が見いだすしるしです。私はこの場合のしるしを改めて「徴」と表記します。そして、たとえば私がチューリップの球根を植えた場面に棒を立てる場合、棒は土の中で見えない球根のある場所を示すしるしですが、それまではなかったところにわざわざしるしとして置くのですから「標」と表記します。標は人為的に或る目的を持ってばらまかれたしるしです。葉の裏に刺蛾の幼虫がついているのを発見し、あとで駆除しようと、その葉もしくは、幼虫がいる葉は高いところにあるので、その下の方の葉の先を折り曲げておくのも、葉は元からあるとしても標《しるし》の方になりますね。序でに確認すれば、庭の棒の先に球根がない場合もあり得ます。棒を先に立てて、その場所に球根を埋めるはずだったのに忘れたり、球根の品質が悪くて腐ってしまったりしてです。すると、棒によって意味される「この地面の下には球根がある」ということは決して現実ではなく、まさに意味事象でしかないということが判っきりと理解できます。折り曲げた葉の上の方にいた刺蛾がずっと遠くまで移動している場合も同じくです。

豪華な服は何も、服を着た人物が王子であることを示すようにと目論まれて作られたのではないですから、厳密な意味での標ではありません。ただ、王子がいつもこの手の服を着ているのを見ている人（ないし王子というものは豪華な衣裳を着るものだと想像している人）は、衣裳を見て、その衣裳の人物は王子だと考えます。しかし、王の地位を示す冠を被った瞬間に王になる、これは王冠が王の標であるというケースで、しかもその標の機能がとても強い場合です。日本の正統な天皇を巡る争いで三種の神器が重要な役割を果たしたことも考えてください。

では、お坊さんの袈裟はどうでしょうか。誰かが袈裟を纏っていればその人はお坊さんだと私たちは見ますし、仮にお坊さんが暑いからとアロハシャツでお経を上げるなら、これは本物のお坊さんではない、誰か若者がお坊さんの真似をしてお経を上げてるだけじゃないかなどと想うかも知れませんし、もしお坊さんだとすると顰蹙《ひんしゅく》を買うでしょう。やはり、左官屋さんの服と違って、標の方ではないでしょうか。

地位を示すもの——威信財——

因みに、位が高いお坊さんは、そのことを袈裟の特定の色で示すこともありますが、布量がより大きい袈裟を纏うことがありますね。そして王政の国で高位の人ほど重たい服を着る、装身具を身につけるというのは一般的です。しかし、それが活発な体の動きを妨げることもあるはずです。（日本の平安時代の朝廷で十二単《ひとえ》を着るのはきっと重かったでしょうね。）けれども、そのような着衣はまさにその高位の人物であることを示す役割を与えられています。その着衣は活発な動きを妨げますが、畑を耕したり、糸を紡ぐ、布を織るなどしなくて済む身分の人が着るわけです。

一般に威信を示すもの、威信財には、希少であるゆえに途轍もなく高価なものもありますが、人の手をとんでもなく煩わし長い時間をかける仕方で作るもの、装飾品、工芸品などが多くなります。それからもちろん、大規模な建造物も、その見える姿でもって建造者の威信を示すものです。そしてこれらはすべて第5章第2節⑴と第6章第1節で論じる文化事象であり、またそれらの制作がさまざまな波及効果を持つゆえに幾多の文化事象の極めて重要な源泉です。なお、威信財の「財」とは第4章で論じる所有の事柄です。

⑶人が関与したもの——責任・非難・称賛など——

クローズアップされる人の関与

以下では再び、人が何かをしたという特定の過去が意味事象として力を持つ場合を取り上げますが、今度はその過去は注目されていはいなかったのに、或る出来事によって急に浮かび上がらされ、その出来事の捉え方、意味づけ方に参与するという場合について考えます。

一つだけ例を挙げます。雨が降り続いた後で地震があって裏山の崖が崩れ建物が倒壊したとします。これは自然災害、天災だと考えるのが普通です。ところが、同じ崖が続いている別の場所では崖崩れは起きなかった、ちょうど建物の裏手の箇所を含む狭い一帯だけが崩れたことに人が気づいて、どういうわけだろうと考えるとします。それは、その付近の地層が軟弱だったんだろうということで終わりということもあるでしょうが、別の場合もあり得ます。崩れた箇所は、二、三年前に其処に生えていた樹木群を根こそぎ切り倒した部分だと人が思い至ると、その切り倒しが崖崩れの一因でもあったに違いない、なぜなら、根っこが土をしっかり抱え込んでいたのに、伐採はそれを駄目にしたのだから、と。このとき、崖崩れという出来事に、それは人がした過去の伐採ゆえのもの、人災の要素が濃厚だという意味が付与されます。また、倒壊した建物にも地震のせいで倒れた建物という意味だけでなく、木々を伐採した人の配慮が足りなかったから倒壊するに至った物という意味づけも生じます。そして、これらの意味付与から次には、伐採者は崖崩れの責任を取れ、というふうに進むこともあります。これは、過去に或る行動、伐採行動をした人への今になってからの或る意味付与と、その意味の力に従って何かを要請するということですね。伐採のことに思い至らないうちはなかったことですから、明らかに過去が意味として力を持ってきたわけです。このとき、どのように事態を処理するか、それはさまざまにありますが、これについてはここで検討する必要はないでしょう。注意したいのは、崖崩れの主たる原因は地震であっても、その一つの要因として何か人の関与があったと見なされるや、これが大きくクローズアップされるということです。或ることが起きて、それに関与したと目されるAを非難する、Aを称賛するなどがあるでしょう。いろいろです。この例は、第3章第1節(1)でみた、行動とは何かに関して、行動する人の立場からの規定とは別に、結果から遡って規定するという論理があることと重ねると、読者の方々は容易に思いつかれるでしょう。なお、これらの例でも、物事について因果的理解をしようとすることが私たち人間にとって如何に自然で重要であるかが示されています。

第4章　物の所有と労働

第1節　所有

(1) 物の所有の権利を得る

所有の宣言と所有を示すもの

前章までは、人と人との個人的関係においてどのようなことが生じるかをみてきました。本章からは、人が或る集団の中で暮らすゆえに生じている人の生き方のさまざまをみます。そのために何かを所有するという事態を最初に取り上げます。所有という事柄は、既に本書の「序」で話題にしたもので、人(A)が何かを所有しているという事態は、周りの人々(Aと同じ集団に属する人々)が所有ということの意味が分かり、その意味を尊重することで成り立っています。そこで、どのようにして何かの所有が始まるのか、みてみましょう。

一九五〇年代にマレーシアの村であったという次の事例を材料にします。

二日前、トゥキアがスルントゥンを探しに山に入った時にはプタイの木にハチの巣があった。彼は持っていたパランを抜くとプタイの樹皮の一部に刻みを入れた。こうすれば他の者が来た時、すでにこのハチの巣には唾がついていることを誇示できたのだった。」（アジジ・ハジ・アブドゥラー著、藤村祐子／タイバ・スライマン訳『山の麓の老人』公益財団法人大同生命国際文化基金、二〇〇五年、二七頁）

この刻みを入れるという行動によってトゥキアは蜂蜜という価値物を、その場で持って帰らなくても我が物にします。他の人がその蜂の巣と蜂蜜を見つけてもそれを取ることは控えます。それは刻みを残した人物のものだという了解が当時その辺りで暮らしている人々には共通にあるからです。この了解とは実のところ、そう思うことでしかありませんが、人々の間で或る秩序を作っているのです。何かの所有を誰がどういう理由で認めるかということが決まっていることで作られている秩序が、あれこれの秩序の一つとして、しかも非常に古くに生まれた原初的な少数の秩序の一つとしてあるわけです。トゥキアがしたこと、それは蜂の巣を見つけたことと、プタイの樹皮の一部に刻みを入れたという大したことではありませんが、この樹皮に見られる刻みという過去の人の関与を示すものが効力を持ってトゥキアは蜂蜜を所有する権利を持ちます。その効力が及ぶのはもちろん人間に対してだけです。熊が蜂蜜を失敬することは防げません。（また、もし動物がマーキングをすることがあっても、他の動物も人間もマーキングを警戒するなどのことはあっても、尊重しはしません。）

それから、アラゴン‐カスティリャ連合王国（すなわちアラゴン王フェルナンド二世とカスティリャ女王イサベル一世の結婚によって生まれたスペイン）とジョアン二世のポルトガルとの間で、ローマ教皇アレクサンデル六世の関与もあって締結されたトルデシリャス条約を例に取りましょう。これは大西洋における両国の管轄区域を定めたものでした。これが現実に、両国の植民活動の有り方を規定したのです。実際には、メキシコにもブラジルにも、スペインやポルトガルの人々の入植以前から人々が住んでいたにも拘わらず彼らを無視してのことです。

また、スペインが新大陸を植民地にするときのこととして或る書で、もうタイトルを忘れた書物で読んだ話です。事実としての真偽のほどは分かりませんが、或る土地を訪れたスペイン人の宣教師による「この土地をスペイン国王・カルロスのものとする」という単なる宣言によってその土地をスペインの領土としたという話です。その宣言内容はスペインに知らされました。確かに、その後の植民活動が引き続かなければその地は実際にスペインの領土とならなかったでしょう。けれどもスペインの人々は、その土地がスペインの領土だと（勝手ではありますが）認めたからこそ植民活動に励んだに違いありません。現地に元から住むなり、その地を活動領域としている人々にとっては承服できないことでありましょうが。

次のような例もあります。アメリカ合衆国における西部開拓の或る時期、ホームステッド法のお陰で登記によって人々は土地を暫定取得しました。後からの義務、およそ五坪以上の住居を建て、五年以上住むという義務が伴ったのですが、登記後、義務を果たしていると書類上で報告しているだけということが横行して、実態としてはその土地、およそ六五町、三千坪の土地が以前と全く同じ状態のままであっても、登記者と他の人々とで土地についての関係は全く別のものになったのです。あるいはその登記が義務不履行ゆえに無効になる場合でも、その失効が確定するまでの間も同じくです。

標によって秩序を作る

これらの例では、意味の力というものが事態の進行を支配しています。そして刻みや条約、あるいは教皇の大教書、手紙、登記などがその意味を担うものとして働いています。中米の或る土地にスペイン国王を表す旗が立てられたなら、それもスペインの人々やポルトガルの人々にとっては、その土地がスペイン国王のものだという意味を担う重要なものとなったに違いありません。こうして、私はまたも標という論点に辿り着きました。標とは、第3章第2節(2)で断ったように、人が物的なものとして物的環境の中に置いて或る意味を持たせたものです。この意味を担わせることとその意味を読み取ることとは、自然界に最初からある或るものを何かの徴《しるし》として捉えることもある私たちの知覚の有り方から派生しています。私たちの世界では、この派生物であるもので充満していて、それらが多数の人々の間で諸々の秩序を成立させているのです。何か展示物があって多くの人々が集まる場所で、矢印や進入禁止の標などがあることで、人々はぶつかったり互いに邪魔し合ったりせずに済みます。お手洗い、しかも乳児連れ用等々を示す標、エレベーターの場所を示す標などがあることで、右往左往せずに済みます。このようなことを、秩序を設けること、秩序あることと考えてよいでしょう。(持続しない秩序というものはありません。或る期間は持続して初めて秩序です。)

さて、本章の主題に戻って、そもそも所有とはどのような事態でしょうか。これは人間に特有の事態で、諸々の秩序の根幹にあるものです。そしてだからこそ、このように一章を設けて論じようとしています。

⑵自然の恵み・人の寄与

考察材料

次に、私の随分前の著作の中の或る文章を再掲します（前掲『言葉の力』二七〜三一頁）。「猿蟹合戦」という話を考察材料として論じた部分です。本書での話題に幾つも言及していますので（約束、労働、所有、道徳、過去の二つの仕方での効力）、長く引用します。ただし、省略等の改変も若干しています。

猿と蟹とが一緒に柿の種を植える。けれども、芽が出るように水を遣《や》り、苗が育つようにあれこれ世話をするのは蟹だけ。実が実ると、木に登って柿の実をちぎるのは当然に木登りが上手《うま》い猿である。ところが、猿は柿の実を独り占めにしようとする。そこで、蟹の友達の蜂や火鉢の灰、栗や石臼《いしうす》が力を合わせて猿を懲《こ》らしめる。

この話は、動物や物を擬人化していて、人と人との間柄、ひいては人の世界の秩序がどのようになっているか、それを単純化してみせてくれている。

なぜ猿は懲らしめられなければならないのか。大きく二つの理由がある。柿の木の世話をすることを猿が怠《なま》けたこと、もう一つは、柿の実を独り占めにしようとしたこと。怠けたことが責められる理由は更に二つに分けられる。一つには、一緒に育てようね、という暗黙の約束を猿が破ったから、二つには、怠けの反対の労働に価値があるという考えの反映もある。

ただし、この話の場合、こちらは二つとも、まだ許せることになっている。だから蟹は(木登りができる猿を必要としたからでもあろうが、それとは別に)、猿を誘って柿の実を収穫し、実を分け合おうと思っていた。

猿が柿の実を独り占めしようとすることが悪い、これにも二つの理由がある。一つは、分け合う、という善い心が猿にみられないこと。ここには道徳というテーマがみえる。もう一つの理由、それは、せっせと働いたから柿の実に対して当然の権利を持つ蟹から、猿がそれをすべて横取りにしようとした、それは不当である、という理由。横取りとは、正当な所有に対する侵害である。(「横」という語には不当という意味内容が含まれることは多いですね。「横しま」「横暴」「横やり」「横行」「専横」「横逆」「横着」「横柄」「横議」「横領」など。この括弧は本書で加える注記。)

この場合の正当な所有は何に由来するのか。蟹の過去の労働。これがあとまで効力を持ち続け、現在における所有の権利をもたらしているという人々の考えがある。

擬人化されていない動物にとってなら、そのつどの時に見いだす食べ物は、すべて自然の恵み、そのときに与えられた恵みである。過去の来歴は問題にならない。或る過去があったからこそそのときの恵みがあるのだとしても、過去はもう姿を失って現在のうちに変容している。ア(ッ)テンボローによれば(日高敏隆他訳『地球の生きものたち』早川書房、一九八二年、二七七頁)、ハイエナは二、三頭のグループでヌーを、また、もっと大きな群れをつくってシマウマを襲い、それは苦労をともなう狩りをするそうである。そして、実に、力の強いのをよいことにハイエナを追っ払って、もはや殺された獲物を頂戴《ちょうだい》することもあるのが、なんと百獣の王と言われているライオンの方だ。この横取りを人はどう思うか。「猿蟹合戦」の発想でゆけば、ライオンはずるい、ということになる。けれども、これは人間の発想、ライオンやハイエナを自分たち人間に引きつけて感情移入するところに成立する発想である。実のところ、元気のよい手強《ごわ》いヌーも、ハイエナに狩られて瀕死《ひんし》の状態にあるヌーも、ライオンにとっては全く同じ資格のもの、どちらもそれを見つけた現在のライオンにとっては自然の恵みである。過去は現在がどのようなものになったかに寄与しているだけ、もはや消えている。ライオンにとってハイエナに遠慮が要らないのは、草を沢山喰《は》んで、まるまる太ってくれた元気なヌーに遠慮するわけにはゆかないのと同様だ。ライオンがハイエナに対し不当を働くというのなら、せっかく苦労して成長したのにライオンに食べられるのは、ヌーにとってはもっと不当だということにはならないのか。けれども、ヌーが成長してたっぷり食べでのある大人のヌーになったそのことがハイエナやライオンにとっての自然の恵みであり、ヌーの成長のために草原に雨が降り、草が生《は》え生《お》い茂ることがヌーにとっての自然の恵みである。だから、そのような雨も、草も、そしてヌーを狩るハイエナの活動も、ライオンにとっての自然の恵みの一部である。それは、ハゲタカにとっては何らかの事情で死にゆく動物こそが自然の恵みであり、動物を死に至らしめた事情のすべてが、それがどのような事情であれ、この死肉という食べ物としての自然の恵みをもたらす、背景としての自然の恵みである(ただし、もはや過ぎて過去になり、現在の自然の恵みを残してそれ自身としては消えてしまった恵みである)のと同様である。

自然にあって、現在だけがものを言う。ライオンはハイエナの過去の活動を一顧だにしない。ハイエナはといえば、ヌーをやっつけるために既に力を使った分、ライオンとの争いでは不利になるだけで、ヌーを倒したことを手柄として、いま通用させるわけにはゆかない。そして自然の事柄に関しては人間も同様の態度で臨む。けれども、人と人との間では、過去の経緯《いきさつ》は現在の人々の行動、態度を縛る。過去が過去たる資格で効力を持って現在を大きく支配する。

ところが、この過去は大きく二つに分かれる。一つは、人が何をしてきたか、という過去。しかし、過去の資格で効力を持つ過去というものがもう一つ人間にはあって、それは当人がどのように行動し、どのように生きてきたかということ抜きで、先だって決まっている過去である。

労働によるその生産物の所有

最後の段落に関することは既に第3章第2節でみました。ここでは、その前の部分の主要主題である、労働がその生産物の所有を当然とするという了解について考察します。これは、既にプタイの木の刻み等においてみた「過去が過去の資格で力を持つ」という仕方の一つのバージョンです。

蟹による柿の木の世話を私たちは労働として捉えます。トゥキアがプタイの樹皮に傷を付けるのは大したことではないでしょうが、蜂の巣を見つけるのには苦労したのかも知れませんから、それを労働と見なす人々もいるわけです。柿の実の場合も、実際には柿に具わる力があってこそ実が生《な》ったはずです。ただ、もしかして蟹の水遣りがなければ柿は実を付けなかったかも知れないという想いが働くのでしょう、水遣りがあったから柿は成長し実を付けたという捉えです。言うなれば、柿の実を蟹の水遣り労働による生産物とみるわけです。そして労働した人はその労働による生産物を所有することができるという考えがその底にあります。これは、魚を捕まえた人がその魚を自分のものとするのは当然だという自然な考えからの人間ならではの発展です。この考えは、動物も獲物を捕らえる、それは我が物にすることだということと連続していますが、この動物における我が物ということは食べるということであって、それと所有という意味を持つこととの間には大きな断層があります。(ですから、猿蟹合戦のお話は擬人化の上で成り立っています。)

翻るに第1章第1節(1)で、どのレストランで食べようか、あるいはコンビニで弁当のたぐいを買ってくることにするか、と考える例を取りあげましたが、このときも所有という考えが働いています。私たちは食物に支払いをするのが当然だと考えています。自宅で何か料理しようかという場合でも、その前段階として食材を購入するということがあります。料理のときには、意識しなくても、光熱費の支払いも滞っていないという隠れた前提もあります。これはどういうことでしょうか。何かに対してお金を払うということは、それによってその何かを自分のものにするということです。野菜や果物を栽培している人から野菜や果物をもらうこともありますが、それはその人の好意によるわけで、その好意以前の当然の前提として、野菜や果物はそれを育て収穫した人のものだ、その人が所有するのは当然だ、という考えを私たちは持っています。

所有概念の発生

所有というのは人間にとって貨幣経済が現われる前からその前提としてある原初的な権利だと思われます。いや、貨幣無しの価値物の交換という意味での経済が自立せずに専ら慣習が作った諸秩序の中に埋め込まれた時代、また、価値物の収奪などと一緒に政治的秩序に価値物の移動が従属していた時代の出現以前でも、価値物の所有という事態は生じないわけにはゆかなかったはずです。衣食住という生活の基本が所有を促します。食では食べ物は食べて体内に取り込むのですからその直前にあっては言うのもおかしい当然のこと、衣と住でも少なくとも一時的専有ということがみられ、人間ではこの専有を一時的なものから持続するものへ変えて、ここに所有という事態が発生するからです。(ただし住に関して、第2章第2節(2)で人間の塒の形態を風土との関係で述べたことはそれとして、人々が町や都市で暮らすようになると、住まいを所有せずに借りるだけという人々が多数派になるという歴史が一般的でした。➡コラム12、コラム13)今日でも、各人(あるいは或る組織体)が何かを所有していると人々が相互に認め合うことは人の生活の基本です。そして所有とは所有の権利を持つことだということも分かります。そして、この隠れがちな権利概念が、人々の間に作られるさまざまな秩序、政治的秩序や経済的秩序、慣習による秩序などを支えています。

(3)所有の権利と権利の所有

物的なものの所有

所有という概念は権利という概念を含んでいます。他方、権利は所有してこそ権利であり、従って所有と権利との二つの概念は相互に要求し合うもので切り離せません。歴史的に権利の概念が声高に主張されるときというのは、権力のようなものに対する反抗という文脈でのことだったし、今でもそういう状況はあります。けれども、権利とは権力の概念にも潜んでいる原初的なものです。

物的なものを所有することがどういうことかは分かりやすいですね。猫は私が焼いた魚を隙あらばくわえていって食べます。盗むのではありません。単純に、猫にとって魚は食べるものだからで、その魚が偶々其処にあっ

コラム12　町での借家暮らし

落語で長屋住まいの店子《たなこ》と大家さんとの話は多いですね。住まいは所有されるということが原則だということからは外れる方が当然となっています。田舎町でも長屋で暮らしていた人々の話があります（佐賀純一（文）・佐賀進（絵）『田舎町の肖像』図書出版社、一九九三年、九頁以下、一九五頁〜一九六頁）。この書は一九八一年の私家本『土浦の里』の改訂版で、こちらのオリジナル版は、明治後半生まれを中心に大正生まれ十名ちょっと、昭和初期生まれ一人からの聞き書き百七話と町の光景・風俗などを描いたカラー絵百六十枚、大正時代の町の復元地図三十二枚から成っているそうです。また、古い一九世紀半ばに貧民の調査と取材に基づく記事を書いたことで有名なヘンリー・メイヒューの著作（ジョン・キャニング編、植松靖夫訳『ロンドン路地裏の生活誌』上・下、原書房、一九九二年）の中には、ロンドンで、三人の子連れの未亡人が、果物を街頭で売って年平均の週の儲けが三シリング六ペンス弱で毎週家賃を一シリング六ペンス払い、残り二シリング九ペンスで家族の生活費を賄うという話や（上一〇三頁）、宿――と言っても、その日暮らしの人、盗み、や掏摸《すり》、売春などで生活する二〇歳以下の若者や行くところのない子どもたちにとっては謂わば住まいである宿――の宿泊費の一泊一ペニーから三ペンス、十二人用の部屋に三十人、一つのベッドに十人の男女の子が泊まることなどの聞き書きが克明に書かれている記事があります（上一五九〜一七八頁）。当時の一シリングは約六千円、一シリングは十二ペンス――ペンスはペニーの複数形――で、一ペニーは五百円。因みに一ポンドは二十シリングで十二万円。なお、借りるというのはというのは人間だけにある事態ですが、これも、（直ぐに本文で論じる）所有の権利ではありませんが、或る権利を得ることです。

コラム13　土地所有の特殊性と複雑性

住の基本を塒として考える場合、それは寝る場所です。しかし、眠る場所という性格を離れて更に切り詰めると、人はいつでも何処かに身を置かないわけにはゆかないのですから、その身を置く場所の確保ということが問題になります。現実には生きている以上は何処かに身を置いているのだけれども、常に追い立てられるようなことがないわけではありません。他方、人が体として生きているということは物的環境を生きることと同義であることに目を遣れば、人には身を置くスペースがあればよいというのではないのも当然です。塒や住居の広がりを越えた広がり、物的環境を要します。実際、住まいが諸々の活動が行われる場所ともなる場合も多いのですが、その活動は住まいの中で完結しはしません。人は基地としての住居から外に出てさまざまな必要物を調達します。そしてその外とは大気も含めた三次元の空間でありますが、空を飛ぶことなく暮らす人間では大地であり、時に川や海ということもあります。すると、これらを川や海を含め便宜的に「土地」として言い表すことを許すとして、土地の所有というものは他の物の所有よりは特殊であることが理解できます。土地とは他のさまざまな物を提供してくれるものだからです。

そこで人間の歴史は土地の所有を巡ってさまざまな遣り方が生まれた歴史でもあります。そして政治的なものが力を揮うとき、その形態はさまざまでも総称して「国家」とでも呼ぶべきものが現われ、その国土ないし領土という仕方での一種の土地所有形態も生まれましたし、現在では尚更そうです。(領土に対応するかにみえる領主というのは国王ではないし、もちろん現代国家そのものでもありませんが、土地を所有していましたし、荘園という形態での土地所有があり、あれこれの経緯で生まれた不在地主を含めた地主による土地の所有というものも一般的でした。)

しかしこの形態あるいはそれに準じる形態と平行して、具体的個々人による土地の現実の利用形態はさまざまにあらざるを得ないことになります。人々は、誰もしくは何の土地とされていようと、生活しているその土地で必要なものを手に入れ生活してゆかなければならないのですから。そして人々が自分のものではない土地で何かを手に入れる仕方はさまざまにならざるを得ませんでした。そしてその仕方は、土地所有者との関係において決まるだけでなく（使役者、管理者、小作人など）、その地域において生まれている「土地の非所有者の集団で成立している或る秩序」のもとでのものにもなり、複雑になります。個人はその集団でどのような位置にあるかによってその従うべき仕方が決まっているからです。本書第6章第2節⑴で述べる、日本の幕末から明治にかけての木曽の山林に対してその地に住む人々がどのような関わりをしたか、実質的に入会地《いりあいち》としての利用があり、次いでそれができなくなったという経緯もご参照ください。

たから頂戴するだけのことです。盗むとは所有の権利が認められているところでしか意味を持ちません。そこで動物は食べ物を巡って争いますが、それは、一方が食べ物に喰らいついたとしてもそのことがそれを呑み込むことを保証しない仕方、横から掻っ攫《かっさら》われる可能性がいつでもあるという仕方での争いです。もちろん人間も争うことがあります。けれども、いったん食べ物が自分のものだと確定すると、言い換えれば周りの人々がその所有ということを認めてくれると、あとは安心して食べたくなるまで取っておいていいものになります。所有とは腕力などの物的力で保持しなくても持続する事柄です。所有の意味が力を持つからこそ何かの所有という事態があります。所有とは意味的な事柄、人々が理解する限りで内容を持つ意味事象で（だから意味次元のこと、意味世界に属するものでありながら）、その意味の力によって或る現実、たとえば柿の実という食べ物がその所有者によってだけ食べられる、あるいは所有者が誰かにくれることでその誰かが食べるなどの現実を作ってゆきます。

権利の所有

では、権利を所有するというのはどうでしょうか。権利とは物と違って目に見えるものではありません。触ることも匂いを嗅ぐこともできません。これも意味的な事柄、意味事象です。そしてこの意味事象としての権利の概念がなければ何かの所有という事態は発生しません。というのも、所有とは所有の権利を持っていることとしてのみあるのだからです。ところが、権利自身、所有する限りで実効性を持つものです。その権利の所有がなければ何ものであれその所有は成立しません。何かに関してその所有の権利を所有していることがその何かの所有を許します。そしてこれらの事情を支えているものは、人々が一致して所有や権利という概念の意味が分かり、かつ、人々がその意味を尊重することです。そして是非とも言っておきたいのですが、あらゆる権利は特権なのです。人々は権利者(権利の所有者)と非権利者に分かれます。そして常に権利者は非権利者と違ってその権利ゆえに良きもの、価値あるものを享受します。ただ、その特権に与る人々の数の大きさが権利の種類によって異なるだけです。基本的人権という、人が人であるということだけで手にする権利という概念もありますが、これは歴史としてずっと遅くやっと生まれたもので、これさえ理念に留まっています。

暴力とは異なる権力

念のためですが、人間の歴史を振り返れば、現実には暴力その他によって所有権を踏みにじるということが頻繁に生じています。人が所有している物的なものを奪うというのは目に見えていて分かりやすいですね。が、或る権力者が誰かの所有物を奪うとき、それも暴力によって奪うことと同じことでしょうか。権力には武力は付きものだということが一般的ですが、権力を持つ者（ないし権力機構としての組織）は武力の行使無しで人の所有物を我が物にします。たとえば農作物をその生産者、すなわち労働によってその生産物としての農作物を所有する権利を持つと思われる者から税の一種として徴収します。これはどういうことでしょうか。権力の中にそのような徴収の権利が含まれる場合に生じることです。ただしこれは、そもそもそのような権利を含む権力というものを人々が承認した上でのことです。そして些か変な言い方に聞こえるかも知れませんが、この承認とは権力も一つの権利として人々が認めるということなのです。その権利という根本的なものの中にさまざまな権利が含まれることになっていて、問題は、権力に含まれるものとしてどのような権利を認めるか、ということの方にあります。なお、王とは権力者であるということを人々は認めてきましたが（現代の王室や皇室などでは事情が違いますが）、その権力を得る正当（ないし正統）な人物は王子だということになっているそのことは、王子は権力者となる権利を持っているということに他ならず、この後者の事柄は人々がその権利を認める限りのことです。ミャンマーでクーデターによって権力を握った軍部を多くの人々が承認しないとはどういうことか。その権力を持つ権利を軍部に認めないということです。

そして権力に伴う武力も、その正当性が人々によって承認されるなら、それは単なる暴力とは違うものになります。しかるに正当であるかどうかは意味の問題です。そして武力も正当であるという意味を獲得するとは、権力による武力所有の権利が認められ、場合によってはその行使の権利も認められるということに他なりません。この「場合によっては」というのは、武力はいつでも何に対しても揮ってよいということではないことを意味しています。正当な場合には、ということで、それは武力行使の権利を認められているときには、ということです。武力を持っているという事実と、その武力をも権力の正当性ゆえに承認するということとは別のことです。

対比するに、暴力という概念には「暴発」「暴騰」「暴落」などの言葉が示唆するように突発的な事柄という意味内容が付き纏いますし、また「暴飲暴食」「暴利」のように度を超すという意味合いもあり、当然に存在するものという資格を持たず、あるべきことから外れているというニュアンスを引き連れています。ですから、暴力は権力が持つ力とは、あるいは権力が正当なものとして持つこともある武力とも、別ものなのです。そして武力無き権力という形態もあるはずなのです。実際、会社での最高責任者は暴力に頼らずに社内の幾つかの事柄では権力を揮っているという捉えは一般的ではないでしょうか。

権力ないし政治についてツヴァイクは面白いことを言っています。その言は、武力の行使によらない政治権力の巧妙な意志貫徹の仕方、物事をどのように動かし、その動かしにおいて人々をどのように支配するか、その仕方の一つを教えてくれます。

政治家の使命なるものは、もし、微妙な状況のなかで、さまざまな仮託や口実をこしらえあげて、有から無を、無から有をつくりだすことでなかったら、いったいなんなのであろうか？（吉見日嘉訳『メリー・スチュアート』みすず書房、一九九八年、原著、一九三五年、三七六頁）

王室つき法律家というものは、ほとんどいつでも、そのときどきの王位にあるものが要求するどのような決定をも従順にくだすものである。彼らは、その告訴が、伝統に対してあまりにはっきりとした決裂となることや、まるっきり新しい事実となることがないように、……歴史をほじくって判決例を探し出す。（同書、四七一頁）

さまざまな権利承認の背景にあるもの

なお、今日の私たちの目でみれば権利と思うさまざまな事柄が認められていないことは、時代によって、また今日でも、社会によって沢山々々あります。教育の権利、相手を自由に選べる男女の交際と結婚の権利、労働に関わる多くの権利等々、ちょっと思いつくだけで沢山あります。しかし、その事情は何も権力（ないしは政治体制）だけがそのような事態を生まれさせているというわけではありません。伝統や慣習、あるいは宗教、ないしそれらを含めた文化というものにも目を遣る必要があります。また、経済の仕組みというものがもたらすものもあります。社会構造の骨格は、一つの社会と見なされる集団のサイズが大きくなるに連れて多くの要因とそれらの相互作用によってつくられるようになってきています。ただ、それらの要因のどれも意味的な部分によって支えられています。そして、その構造次第で人々の生き方は大きく変わります。

第2節　労働と経済の秩序

(1)労働と生産物・サービス──労働によってその生産物を得る（所有する）ことから生産物ではないものを得ることへ──

「猿蟹合戦」の話に戻りますと、蟹の労働のお陰で柿の実が生った、言い換えれば柿の実は労働の生産物ということになっていて、労働した人は労働による生産物を所有するのが当然となっています。

けれども、労働の現実に目を遣れば、奴隷労働、強制労働、搾取的労働、賃金労働などさまざまにあり（賃金労働という形での搾取労働というものももちろんあり）、その労働形態では、人が自分の労働ゆえに勝ち得るものは労働が直接に生み出したものではなくなっているという現実があります。そしてこれは、その労働の性格や質はどのようなものかという重要な問題をも引き起こします。（少なくとも達成感は、労働が直接に生み出すものとして労働する人が我が物にできる、という考えはどうでしょうか。けれども趣味の山登りにも達成感がありますが、その登山を労働と考える人はいませんね。そこで、労働という種類の行動でも達成感が得られるのは重要なのですが、達成感を労働生産物だと考えるわけにはゆきません。賞賛や名誉に関しても同じ事情があります。）また、労働生産物よりは賃金を手に入れるのが労働だとするのを当然と考えることは、たとえば家事を労働としては捉えないことの背後にあります。（子どもの手伝いのようなものは、遊びや成長など別の観点から考えるべきことがあります。）

自分で土地を耕し種を播き、育った大根を掘り起こして食べる、ここには労働と労働成果を自分のものとし、それを楽しく食べるという幸福な形があります。そしてそのことは労働そのものを楽しむことを許します。なお、この場合、労働と生産物の入手との間には時間差があります。そこで、未だ得ぬ労働成果を想像する楽しみも加わるでしょう。ただし、土地を耕すことでできる畝《うね》、これは労働の時間に徐々に生まれるものです。こちらもまた重要です。この重要性は人へのサービスの提供という労働の場合には判っきりしています。理髪を例にすると、提供相手の髪の状態が良いものと評価できる有り方へと変わっていくこと、そして相手の満足というものが生産物ということになるのでしょう。これも労働と同時進行です。

（ただし、耕した土地で育つ野菜は耕した人のものと周りの人々の認めがなければ、この形は成立しません。土地に関しても、土地は耕した人（A）が引き続き関わってゆくのも当然だという認めもあります。他の人はAの承認無しに耕そうとはしないということです。この認めはAが土地を所有していなくても生じることです。ただ、土地の所有者がAに耕作を依頼し、そのあとで別の人に依頼する場合は別です。所有権の力が強いからです。確かにその土地を馬の蹄《ひづめ》でめちゃくちゃにする武士が通り過ぎるということは生じます。が、これは人々にとって不安定な状況、秩序無き状況というものになります。）

労働の成果は当然に労働した人が所有することになるというのが当然であるように思えるのに、今日の私たちの労働の概念では、概して、労働の成果は自分が回収するものではない、その成果に見合う分だけ――実際はもっと少ない――何かを得るという具合になっています。賃金はその分かりよい何かです。では、このような現実の状況において、労働概念はどのようなものになっているのでしょうか。

⑵労働の概念

生活のための労働――お金などによる媒介という現実・価値物の生産に必要なもの・需要と供給――

動物は生きるために食べる相手である或る生物を手に入れなければならず、それは労苦ある行動を要します。たとえばイグアナはガラパゴス諸島の焼けつくような黒い溶岩でできるだけ岩の熱を吸収しないようにつとめ、耐え得る限界まで血液温度が上がり日射病のおそれがでてくると砕ける波の中に危険をおかして飛び込み、かつ、海の藻を囓って命をつなぎます。そして今度は、赤道直下にありながら南極から流れくるフンボルト海流の冷水で冷えきった体を日向ぼっこで温めます。温まらないと食べたものを消化することもできません（前掲『地球の生きものたち』一五六頁、一部は私による補い)。この行動を私たちは労働の概念で押さえるでしょうか。違うと思います。動物には労働という概念で捉えるべきものはありません。では、人間ではどうか。人もまた、生きるために必要なものを得るための行動を必要としますが、その行動を労働(働くこと)として捉えることが多いですね。しかるに、必要なもの自体を直接に得るのではなく、別のものを生産する行動、この行動を私たちは標準的な労働と考える傾向があります。これは今日、後者の生産物の価値を媒介に労働者がお金(賃金とは限らない、たとえば農業生産物を売って得るお金など)を入手し、そしてそのお金で必要物を得るという媒介があるという現実を反映しています。そしてこのお金による媒介を考慮すると、生活のために必要なものの価値の大きさを生活費としてお金の量で表すことができます。そして、この生活費の大きさと、これを得るために労働によって生産するものの価値の大きさと、労働の価値の大きさと、三者を比較すると原則として次のようになります。

生産物のお金換算価値>労働の価値≧生活費(必要費)

どうしてこのような順序になっているのでしょうか。(この式は、学生がよくするように、何か特定の物が欲しくて、そのために働く場合だと分かりやすいですが、私たちの生活の現実では、生産物の価値、労働の価値、生活費のどれも総体として捉えるべきでしょう。その学生も働いている間の衣食住そのことは確保しているという前提があるわけですから、或る時間経過を考慮した生活費の必要がまずあって、この大きさから他の事柄も考えていかなければなりません。そこで総体として捉えるとは、個々の労働やその生産物、必要物が直線的につながっている場合としてでなく、生活全体の中で適宜配置されているものと考えるということです。ただ、人の生活は時間的なものですから曖昧です。総体を言うとは人の一生のこととしてとすればよいようにも思えますが、それには無理があります。――とは言え、或る人が交通事故で亡くなると遺族は事故を起こした人に賠償を求め、そのとき賠償額は、亡くなった人がどのような職業でどのくらい稼いでいたかと、亡くなった時点の年齢と、これら二つによって算出するのが妥当だという考えがあります。或る時以降の生涯の稼ぎ額の見積もりの推定という考えが顔を出しているのです。なお、この賠償額を巡って裁判で争われるということは、裁判とは一体どのような性格を持つのかという論点を提供します。――実際のところ、月給制の賃金労働者なら、収入と求めるものの集合とそのための支出とを一ヶ月単位で考える人は多いでしょう。日本の国の税制では一年単位です。)

「労働の価値≧生活費」であるべきことは直ぐに理解できます。「べき」だから先に私は「原則」と述べました。実際にはこの式が満たされなくても労働せざるを得ない人々がいます。では、「生産物の価値＞労働の価値」の方はどうでしょうか。これには次のような理由があります。生産物の価値も労働の価値も需要と供給との関係によって定まるしかないということです。これに関して重要なのは、生産物を必要とする人に生産物を届けるまでにさまざまな人の労働があり、その労働のそれぞれで同じく、労働の生産物の価値も労働の価値も需要と供給との関係によって定まるということがみられることです。それらの労働としては、生産物の梱包、運輸、卸、小売り、運輸手段としてのトラックの生産、燃料の生産とその運輸等と、どれも各労働の成果、すなわち生産物の概念で捉えていいものが数知れずあります。そしてトラックの生産一つとっても、これ自体が沢山の人々の労働によって可能となっています。このように複雑な人々の労働参加があって初めて、最初に挙げた生産物(価値物)がその需要者に届くわけで、需要者が我が物にする価値物の大きさには多くの人々の労働の寄与分も入っているはずです。そこで、供給者にわたる価値物を生産した当の労働者が受け取る価値の大きさは、どうしても需要者が受け入れるそのものの価値の大きさ、やはり当の価値物の受給関係で決まる価値の大きさよりはずっと小さいものになります。ただ、二つの価値の大きさは有りようが違うのですから直接に比較してもしょうがないということがあります。そして以上と同じ理屈はこの込み入った生産・流通過程のどこかに参与する労働者のすべてにも言えるはずです（⬇演習12）。以上は具体例も出さずに概略を述べただけですが、本書の性格からすると十分でしょう。

労働としての認定

ところで、私は先に、山の頂上に立つときの達成感に言及しましたが、登山そのことが労働である人もいます。他の登山者の荷物を持つ人、そのように荷物を持ちはしないが観光ガイドのようにあれこれ説明する人は、やはり労働しているという認めがありますが、登山そのことは必要だけど中心は荷物持ちと観光ガイドになります。でも、登山のための道を案内する人で、しかも、ただ、山に登り、勝手についてこいということでも済む場合だったらどうなのか。さまざまなスポーツで競技することそのことが仕事である人もいます。競技者にお金を支払う人ないし組織にしてみれば、その競技を沢山の人々に見せること（見る人々へのサービス提供）が重要なのでしょうが、競技者自身は見せる見せないは別にして競技してもかまわないこともあるのではないでしょうか。（試合の後でインタビューに応じるのも仕事のうち、という言い方がなされますが、競技者自身は競技することをどのように捉えているのでしょうか。人によると思われますが。なお、労働の概念と仕事の概念との関係について一言。労働の概念は労働することに切り詰められているのに対して、仕事という概念は、労働の具体的内容をも含み込んで言うものだと思います。だから仕事はいろいろで、けれども仕事をすることは労働だ、という位置づけになります。さまざまな統計では「労働」という言葉が用いられるのは、仕事のさまざまな内容を捨象することで数値化できるものは労働の方だからでしょう。）

以上の現実が示すことは何でしょうか。人の或る行動を労働として認定するのは何かという問題です。誰が認定するかが重要ですが、傍《はた》からみても、人の或る行動にお金ないしそれに準ずるものが支払われるとき、その行動は労働として認定されているという理解が今日では一般的になっています。お金の見える形であるお札や硬貨、そしてそれらに相当するものは、人々がそれをほぼ一定の価値あるものと認めているゆえに機能するものですが、お金はさまざまな価値物と交換可能であるゆえに、（サービスを含めて）何を生産しようとその生産物の代わりにお金が支払われると、その支払われた行動を人々は労働として認めるわけです。因みに、このような理屈がある

演習12　賃金労働の場合、雇用者と被雇用者との間で契約を交わすことが多いのですが、もっと広く個人と企業との住宅ローンの契約なども含む契約一般を考えてみます。（契約については、第5章第2節(3)で論じます。）経済の論理に従う企業にとって個人は顧客であり、「お客さまは神様だ」という言い回しが象徴するように、多数の客に見放された企業は存続できません。企業間取り引きでは顧客は個人とは限りませんが、最終的には企業集団全体によって提供可能となる商品やサービスに対する十分な数の個人の顧客が存在するか否かが決定的な要因です。けれども、一個人と企業との契約では、現実にはほとんどの場合に個人は弱い立場におかれています。これはどうしてでしょうか。

演習13
1．家庭内労働という考えが或る時点でなぜ生まれたのか、それはどのように展開していったのか、考えてください。
2．ボランティアという労働の性格はどのようなものでしょうか。

からこそ、先に言及した、食事を用意したり洗濯したりなどの実に多岐に亘《わた》る家事という行動について、それは家庭内労働だという声が生まれたのは歴史としては非常に新しいこととなったのです。「シャドーワーク」という語は労働が表に出ていないということを表現したものです（➡**演習13**）。

第3節　労働と富

(1)富や財の生産

生活必需品ではないものの生産——需要の創出——

さて、前節で「生産物の価値∨労働の価値」となることの理由を、労働による生産物の価値も労働の価値も需要と供給との関係によって定まるという、分かりきった話をしましたが、では、その生産物とはどのようなものか。人間の生活というものを衣食住が整った生活だと考えると、それは敢えて言えば動物が生きることの人間バージョンとでも言えるものに思えます。「動物は服を着ないけれども人間は……」というような違いがあるところにバージョンはあります。そこで衣食住あって初めて人は生きることができるのですから、これら衣食住に関わるものが労働の生産物であるのだろうということが引き出せます。ところが、私たちの圧倒的多数の人々が労働するのは自分の生活に必要な衣食住を得るためですが（働くことが楽しいから働くという場合も、それが生活することを可能にするという前提でのことでしょう）、その労働自身が生み出す労働生産物とは生きていくためには必要なものかというとそうではない場合が多い、むしろ現状では、こちらが断然に多いのです。

これは、人々が異なる仕事（労働）をして、それでうまく回るという分業で理解できることではありません。ピンを生産するということが決まった後でなら、その工程を分割して人々に割り当てることはできますが、生産すべきものが何なのかが当然のこととして決まっているわけではありません。

核心にあるのは、衣食住という生活の基本に関わるものの需要とは別の需要が現われ、その需要に応える供給のための労働が生まれているということです。

需要の喚起

この種の労働はどのようにして生まれたのでしょうか。衣食住に関わる基本的需要はいつでもあり、それに応える供給のための労働もいつでもありました。では、一応は衣食住が整う暮らしをしている人は何を求めるか。それは人と人との交流でしょうが、それは或る労働を要するものではありません。新しい需要を生み出したのは、人々が欲しがるに違いないものを作り出す人々でした。

例を通信に採りましょう。文字の読み書きができる人々の間での通信としては手紙が長い間、主役をつとめてきました。ただ、この手紙でもそれを相手に配達してくれる人がいなければ駄目で、古い時代には、偶々或る遠方の都市や村、ときに外国に行く人に、行くんだったら其処に住んでいるこれこれの人にこの手紙を届けてもらえたらありがたいと、好意を当てにするようなものでした。そこで郵便制度ができたことは画期的なことですね。するとと人々は、こんなに便利なものがと、以前には手紙など書いたことがない人々も手紙を書き、出すということを時にはするでしょう。手紙をもらった方は返事を書く。これらは供給側による需要の創出です。需要に対しては当然、その需要に応える供給があるのでなければなりませんが、実はその供給体制が先んじているのです。それが郵便制度の整備です。

この制度を作るというのは技術の観点から理解すべきです。つまり、需要に先んじて需要を喚起する側の人々が、まだ無いものを想像するということが必ず必要で、それを実現するための技術の開発というのも不可欠なわけです。郵便制度の場合、それは既に存在しているものをどのように組み合わせるか、その制度を安定させるためにどのようにして信用を勝ち取るか、そういった技術が問題でした。この場合も、信用という意味的なものが重要だということに注意してください。そして、生まれた制度では、手紙を集める人々、配達先ごとに仕分けする人々など、あるいは配達料金に相当する切手のデザインを考案する人、切手を製造する人々、遠くまで手紙を運ぶ人々、全体の体制が円滑にゆくように調整したり監督したりする人々など、沢山の仕事をする（労働する）人が生まれます。

同じことは、技術の次々の開発によって、電信、電報、電話、ポケベル、携帯電話、電子メール、スマホと、新しいものが出るたびに繰り返されてきました。（既に生まれていた技術を発展させる、応用ないし転用する、他の技術との組み合わせそのことが画期的な技術となるなどがあります。）

そして同様のことは、映画、スポーツ、ゲーム、新しい絵画、音楽、文学などでみられてきました。また、必要あっての旅から観光目的の旅も同じ仕方で生まれました。その旅を容易なものにする供給体制を整え、このような旅もできるのですと人々に訴えると、それが需要を生み出すのです。日本では、一九六四年の東海道新幹線開業と東京オリンピック（第一回）との翌年に、「JALパック」という気軽な団体旅行が航空会社によって発売されました。そして次いで、七〇年の大阪万博の宴のあとには、現JRと日立とがタイアップし、「ディスカバー・ジャパン」というキャッチフレーズのもと、日本の隅々までの個人旅行の企画を立て、人々はこぞって気儘な旅に出たのでした。これは、「美しい日本の私」という川端康成のノーベル賞受賞講演から頂戴したフレーズを添えた大々的なキャンペーンで、この成功は宣伝というものの大きな力を実証しました。（それまでも「三種の神器」「新三種の神器」等の言葉のもと、人々が隣人に負けじとばかりに家電製品や車を追い求めるという現象もありましたが、それは特定の企業による宣伝ではありませんでした。）今日、この宣伝、広告がとてつもなく大きな経済のセクターであることは人々が目《ま》の当たりにしていることです。

　ところで、オリンピックや万国博覧会は常時供給されるものではないイベントですが、イベントの催しというのは、現在ではスポーツでも有名ミュージシャンの演奏会でも、常設展示ではない特別展としての絵画の展覧会でも、さまざまなジャンルで当たり前のことになっています。オークションのようなものもあります。そしてこのような状況の中で、普段はワンコインランチで日々を済ませている人が、ミュージカル観劇のためには一万二千円支払うのを惜しまない、有名で人気のあるラーメン店で食べるために飛行機で現地に飛ぶというようなことも起きます。

　ここで一つ注意したいことがあります。それは、今日、情報に対する人々の欲望が掻き立てられていて、有りとある情報が人々にばらまかれ、これも経済的見地から進められているという事態に関してです。この情報は、かつて特定の人だけが手に入れ得るゆえに貴重であった、そういう性格のものではない、誰にでもオープンな情報です。けれども人々は、たとえば世間で話題になっているからという理由で情報に接することを喜びます。そしてそのような情報は消費されるや消えてしまい、あとの第6章第1節(2)で指摘する、人の内面を満たすような文化事象という性格さえ薄れたものの一種であるように見受けられます。(この問題については拙稿「情報の海という人工世界の中で」『価値・意味・秩序』東信堂、二〇一四年、付論、初出、総合人間学会編『人間はどこにいくのか』学文社、二〇〇七年を参照。)

これまでの論の流れで重要なのは、二つです。新しい需要を喚起する人たちは、まだ無いものを想像し、その想像内容を実現しようとするのだということが一つ。もう一つは、その喚起された需要に応える供給のために働く人々が必ずいなければならないということです。そしてどちらの人々も、生活必需品を人々に供給するための労働とは異なる労働に従事しています。

限度を知らない富

それでは、ワンコインランチで済ます仕方で暮らしている人が、ミュージカルのために支払う、自分の一月分の昼食代に相当する額のお金はどこにゆくのでしょうか。もちろん、ミュージカルを上演するために働く沢山の人々の労働費用等に充てるためというのは当然ですが、それだけではないことを人は知っています。世界の富が少数の割合の人々に集中している現実があります。ですが、この富とは何でしょうか。

何が価値あることか、それはさまざまで、また人によってもさまざまです。ほとんどの人々が価値あると認める価値物(価値事象)もありますが、多くの人が何の興味ももたないものが或る人にとっては大きな価値があるということも当然です。このことが示すのは、衣食住という基本の最低水準を満たすことや健康などを除けば、価値の内容は多様だということです。けれども、その多様な内容の差を消去して価値の大きさを表すものとしての金銭——お金の見える形、貨幣や紙幣など——が登場してきたのが人間の歴史であり、金銭の流通は経済の秩序の不可欠の要素です。金銭は経済の論理で手に入れることができるものすべてと交換することができるという可能性を持っているゆえです。そこで富とは、経済の論理において価値あるものの価値の大きさをお金ないし金銭量で表すときの概念として理解されています。あるいは逆方向で、人は富をお金で測る習慣を持っています。すると富の所有は大量のお金の所有として告げられるときに分かりやすいわけです。（この表し方に私たちは慣らされています。経済に関するさまざまな統計がいつでもお金でこれこれ、というふうになっていることに注意しましょう。ただし、地域の幸福度をさまざまな角度から測って言うときなどでの暮らしの「豊かさ」、価値の質が重要である概念は富の概念とは別ものです。➡演習14）

では、このことからどういうことが生じるでしょうか。富は限度を知らないということです、数値の大きさには限界がありませんから。そして、富は人を惹きつけます。そこで人々は労働によって得るお金を富として考え、その量が大きくなることを、現実の大小に関係なく、目指しがちになります。こうして、何であれ価値事象と人々によって思われているものを生産する労働をして賃金を得ることも、富の獲得のためのささやかな形、ある

演習14　富とは異なる豊かさとはどのようなものでしょうか。日本で住みやすい都道府県のランキングが発表されますが、その尺度についてはどう考えますか。

いは挫折であるかのような意味を持ってきます。人は、労働の具体的形としての仕事内容とお金と、二つを見据えて働きます。そして他方で、人々の経済活動全体としての富の増大を目指すのが当然だという考えも生まれます。富の全量が増えると人々への分配量も多くなるだろうという理屈です。そこで、かつては単純に効率よい生産のための技術の追究というものが自ずと需要を喚起したのとは異なって、この喚起そのことのためには何をすればいいのかを想像し、現実に試みる、そのことに意を注ぐ人々が多数出てきているのが現今の状況です。これまでにないゲーム、映画でも文学でも音楽でも、さまざまな事柄における新しい賞の設定と受賞発表、バーチャルリアリティの体験を可能にするもの、各種スポーツ大会、現代版のお祭り、宇宙旅行体験などで新しい需要を喚起できるときにこそ、それぞれの領域での富は増大するし、世界全体の富の量も増大するという理屈、これが大手を振ることになります。実のところ、その増大に与って富の多くを所有する人ないし組織と、生活を可能にするぎりぎりの量を手に入れるかどうかという仕方である人とが分かれるのですが。

富の所有が生み出す支配・非支配関係

ところで、富の所有は支配・被支配の関係を生み出します。大きな富の所有は、大邸宅や自家用ジェット機などでは見える形で表れます。しかるに大邸宅では、さまざまな事柄を取り仕切る執事、食事を拵える人、掃除をする人、庭師が働いているかも知れません。ジェット機を常に飛び立てるようにしている整備士、お抱えパイロットもいるかも知れません。そして彼ら、彼女らの労働も雇い主の富の目に見える形ですが、それらの人々はそれぞれ自分の暮らしの糧を得るために働く、というのが基礎的事態としてあります。そのとき、どういうことが起きるでしょうか。第一には、単純な経済の枠組における被雇用者と雇用者との関係があるだけです。けれども、両者の間にはもう一つの関係が生まれます。上下の関係です。この上下関係は政治的関係における支配・被支配の関係ではありませんが、雇用者の方が被雇用者よりは圧倒的に有利な立場にあることによって生まれます。ところが、富が生じさせる支配・被支配の関係はそれだけではないのです。

富の所有は、その所有の権利から流れ出すさまざまな権利（所有物の享受、所有物を貸す、廃棄する等の処理に関する権利、それら処理に関する権利のうち或るものを代理できる権利を誰か――ないし組織――に認める権利等）間の関係にあっては、実質的に支配・被支配の関係、経済の論理における支配・被支配の関係を生まれさせます。株式会社では大株主がその会社をどうするか、分割する、売却するなどを行うことができるという例を考えてください。（右記の括弧内で権利を代理できる権利に言及しましたが、この権利は権限として理解するのが適切です。権限については第5章第4節(1)とコラム17をご覧ください。）

動物にとっての豊かさ

ここで念のため、動物にとっての豊かさには限度があることを対比として確認しましょう。動物にとっての豊かさとは、食べるものの豊富さ、縄張りを張り得る場所の多さなどです。そして、当面の消費に余る食糧や動物自身の運動能力が定めた活動範囲を超える空間などは無に等しいものです。これらはせいぜい種の繁栄という形で豊かだと規定できるに過ぎません。そして、これら具体的なものを離れて豊かさを云々することなど決してできません。また、繰り返しますが、動物にとって具体的なものは自然の恵みであってそれだけであり、所有の対象ではありません。所有が目指される富の方はさまざまなものに交換できる金銭的量という形を取り、それゆえ限度知らずである代わりに抽象的なものでもあります。

(2)経済の秩序と他の諸秩序との関係

通貨と国家――政治と経済――

ところで、さまざまな価値物に共通の尺度という役割を果たすものとしての貨幣、お金の見える形というのは、基本的には各国ないし地域の政府が第一には国内で流通し機能するものとして発行するものです。或る地域を治める権力者が度量衡と貨幣の統一を自らが為すことでその地域を支配下に置くというのも、武力に基づく統一よりはずっと効果的であるからです。或る地域で通用する通貨としての貨幣の登場です。そうして、金銭が経済の血液であることを併せて考えると、政治と経済との関係という論点があることが明瞭に姿を現わします。この論点は次章(第5章)第3節で取りあげます。(因みに、その3節で経済というものを理解するには集団と集団との間の交易に着目すべきだということを論じますが、異なる通貨間の両替は必須でした。確かに金《きん》という貴金属、あるいは時に銀などは、政府の関与がない場合でも各地のすべての貨幣と同じ機能を持ってきましたが、これらでさえ、その機能を果たす際に、地域によってその価値評価は異なるということがあるゆえに、それは商品化されてしまいます。今日の金価格の変動は固《もと》より、江戸時代末期から維新の始めにかけて日本から多大な銀の流出が起きたのは、金本位制と銀本位制との違いによるものでした。また、地域内でも、大きな単位の貨幣と小さな単位の貨幣との交換が必要な場合があり、両替ということが必須となります。)

今後の諸論点——次章に向けて——

ところで、一七三頁で交通事故の賠償を巡って裁判で争われることを話題にしましたが、裁判は法律に基づく点では政治的な制度ではありますが、政治から独立してあることが強く望まれています。そして更に、裁判では道徳的価値観のようなものが優越することもあります。これは第6章第3節の論点に関係します。

次に、需要喚起の例として映画やゲームや新しい音楽などを挙げましたが、これを私たちは普通、文化事象だと考え、更に文化のジャンルという捉え方をします。文化の芽生えについては第2章第2節で述べましたが、文化ジャンルとは何かを考えねばなりません。これと政治との関係、経済との関係などについては、次章第2節(1)で論じます。

それから、労働という主題から当然に出てきた経済の秩序は一つの集団内に留まるものではありませんが、文化も政治もまずは或る一つの集団に関わることです。(第2章第2節で文化の芽生えについて述べたとき、私は文化を或る人間集団において生まれ、その集団の特徴となるものと位置づけました。ただし、現在ではその位置づけが当てはまらないことも多くなってきています。)そこで次章で、人間集団とはそもそもどのようなものかをみます。他の動物の集団とはどのように異なるかを押さえ、それから、集団のサイズというものが集団の有り方に影響を及ぼす大きな要素であることに注意したいと思います。

第5章　人間集団と個人

第1節　集団のサイズという問題

(1)人間の社会と動物の群れとの違い——集団のサイズとメンバー——

社会という概念

ボスがいる動物の群れもあり、その群れでは支配・被支配の構造があるかにみえますが、これは人間集団におけるものとは異なります。また、個体間の互酬という関係があっても、これも人間間における経済の有り方とは異なります。そこで、そもそも人間の集団はどのような性格を持っているのか、或る種の動物の集団とはどのように異なっているのか、この点から考察を始めましょう。ただ、以下では「集団」という言葉のほかに「社会」という言葉をも用います。二つの理由からです。一つ、人々が作る各種集団を内部に抱える或る大きな(漠然とした)

集団を私たちは「社会」と言い表すことが多いこと。二つめ、動物の或る様態の集団も「社会」という言葉で言い表す人々が多いこと。

動物の単なる群れと持続する構造をもつ動物集団

さて、個として単独で生きるのではなく群れて生きる動物種は多いですね。身近では、キジバトや雲雀《ひばり》が群れていることは見たことはありませんが、椋鳥《むくどり》は大抵は群れで移動しています。海ではさまざまな魚が群れて泳いでいます。けれども、この群れを、椋鳥や魚の社会とは誰も考えないと思います。しかし、蟻や蜂、あるいはニホンザルの群れについては、それを「社会」と呼びたい人々は多いです。単にその時々で異なる個体が集まってほぼ一様に行動するだけと違って、群れの中でリーダーその他の地位が確定していて、各メンバーがそれぞれにその地位に相応しい振る舞う仕方で相互に関係し、或る期間、長く存続する組織としての群れを見てとることができるからです。

ところで、その群れは或る空間内で互いに出会うメンバーだけから成り立っています。しかも、蟻や蜜蜂のように非常に多くの個体から成る群れの場合はともかく、ニホンザルの群れだと、群れのメンバーは互いに見知って見分けしているメンバーから成る集団です。そしてだからこそ、互いに相手とどのように振る舞うべきかも、謂わば心得ているように思えます。

見知らぬ成員を含む人間の社会とその曖昧さ――切り出し方によって一つの社会と見なす範囲は変わる――

けれども、このような動物の群れは人間の社会とは全く異なります。私たち人間は、自分が全く会ったこともないし、これからも会うこともないだろう成員からなる社会というものを構成して、その一員として暮らしています。地理的にとても広い場所にメンバーがいるのです。そして当然にそれらのメンバーがどのような人物であるかは想像するしかありません。いや、その前に、そういうメンバーがいるというそのことも想像する仕方で認めるのです。そこで、このような社会を自ずと念頭におくとき、動物の或る種の群れを動物の社会と言うと誤解を招きます。

では、或る地域を訪れる人は具体的にこの人と分かるわけで想像する必要もない人ですが、この人はその地域を含む社会のメンバーでしょうか。場合によります。遠方から訪れた、初対面で、またそのうちに遠方へと帰ってゆく人でも、その遠い地域を含むところに住む人々と自分たちの地域の人々とのどちらも構成メンバーとして認める社会というものの理解がある場合は多いです。たとえば（便宜的に政治が定める秩序の大枠としての国家という概念を利用して）日本の社会を言う場合、九州の人が関東地区の自分たちの地域を訪れたとき、私たちは九州の方ですかと言うにしても別社会の人だとは思いません。（猿の群れだったら、見ず知らずの個体はよそ者として追い出されるでしょうが、私たちは多くの場合に訪問者を受け入れます。）けれども仮に、何処の人という話もせず、ちょっと一緒に過ごしてうち解けて、では、とその人が帰るとき、こちらをぎゅっと抱きしめて、じゃあまたお会いしたいですね、と言われると、えっ？と、この人は自分たちとは違う文化、社会の中の人じゃないかなと思うのではないでしょうか。そういう挨拶の仕方は関東でも九州でも決してしないからです。

それから、或る狭い地域に一時的に訪れたのではなく長く住んでいる人で、屡々互いに顔を合わせ見知ることになっていてさえ、だからといってその全員が必ず同じ社会の一員であると捉えるとは限りません。というのも、私たちは、観点によって、その切り出し方によって、大きな社会とその中の小さな社会を言うこともできる、そういうものとして社会の概念を捉えるのだからです。たとえば或る町におけるベトナム系の労働者たちの社会というような捉え方をすることは稀ではありません。

ただし、その切り出し方を明示しないで漠然と或る社会を言うときには、私たちは諸々の小さな社会を呑み込んだ社会として考えているように思えます。地域の中の小さなベトナム社会に属する人々も、そのより広い地域社会の一員として認めることもできるのです。

そこで以下では、このように曖昧なところがある社会について述べてゆきます。この社会とはどこまで広がっているかは明瞭ではない、どの範囲の人々が構成しているかも分からない、——しかも、これは現実には定まっているのに個人の立場では見通せないから分からないということではなく、社会の有り方そのことが範囲を確定できないようになっている——、そのようなものです。私たち人間が社会の中で生きている仕方は、或る明確な集団に属する人々とだけその集団の一員らしく振る舞うとか、あるいは個人としての相手によってどのように付き合っていけばよいのかが決まってくる、そういう生き方とは異なっています。確かに私たちは結局は個々の人と関係を持って生きてゆくのですが、私たちが属する社会がどのようなものであるかによって要請されている生き方の大枠があります。それゆえ社会の有り方の多様性が個人の有り方の多様性の基本部分を規定しています。

では、人間の社会はなぜ多様なのでしょうか。さまざまな意味の力が人々を統合し曲がりなりにも一つの社会を作り、支えるという構造があり、これら力を持つ意味的なものがどのようなものか、これが社会によって違っているからです。（翻り、動物集団の有り方は種が同じであればどれも同じです。）ただ、この構造があるというそのことは異なる社会に共通であるということは押さえておきましょう。それから、社会の多様性は地理的に別である諸々の社会に関してだけでなく、或る社会が変化してゆくことにおいてもみられます。従って一つひとつの社会として捉え得るものについて、その歴史を語ることもできます。

⑵家族と親族と更に……――最小集団――

人の再生産と家族

さて、今日の私たちが生きている社会のほとんどは大きな社会ですが、人間はきっと元々が群れを成す動物の一種なのでしょう。するとこの群れ、人間でも互いに見知った人たちだけから成る小さな集団に留まっている形態から出発して、サイズが途方もなく大きい集団が生まれること、そしてそのときに集団を一つのものと見なせるということはどのようにして生じたのか、これをみる必要があります。そこで、まずは出発点としての小さな集団の場合を考えてみましょう。そしてこの集団が動物の群れとはどのように違うかをみなければなりません。このために歴史を遡る、あるいは文化人類学の研究成果を援用することもできますが、演繹的に考えることができる部分もあります。

群れが小さかろうと大きかろうと、親から子が生まれ、少なくとも或る期間は周りの大人から育てられる必要があるということは当然に一つの中心をなすはずですね。（そして人間の赤ん坊や子どもが育てられる期間は他の動物よりは長いという特徴があります。また、時代が進むほど、そして物質的に豊かになるほど、その期間は延びています。）この血縁によって自ずと生まれる集団、すなわち家族、それから親族はどのような特徴を持つでしょうか。

血縁に関して言えば、婚姻（血縁無しのカップルの場合が多い婚姻――けれどもイスラム社会では女性の従兄に結婚の優先権があるようです――）があり、子どもの一人または複数の出生があると、親子や兄弟姉妹という血縁が生まれます。また、母と父とは違います。血縁にある集団の成員は同等の存在ではありません。

そして集団のサイズという観点からは、家族は或る期間は持続する最小の集団であることは間違いありません。期間を言うのは、家族の成員に関しては、赤ん坊や子どもの成長という時の推移が、また、この成長よりは控えめですが親の世代が年老いていって、そのうちに死を迎えるという時の推移も、大きな規定要素としてあるからです。（ただし、これは成員が早く亡くなるということがない場合のことです。）すると、この時の推移があろうと親子の関係や兄弟姉妹等の血縁関係は変わりませんが、その関係を結ぶ人の年齢が進んでゆくことは、生活における具体的人間関係の有りように変化をもたらします。姉が何かにつけ弟の面倒をみるような関係から、対等の関係に移るとか、親が子どもの世話をすることから子どもが親の世話をするなどへの移行もあるでしょう。（現実には血縁によって定まる家族の関係抜きで育つ子どもも多数いるのですが、それは代替としてであるという性格は否めません。）

ただし、このような人間関係は血縁関係を人が承知しているということから生まれます。ところが、子どもが小さいとき成員の年齢差は判っきりしていますが、年をとっていくとその差は分からなくなることもないわけではなく、すると人は互いに自分たちの関係を覚えておかないと兄妹関係などは分からなくなります。（まして伯父叔母、従妹などの関係はそうです。）このことは、現実に或る血縁関係があろうと、それを意味的なものとして力を持つものへと変換しないと、現実の人間関係に血縁は何の意義も持たないのだということを示しています。（或る種の病気は近親の男女の婚姻から生まれる子供に多発するというようなことは別のことです。）子どもは血縁関係があることは消えないまま、家庭という家族集団の生活の場からは抜けていきます。遠く離れた地域に行ってしまうということもあります。そしてそれっきり親とも兄弟姉妹とも会わない、音信不通ということもないわけではありません。

ところで、血縁関係を承知し大切にするか否かとは無関係に、家庭から抜けていった人が新しい家族をつくることは多いですね。そしてこのことは極めて重要です。新しい家族とは概して男女の婚姻によって始まり、そこに子どもが生まれる可能性もあります。後者は新しいメンバーの誕生であり、新たな血縁関係の生成です。そしてこの血縁関係と、元からある親世代の血縁関係との両方を重んじる人々では、一つの血縁関係によって生まれている集団よりは大きな集団、親族を言うことができます。また人間では、生活に必要なものを得るために協力する必要があるなどの理由で、或る土地で互いの間に血縁関係がない人を含む更に大きな集団も成立するでしょう。そしてそのとき、その集団を維持してゆくには新しいメンバーの誕生は何より重要なことです。集団の成員はいずれの日にかは死んでゆくのですから。そこで、新しいメンバーを他の集団から受け入れる、あるいは略奪してくるなどがある場合でも、子どもの誕生という仕方での新メンバーの確保の重要性は揺るぎません。そこでそのような集団にとって子どもを産んでくれる女性をどのようにして確保するかというのは大問題だったはずです。（兄妹関係や姉弟関係にある男女からの子どもの誕生を当てにするということがないという前提での話です。）そしてその確保仕方というものが各集団の大きな特徴となり、また或る集団と他の集団との関係の有りようをも決めるということがかつてありましたし、今日でも、婚姻に関してのルールが厳しい社会というのはあります。

こうして、家族という、理屈からすれば最小集団であるはずのものから少し大きな集団への道のりがあるのですが、そのとき人間集団において重要なことは次のことです。すなわち、集団メンバーが互いに取る多様な人間関係がどのようなものであるかを各メンバーが弁《わきま》えていて、それらの人間関係にどのような意味を付与し、またその意味ゆえにどの程度重要視するかによって集団の有り方が変わってくるということです。これは人間においてのみみられることです。

家族形態の多様性――家族としての認知――

ところで、家族の形態は歴史的、地理的にみると実に多様です。家族を構成する成員の範囲（従ってほとんどの場合に社会内の小集団としての規模）も含めてです。未亡人が夫の役割を負って女性の妻を娶《めと》り、他方で妻の愛人との間の子を産ませて、その子を我が子となし、また社会的にも男性の役割を果たすという婚姻形態や、長女と家の柱（建物の一部分としての柱）との結婚という形態があるそうで、意表を衝《つ》きます。前者の場合、社会で認知される資格を持つことで一つの家族という集団を維持し、かつその次世代での存続も図《はか》るということでしょう。後者は恐らく、男性の後継者がいない場合に家族集団を維持する手立てではないかと思われます。長女が子を産むために必要な男性を、家族メンバーとして招き入れることはせずに求めるのでしょう。また、いずれの形態でも、第6章第2節(2)で言及する世帯という資格での家族が今日で言う経済の一つの単位、プレーヤーであるということに関係するのだと思われます。

ともあれ、婚姻や家族の形態に関して周りの人々からの認知というものが重要なこととしてあり、その認知の仕方は家族が属するより大きな集団によってさまざまだということが、本書の論点では最も重要なことです。この認知では家族とはどのようなものなのかに関する人々の共通の思いが主役をつとめます。その社会——家族を取り巻く一つの人間集団——において流通する「家族という意味事象」の内容が問題だということで、明らかに意味が力を揮っています。そしてそれゆえに、この意味事象の内容次第で家族形態はさまざまになります。

ところで、以上の論述で私は、家族の周りの人々や社会にも言及したのでした。そこで、家族という小集団を含みながら少しだけ大きな小集団、それからもっと大規模になった集団ではどのような仕方で一つの纏まりが形成されているのか、これをみましょう。

第2節　集団を一つに纏めるさまざまなもの

(1)生活様式としての文化と慣習・文化のジャンルとその担い手

文化を同じくする者の集団

第2章第2節で文化の芽生えについて想像を巡らしました。そのとき風土の重要性を述べたことから分かるように、謂わば地縁によって形成されている集団を念頭に置いていました。また、芽生えですから、そのとき私は小さな集団を想定していました。ですから、その箇所で述べたことは小さな集団がどのようにして一つの纏まりを成しているのかの例ともなると思います。物的な事柄に関する技術の発見と、人間の力の及ばぬ事柄に関する祈り、圧倒的な自然を前にしてどうするか、それから人の誕生から死に至るまでの決して変え得ない行路の節目々をどのように迎える、ないし迎えさせるか、ここに文化の芽生えがあり、その共通の文化が小さな集団を一つの纏まりあるものにします。あるいは集団が既に血縁集団よりは大きくなっているゆえにその集団での人々の思いの有り方が共通の文化としてあるのだ、という方が適切かも知れません。ただ、いずれでも、小さな集団の纏まりは文化と切り離せません。

政治に着目した時代区分・政治無き集団

ところで、日本列島(の各地)での文化の変遷として(飛び飛びの列挙で)「縄文文化」「飛鳥文化」「天平文化」「藤原文化」「鎌倉文化」「東山文化」「元禄文化」などが言われます。これらの名称は、縄文文化を除くと、それが生まれた時代の名の流用になっています。その時代区分は政治史の観点からのものです。このことは二つのことを示唆しています。一つは、一つの集団の纏まりを言うのに政治というものが大きな働きをしていると歴史家がみているわけだから、実際にそうだろうということ。もう一つはこうです。最も古い時代の縄文文化として語られる時代区分においてだけでは歴史家は政治の有り方を前面に出していませんから、その時代は政治というものとは無縁だった、あるいは政治的なものは大きな要素となっていなかったのではないか、そして、時代を下ると集団の規模が大きくなってきたのだから、両方を考えあわせると、政治が大きな要素として出てくるのは集団の規模が大きくなることと一体のことではないか、という推測を招きます。

実際、縄文文化とは長い期間に亘って言われる文化であり、日本列島の各地にそれぞれの特色ある遺跡が見られ、地域的には広く分布しているとしても、個々の集団としてみた場合、構成員の数はとても少なかった（多くて二〇から四〇名？）集団のものでした。また、縄文文化は決して一様でもなかったのです。けれども、さまざまな差異を認めても一括りにできるものとして捉えられる文化を考古学者、歴史家たちは認めたのです。では、この文化というのはどのようなものとして捉えられているのでしょうか。挙げた例では飛鳥文化以降の文化とされているものがどのようなものであるか、それとの対比があることは参考になります。

生活様式としての文化

「縄文文化」という名称のもとになっているのは、その文化を示す代表として選ばれた縄文土器です。では、この土器の命名の理由はというと、土器に縄目の文様があることです。（この文様がみられない縄文土器も続々作られてくるようになったのですが、最初に発見された土器の特徴が命名の決め手だったということです。これは弥生文化の命名が、縄文土器とは異なる土器が発見された場所の地名でもって「弥生式土器」と呼ばれたこと、これを受けてのものであったのと同様の、便法に過ぎません。）ところで、土器は道具の一つであり、道具に注目するということは物的なものに関わる技術に注目することに他なりません。人類史で旧石器時代、中石器時代、新石器時代、青銅器時代、鉄器時代という区分が言われるのも同じ注目によるものですね。石器などは刃物として、縄文土器はまずは煮炊きする道具として利用されたもので用途は異なりますが、これらが注目されるというのはどういうことでしょうか。

出土の頻度にも理由があるでしょう。けれども私は、これらの道具は当時の生活様式を推測させるものだということにあると思います。そして、政治的なものの出番はなかった、あるいはそれは注目するに値《あたい》しなかった小さな集団では、その文化と言われるものは当時の生活様式全般を指すのだと私は考えます。では、生活様式とは何か。衣食住という基本の有り方や、物的自然に対する仕方、人の誕生から死までの節目を本人と周りの人々がどのように遇するかの仕方だと思います。これらはまさに、私が文化の芽生えとして述べた事柄です。なお、念押し的に述べますが、たとえば或る子どもの親とそうではない人が異なるのは当然ですし、更に、祈りの場合にそれを司る人物がいて、踊る人々がいる、あるいは男女の別が重要である、これと同じようなことがあるのが普通です。（因みに最近のジェンダーに関するあれこれの問題提起は小さな社会ではなされなかったに違いありません。）しかしこの立場の異なりは、人々が違う文化を有しているということを言うのではなく、全体を引っくるめたものが一つの文化なのです。ですから人々による文化の共有を言うことができます。

ところで、土器は煮炊きの道具として食の有り方を示唆します。（あれこれのものの保存の道具ということでは、保存という考えは何かの所有という考えがあることを窺わせましょう。この所有という事態について私は、それは人間において原初的なものではないかということをみたのでした。）ところで、生活様式としては食のほかにも沢山あります。そこで、何をどのようにして食べていたか（貝類、ヤマメやイワナ、栃の実やドングリなど、煮炊く、焼く、つぶすなど）と並んで、それらに関わるものとしてどのような道具を使っていたか（土器の他に、投げ銛《もり》、釣り針など）、住居はどのようなものだったか（竪穴式住居等）、成人として認められるためにはどのようなことが求められたか（抜歯）、死者をどう扱ったか（死体の埋葬仕方としての屈葬その他）などを挙げることが縄文文化がどのようなものであったかを言うことになるという了解があると思います。衣服については、腐って今日までは残らないでしょうし、絵に描くようなことも行われてなかった時代のことですから不明ですが、衣食住という基本がどのようなものであったか、それから人の一生の節目の事柄の幾つかをどう扱っていたかの特徴に歴史家の関心が向いたということです。（縄文文化に関しては、縄文人とはどのような人であったかということにも歴史家の関心は向いています。これは日本列島に住みつくようになった人々のルーツを探るという、古い時代ならではの関心です。）

文化ジャンルを言うこと・その担い手

対するに、挙げた中では飛鳥文化以下では、政治史上の時代区分に合わせて文化史を言うという体裁になっています。（この区分の仕方は政治体制が変われば人々の暮らしにも変化がみられるでしょうから、おかしなことではありません。けれども、これは日本の文化史の構成仕方を例に論じているだけですから、このような文化史の区分が一般的であるというわけではありません。たとえばルネサンス文化を言うとき、背景にあるものとしてイタリアの都市国家群、それから遅れてフランスの王朝の有り方などに歴史家は目を遣るのですが、文化の名称にこの背景が用いられるのはルネサンス文化の細分名においてです。）そして、これらの時代区分のもとで文化現象として注目されるものは、基本的な生活様式から離れたものへ移っています。実際、歴史家が時代とともに移り変わる文化の姿を示そうとして挙げるものを日本の文化史と呼ばれるものから幾つかピックアップしますと、仏像や寺院、和歌や漢詩、物語、浄土宗、能楽、茶の湯、俳諧という具合です。これらは当時盛んだった文化ジャンルであって、それぞれの時代の生活様式ではありません。そして文化が次第に雑多なものから成り立ってゆくことが分かります。また、例として挙げた文化ジャンルが当の時代の人々すべてによって共有されるものではないことは言うまでもありません。天平文化や藤原文化として挙げられるものは貴族や朝廷に関わりある人たちに見いだされるものでしかなく、もちろん朝廷人たちは一握りで、多くの人々はその朝廷文化には無縁だったでしょう。（ただ、或る地域に寺院が建立されると、その地域の人々はそれを目にします。そして人々は寺院で行われるさまざまな事柄のことも漏れ知るでしょうし、徐々に影響を受けます。東大寺の盧舎那《るしゃな》大仏像の鋳造に当たって、民衆に信望があり敬慕されていた行基が勧進役に起用されて各地に赴いたとき、大仏は決して庶民に無縁のものではなかっただろうというようなことは言えます。疫病の流行とそれが鎮まることのほとんどの人々の願いもあります。また、寺院の中に置かれた仏像、ときには工芸品なら目にする可能性はありますし、幸運なら僧侶が行う儀式を、僧侶の衣裳ともども垣間見ることもないわけではないでしょう。そして寺院ではどのように振る舞うものか習っていくこともあるのかも知れません。そして憧れ、あるいは時に、むしろ畏れ、また模倣などを通して或る価値観や感受性が広がってゆくということはあり得ます。或る文化が多数の人々に浸透する仕方としては、いわゆる流行というものもありますね。

それでも、庶民が朝廷人の華麗な衣服を目にすることがあるでしょうか。その日暮らしで喘ぐような人々においてではなく、支配層、もしくは豊かというかゆとりがあるというかそういう社会階層における流行のようなものとして各種の文化ジャンルというものは生まれたと思われます。そして、威信を示すものの作成、これは、第3章第2節(2)で述べたように、文化事象の極めて重要な源泉です。時代、地域によって異なり一概には言えませんが、生活様式としての文化ではなくさまざまなジャンルに分けて捉えるたぐいの文化は、豊かな階層の人々において生まれ、それが徐々に広い階層へと幾分か姿を変えつつ広がることもみられるという程度のことはないわけではない、というのが、かつては普通でした。）

庶民の文化としても考え得る元禄文化でも、その担い手はまずは大阪の豪商であり、それから大都市の町民でした。そして文化ジャンルの或るものは町民の暮らしぶりにスポットを当てていたとしても、元禄時代の農民たちの生活は町民の生活とは大きく異なっていました。

政治秩序の中の文化ジャンル

ところで、ここで私は或る文化で賑わう人々とそれと無縁な人々とを言ってますが、それは、これら両方の人々を含む集団が成立していることを前提としての物言いです。では、この集団はどのようにして一つの集団という資格を得ているのでしょうか。言い換えれば、この集団を一つの纏まりにしているものとは何でしょうか。この答の示唆を、日本の文化史で時代を画するものとして政治の有り方が採用されていることに求めることができます。奈良時代の朝廷人と庶民とはともに当代の政治体制に組み込まれています。庶民無しでは貴族の生活は成り立たちません。この集団を一纏まりにするものは文化ではなく、政治が統《す》べる秩序です。江戸時代の町民と農民との両者とも政治の体制に組み込まれています。（これら組み込みの政体ごとの具体的有りようについて本書で述べることは必要ないですね。）

経済の中に引き入れられた文化ジャンル

ところで、元禄文化では、浮世草子、歌舞伎、人形浄瑠璃、錦絵などが商業ベースに乗って大都市町民の大衆文化ともなりました。経済の論理が文化の有りように入ってきているのです。時代は少し下りますが、滝沢馬琴は『南総里見八犬伝』の執筆のときには、売れ行きや売り方などのことばかり気になる版元との折衝で苦労しなければなりませんでした。

(2)集団規模の拡大と政治的な秩序

慣習による秩序——権威者が必要な場合も——

さて、文化という観点から歴史をみることで分かったのは、時代が進むと世界のほとんどの地域で政治的秩序というものが集団の強い秩序として出てきているということです。そしてこのことを私は、政治というものは規模の大きな集団で生まれるものだと解釈しています。あるいは、他の集団との関わりで規模を大きくしていこうとするところに政治が生まれるのだとも思われます。しかるに小さな集団では、個々人間《かん》の関係によって決めるわけにはゆかない物事については、人々は慣習というものに従って処理します。第2章第2節(3)で雨乞いという慣習例を取りあげましたが、雨乞いをどのようにして行うのか、それはいつもと同じように、となるでしょう。慣習というのは、これまでずっとこのようにやってきたということです。そして、集団のほとんどの成員があれこれの慣習に従う暮らしをするのが当然だと個々の成員が思っているとき、そこには秩序があります。

これは、事柄の進行について戸惑うようなことはないという効果を持ちます。言い換えれば、不測の事態は生じないだろうと未来の不確実性を減じているということを意識すらせず、安心しきっているような案配です。仮に慣習から外れることをやる人が、つまり、思わぬことをして秩序を乱すかにみえる人が出ても、恐らく、そのような人も出てくるものだというふうに折り込み済みです。だから、そういう人も、白い目で見られるとかのことがあっても必ずしも仲間外れにされるとは限りません。その点で緩い秩序と言えます。そして、慣習とはこのようにするものだとの思いによって生み出されているのですから、その思いを共有する人々の範囲は狭いというのも理解できます。また、慣習は一つの文化という側面を持ち、人々の内面に入り込むという性格も持っています。そこに慣習の秩序の強みがあります。

なお、物事によっては、たとえば二〇年に一回しかなされない行事、あるいは複雑な内容を持つ事柄に関しては、その遣り方について詳しい人物に頼るということがあります。そのような人物はいわゆる権威者です。この権威という概念は、権力、権限、権利（表立って叫ばれるものとしての権利――権利の概念は実は権威や権力、権限の概念においてもそれを目立たない仕方で支えています――）と並ぶもので、これらはそれぞれ独特の力を持っています。そして、このような特殊な場合でなくても、いろいろな事柄でのマナーとはどのようなものかを指南する本などが出回り、その指南する人は権威を持っていることになっています。

それからもちろん、時代の推移において人々の生活の有りようが変わる中で、従来の慣習が不適切に思えてくることもあるかも知れません。ただ、そのときにはどうすればよいのか。関係する人々が同意見になることが必要です。仮に不一致の場合にはこれまでやってきたようにとすれば、それは不承々々であっても人々の同意を求めやすいということから分かるように、新しい遣り方に対する同意というものは、せいぜいが慣習の僅かな改変を受け入れるということ留まりになるでしょう。ここに、また過去の力が顔を出しています。変化を抱え込みながらも続く慣習では伝統が大切にされます。

ところで、マナーというのも文化ですね。マナーは慣習の一つの形と言ってもいいかも知れません。けれども、慣習の方は行事などの有り方全般がどのようなものであるべきかを人々に要請しますが、マナーは人々の振る舞いの細部に関する望ましい有り方として人々が受け入れようとするものです。私は、かつて農村部で結婚披露宴の或る形というものが慣習として当然のこととしてあった時代にその披露宴に連なったことがありますが、その披露宴が進行している中で、たとえば杯《さかずき》の遣り取りがどのようであるべきかということも重要な事柄でした。この「あるべき」ということはマナーとしての「あるべき」だと私は理解しています。広く食事のマナー、作法というものは、何かの折りに話題になること、あるいは気に懸けられることが多いですね。たとえばスープを飲むのにスープが入った器に直接口を付けるか、スプーンを介するかに関する、料理の種類その他、状況によって定まると思われるマナーがあり、音を立てて啜るのは良くない、なぜ？というような事柄があります。どのような飲食仕方をするかによって美味しさが変わるということもない場合でも、或る仕方、振る舞いは、見苦しいとか作法を知らないとか、下品だとかの批評を被《こうむ》ります。そしてマナーから外れた振る舞いは周りの人々の快さをこわす傾向があります。それでも、このようなことはけっこう頻繁にあるものだ、という前もっての了解がありま す。だからマナーによる秩序が行き渡らなくても、それはそんなものだということで済ませられます。こうしてマナーは慣習よりはずっと弱い秩序しか形成しません。流行だってあるわけで、慣習ほどの伝統の重さを持っていません。

或る慣習や或るマナーが成立してきたことには理由があるでしょう。その理由がどのようなものであるかの探究は面白いかも知れませんが、ここでは関心外のことです。私が指摘したいことは二つあります。一つは、慣習もマナーも、或る集団の纏まりに寄与しているが、その集団は今日で言う社会よりは狭いものであるということです。そしてもう一つは、慣習やマナーの存在や存続を支えているのは文化的な意味の力だということです。人々は、慣習やマナーが問題になる場面で、慣習に則っている、背《そむ》いている、些かずれている、全く頓着していないなどと、また、マナーに適っている、マナーを知らない、不作法だなどと批評します。批評は評価です。しかるに評価も所詮は人々の思いの一つです。川向こうでは慣習もマナーも全く別ものになるという事態は、人々の思い方次第で生まれもし、変化もし、消えもするものだということを示しています。

集団の危機管理をする政治集団とその外の集団成員——権力と国家——

さて、集団の規模が大きくなるに連れて、機能していた慣習では処理できない事態が発生することがあり、その処理仕方によっては集団が分裂するということも起こり得ます。そこで集団を統率する人とその一団が現われると、それが政治的なものの出現で、そこに権力という力が生まれます。それゆえ政治は一般に治安の維持を始めとする危機管理を行うはずのものです。権力は、統制を効果的に成し遂げるものとして武力集団や行政のための組織を生み出し、さまざまな制度を定めて集団に秩序をもたらそうとします（↓演習15）。そこで、当然にそれらの組織に属する人々と組織外の人々とが分かれます。こうして、集団全体を統制する力、いわゆる権力を持つ者と統制される側に属する諸個人との非対称性がその特徴です。そこでこの事態は支配・被支配として捉えられることが多いです。けれども、これら両方の人々を含みながら一つの纏まりを持つ集団というものが「国家」

と呼ぶのが相応しい、政治によって維持される集団なのです。なお、権力という力も、また権力が制定する制度も、集団全体の大多数の人々によって認められることが必要で、ですから意味の力というものを味方につけなければなりません。

武力と権力

歴史を振り返れば、集団はどれも或る地域に住まう人々から成り立つというのを基本としながら、他地域の集団と争うということも頻繁にする、そのようなものとしてあったと思われます。そして、一つの集団が他の集団を（強く言えば）支配するような仕方で呑み込み、権力が及ぶ範囲という仕方で集団の広がりを考えるなら、集団は内部に幾つかの集団を抱えながら大きくなる（あるいは時に、逆に分裂して小さくなる）ことがみられる、そういう理屈になります。このような経緯では武力というものが際立ちます。そこで、他集団との争いと、集団を統制する力の有り方との二つが、権力には武力は付きものという性格を与えました。けれども、第4章第1節(3)で述べたように、権力はその正当性を人々によって承認されることで初めて安定したものになります。（もちろん、その前に権力を手に入れるという過程があり、維持することも必要です。王子や王女だから必ず王になるというわけではありません。ツヴァイク曰く、「やがて彼女［メ（ア）リー・スチュアート］は、権力というものは、血縁によって相続されるだけのものではなくて、たえず戦ったり、屈服させたりしながら、新たにかちとっていかなければならないものであることを認めるであろう。前掲『メリー・スチュアート』九一頁〜九二頁。今日では、血縁による相続によってではなく選挙を通じて手に入れる権力は正当だという考えがありますが、この場合も同じようなことが言えます。なお、選挙に関しても、地盤や看板を引き継ぐという相続のごときものが働くことがあることも見逃せません。）

そして対外的戦争や内戦で使用される場合でもないのに武力を維持しようとする傾向が、政府によって一つに纏められた国家ないし準国家にはあります。武力めいたものは集団内部での治安に関わる事柄でひっそりと機能しているのです。この機能は人々に喜んで受け入られる面、つまり日常時の警察の役割のような面と、支配・被支配という構図でしか捉えられない部分とがあります。後者は、政府等の指揮のもとにある或る組織がデモ隊に抑圧的に対するような場合で顕わになります。なお、国家に準じる地域を言わなければならないのは、国家は対外的な相互承認あって初めて国家として認められるものだからです。いつもいつも、人間の事柄では承認という事態、それゆえに意味が問題であるという事態が基礎としてあります。そこで、武力あるいは暴力に訴えるという傾向から自由になって、後で論じるやはり意味の事柄である或る種の文化という力でもって集団内と集団間で生じる争いの問題を解決することはできないものでしょうか。

演習15　制度の創出は人々を統合する技術の一つで、物的な事柄に関する技術と並んで人間に特有なものとして、さまざまに考案されてきました。しかるに、物的な事柄に関する技術を大抵の人々は進歩と受け止めます。この受け止めはなぜ生まれるのか、けれども、いつでも進歩と評価してよいでしょうか。人々を統合する技術に関してはどうでしょうか。

(3)契約と約束との違い——公的なものが関与する硬い秩序と個人間の事柄でしかないもの——

制度が及ぶ範囲

前項で、集団に秩序をもたらすための政治的な制度に言及しました。しかし実は、制度は政治的なものに限るわけではありません。が、暫くは政治的制度を例にして、制度とはどのようなものか、特徴を考えます。(経済に関わる制度については次節でみます。)

制度とはどのようなものでしょうか。制度はさまざまな事柄に明確な秩序を与える(ないし与えようとする)もので、それらの事柄に関わる人々すべてにその恩恵も制約ないし縛り、かつ、場合によって、また成員のポジションによっては、人を強く抑圧します。法律が定める制度があって初めて可能になることもあればその制度ゆえに何かの活動仕方が窮屈になることもあり、あるいは不自由になること、また新しい税負担を考えると分かるように強いられることもあります。法律違反のときに制裁が加えられるようなものもあります。

そして制度と集団との関係ということで敢えて言えば、さまざまな制度はその制度ごとに、制度が及ぶ範囲の人々を一つの集団として成立させるという言い方をしてもいいでしょう。たとえば政治的に法律や条例によって定められる制度の例ですが、法律だったらその適用は国全体に及び、条例はそれを定めた自治体の範囲で適用されます。見落とすべきでないのは、たとえば外国の人も日本に来たらその法律に従わざるを得ないということで、その限りで滞在時には、日本国籍を持つという点で一つの集団を成している人々と一緒になった集団のメンバーとなっていると言えることとです。たとえば母国では右側通行で車を運転していたのはやめて、車では左側レーンを選ばねばならず、その限りでは日本在住の運転手仲間と一緒になります。図書館に登録し、一度には二〇冊以下、期間は三週間という規則に従って本を借りる人は、その図書館の利用者という集団の一員ということになります。集団の範囲を決めるのは図書館の制度です。ただこれは形式的な事柄です。図書館の利用者数に関する統計などでは重要なのでしょうが。それに対して、互いに顔を合わせなくても、集団として貸し出し期間を四週間に延長して欲しいと図書館と交渉するために幾人かの人々が名を連ねると、それは実質を伴った集団となります。さて、集団の範囲を決めるような制度であるには、それはどのような条件を具えていなければならないでしょうか。

このことをみるために、第1章第2節で取りあげた約束の有り方と、契約とがどのように異なるかをみましょう。契約は、個々人の間の関係でしかない約束に個々人を超えた力を関与させることで「公的なものになった約束」とでも言うべきものです。関係の有り方が別種のものになると表現してもいいでしょう。ここで「個々人を超えた力」とは、個人(更には組織)の上位にあって個人が(各種組織も)従うべき制度が持つ力です。

契約を成立させるもの

太郎と花子との約束では、状況が変われば、二人が約束の変更を認めることがあり、この変更に際して必要なのは、太郎と花子の双方が考えを変えることだけです。約束は時の推移を超えて効力を持つものですが、現実は時の推移とともに変わってゆきます。そしてその変化のうちの或るものが約束を無効にするよう迫る場合があり、約束の当事者がそのことを理解すれば、約束の破棄や内容の修正もあり得ます。当事者次第です。個人間の約束は、彼女／彼らが生きている社会の有りようがどのようなものがあるかは措いても成り立ちます。では、契約の方はどうでしょうか。

契約も約束と同じように当事者の未来を縛りますが、未来と目《もく》されていた時がやってくる間に現実は変化し、約束の場合と同じく契約を守れないという事態が生じる可能性があります。そこで契約はこの事情を予め見込んで、契約を破棄する（ないし内容を一部変更する）場合の条件（それから変更の場合のルール）も契約内容に入れるのが一般的です。ただ、これだけだと、約束でも、雨が降ったら約束はご破算だよ、と前もって確認していることもあり、そのときは似たようなものにみえます。けれども、契約では時の推移において生じるかも知れないと想定できる（想像できる）限りのことをすべて盛り込んで、その場合はこうだ、ということを盛り込もうとします。それから、契約では契約の仕方そのことにルールがあります。この想定することやさまざまな場合への対処も予め考えること、ルールを承知すること、これらはけっこう大変なことです。そこで、大変だから、という理由だけではありませんが、契約できる資格というものがあれこれ定められています。よく知られているのは年齢です。日本では成人に達する年齢が引き下げられたばかりですが、成人になるとローンなどの契約ができるようになるということが話題になりました。子どもは契約することが認められていません。成人として認める年齢にしても契約の可否にしても、法律が定めています。しかるに法律は制度の一種です。他の例では、不動産売買で売買を仲介する業者が売り手、買い手双方の契約を媒介する場合には、業者の内の宅地建物取引士だけが契約内容記載書への記名・押印できる資格を持っています。

それから、契約の当事者は恰《あたか》も変化しない人であるかのような位置に置かれるということにも注目すべきです。親密な個人間の約束でも、当事者は約束を果たすべき人としては変わらないことが求められますが、その求めに

コラム14　同等の存在としての個人という建前

第1章第3節(3)で青森銀行との契約を話題にしました。しかるにこの場合と同じように、私たちが契約する相手は個人であるより、むしろ銀行や工事業者、通信事業者などの企業である方が多いように思えます。しかるに、ここで私は契約者は没個性の人格だと見なされていると述べましたが、企業も法人として擬制的に一個の人格であるかのような扱いを受けるものです。そこで個人と個人との間の契約はもちろん、個人と企業とが交わす契約も、形式的には恰も対等なものの間でなされるものであるかのごとくになっていることには注意すべきです。そして、このような実情ゆえに私たちは、対等性という建前のもとで人々を捉え、その集団の有り方として社会を考えることをやりがちである気がします。そこで、社会の成員は誰もが互いに同じような存在であるかのごとくです。

しかし、現実には集団の成員には赤ん坊も子どももいます。ただ、赤ん坊や子どもは契約の当事者にはなれないという考えが、法的縛りとしてあって、これは同等の存在から成る集団として社会を捉える考えと一体になっています。しかし、この後者の一般的な考えの方は改めるべきです。赤ん坊や子どもを社会の中でどのように位置づけるか(そしてそれは意味づけるかに他ならない)、そして、どう扱うかという問題は常にあるのです。かつての児童労働の慣習は今日では望ましくないものとして捉えられますし、今日の、経済の有り方ゆえに生じている児童の不本意の労働はあってはならないとの私たちの了解があります。それから、多くの事柄に関して女性が子ども同然の扱いを受けている社会が、言い換えれば、そのような意味づけがされている社会があり、しかもその内容は当然のこととして気にも留めないということがあって、ただ、徐々に本当にそれは当然のことだろうかという疑念、不当だという人々の意識が高まっていることに注意しましょう。

なお、個人も法人も同じ資格で互いに交渉することになっていますが、法人は現実には多数の人々の連携的行動として何かを為すわけですし、また個人の時間的性格と法人のそれとは異なっていて、何か対立が生じるときには圧倒的に法人が優位に立ちます。

応じきれない場合を許容している、そのような性格が約束では濃厚です。そのことは当事者各人の個性という要素を当事者たちが重んずるということに窺えます。また、そのときどきの感情の動きというものも重要です。感情とは人のそのときどきの有りようとしては最も中心にあるものだからです。他方、契約では、契約者は没個性の人格であることが、すなわち「契約する人」ということに切り詰められた契約者であることが、要求されます（⬇コラム14）。ですから、契約に関しては感情は何の発言権も持たないのはもちろんのこと、契約者に何が起ころうと、そのこととは別に契約はその内容が履行されることを求めます。そしてこの時間経過という要素を見込んで、契約は或る要請されている様式を取る文書による約束という形を採ります。口頭での約束は、そのときの口調等によってニュアンスを変えることであり、そこには人の個性などが入り込む余地があります。どうせ彼の約束なんて当てにならない、というような受け取りだってあるかも知れません。文書は文書を交わした人が誰であるかを離れて、それが記載して述べる内容をいわば自立させるのです。

この有りようは、或る契約内容は契約者が死んでしまった後でも有効だということに象徴的に表れています。（死亡の場合は無効であるという条項がある場合は別にみえますが、この無効になるということ自体が契約内容なのです。因みに、死んでから効力が生まれる遺言、これは遺言内容に関わる人を相手に契約を交わしたというのではなく、遺言する人が勝手に関係する人々を相手に約束する内容を、公的な契約のごときものとして記すものです。また、遺言が効力を持つには公的機関が定めた様式に則って記されていることが必要です。）

公的力の関与――政治的制度――

さまざまな契約ができる年齢も、その背後にある成人として認められる年齢も法律によって決められていると述べました。年齢とは別の例では、日本では、内容によりますが契約が有効であるためには同一内容の契約書を取り交わし、内容によっては契約書には印紙を貼って捺印しなければならないということにも、法律による公的力の関与が見える形になっています。印紙を発行する大元は日本政府だからです。（この印紙に関わる法律が改定され印紙を貼ることが廃止される方向にあるとしても、公的関与はあり続けるはずです。）

ところで、政治的制度にはどのような特徴があるというか、望まれるでしょうか。一つには、その制度は明確なものでなければなりません。二つには、必要最小限の事柄に関してのみあるべきものです。ただ、実はどちらも政治的制度に限らず制度一般に言えることです。けれども、二番めのことは特に政治が定める制度について強調する必要があります。というのも、政治とは権力が主導するものですから、先に述べたように支配・被支配という構造を集団の中に持ち込むという性格を持っています。そこで制度はこの支配の道具にもなるゆえ、それが広範にわたることは控えるべきだからです。

家族に関わる制度を例にしましょう。本章第１節⑵で、婚姻に関して周りの人々からの認知というものが重要なこととしてあると述べましたが、逆から言えば認知されない形の婚姻は難しいということです。けれども、この認知は制度的なものではありません。しかるに現代の日本で、婚姻関係は役所に届けて新たな戸籍を設けることで法的なものになり、そのことで夫婦はさまざまな便益を得ることができます。たとえば税負担での配偶者控除を受けられます。子どもが生まれて出生届を出すことで、子どもは教育の権利その他を得ることができます。

けれども、夫婦別姓を巡るここ何年にもわたる問題提起は何を物語るでしょうか。婚姻によって二人は一つの姓しか選べないということまで制度が決めていますが、姓をどうするかまで制度化するのは行き過ぎ、あるいは不要ではないかという問題だと思います。他方、第6章第2節(2)でも話題にしますが、婚姻に際しては結婚式や披露宴を行うべきという制度はありません。これは当然のことです。仮にこの制度があるとするなら、それは個人の自由の大きな侵害ですよね。また、先に論じた約束と契約との違いも、日常で私たちが頻繁にする約束に関する制度などありはしないという余りに当たり前のことを前提にして成り立つ話でした。けれども、政府批判は罪であることが制度としてある国家がある場合、その国で人はどのように暮らすというのでしょうか。しかも、その制度が不透明であるとき、すなわち何をもって政府批判と判断するのかが明瞭でないとき、人はどう振る舞うことになるでしょうか。しかるに、この最後の事柄は、制度がもつべきこととして私が挙げた一つめの論点、制度は明確なものでなければならないという論点そのものです。

(4)制度の特徴

明確なルール

制度が明確でなければならないということの実質的な中身とはどのようなものであるかをみるために、制度の幾つかを比べてみましょう。そのうち最後の例を除けば、どれも現にきちんと機能している例です。

一つめは、道路通行に関する制度の中の極めて簡単で明白なルール、交通信号の赤、黄、青が示すルールです。これは乳幼児はともかく誰でもが分かっています。分かっているのでないと、このルールは台無しになりますから幸いなことです。そして大抵の人々が信号の意味を知っていてその指示に従う仕方で行動するので道路利用がスムーズにできます。時に従わない人がいて、その結果として事故が起きることもありますが、そのとき事故に責任があるのは誰かということもルール上では明確です。（ただ、ルールは必ず一般的なものですから、一般性と個別性との関係に必ず付きまとう問題はあります。現実を成す個別の事柄や出来事が或るルールでどのように扱われるかに関して迷いが出てくるということは生じ得ます。これは一般性と個別の事柄との関係という大きな問題の中に位置することです。）

二つめは車の運転免許に関するルール。車の運転をしたい人は、自分が必要とする免許を取るためにはどうすればよいかが分かっているのでなければなりません。車種によって取得資格に関して年齢や他の車種での運転の経験年数などが決まっています。また、自分の免許ではたとえばバスは運転できないとかも知っておく必要があります。運転しない人は知る必要はありません。

それから三つめも車に関する法律ですが、それは税金に関するルールです。取得のとき、環境に対する負荷が少ない車では取得税を低くするという優遇措置があったりしますし、所有税も排気量などで変わります。そこでそれらのルールをきちんと把握して車種を選ぶ人もいるでしょうし、自分の車では幾らの税を支払うのかよく分からないでいて、課されるままに支払うという人もいるでしょう。ただ、最も重要なのは、これらの税の徴収に関わる仕事をする人は明確に分かっていることです。制度が機能するにはそれで済みます。序でですが、所得税や健康保険税などになると、その算出の仕方は分からないという人がずっと多くなると思われます。けれども税に関わる仕事に従事する人は分かっています。分かっていなければ困ります。

なお以上は、ルールの知悉《ちしつ》が誰でもできる必要はないということも示しています。（小さな集団で重要な役割を果たし今でもそうである慣習でも、この問題には権威者の存在を言うときに触れました。）

手続き的な定義

そして最後は、現実にはないのですが現行の税の例を受けて仮に想定してみる例で、禿頭税というものです。これは禿頭の人とそうではない人とを差別する点で悪法ですが、別の面で法としてあるべき仕方を満たしていません。少しだけ禿げている人は自分がこの税の対象者かどうかが分からないということがあるだけでなく、税の徴収人も分からないという状況に立たされるのは明白です。というのは、ルールが明確でないからです。

では、明確であるとはどのようなことか。該当する事柄に関する手続き的な定義があるということです。仮に禿頭であるとは頭部の毛髪の半分以上である場合と定義し、その定義において「半分以上」ということを具体的に判別する手続きが示されているということ、つまりは定義に従って個々のケースが禿頭に該当するか否かの振り分けが可能であるということです。けれども、人が物差しでこのように測ればできると指示できるならこの条件は満たされるのですが、そうもゆかないでしょう（➡コラム15）。今日の、体の各部分を測定してそれらのデータから肥満度を出したり、足にぴったりの靴はこうだと示すのと同じような機能の機器を使えばいいということもあるも知れませんが、その馬鹿馬鹿しさ、コストを考えると現実問題としては無理でしょう。

それで、手続き的な定義が、言い換えれば禿頭かどうかの判別のルールがないままこの法律に基づいて税徴収を行うとなると、担当者の裁量が大きくなり、混乱を招きます。税を納めなくて済むように賄賂とかが横行するかも知れませんし、公正さを欠くことになります。

コラム15　定義と分類

禿頭税の話で本文では、「どのようにして半分以上禿げていることを確認するのか」を問題にしましたが、その前に、なぜ「半分以上」という定義を採用するかという大問題があります。が、こちらは専断的に行うしかないという面が必ずあります。ただし、定義は典型に照らして作るもので、この参照を基準に人々が納得できるものでなければなりません。成人と認める年齢がなぜ二〇歳に達したとき以降か、それを一八歳以下に改めるのはなぜなのか、人々の多くが納得しなければなりません。その納得が生じるか否かは、大人というもののイメージ（大人という意味事象）の内容を人々がどのように捉えているかによります。しかるに、そのイメージは大人の典型として得られるものです。第1章第2節(2)でアメリカの話として、関税制度におけるトマトの扱いに関して、それは果物であるとすることから野菜であるとすることへの変更を紹介しましたが、この変更は無理だという異議、疑義が生じなかったから、つまり、人々が野菜や果物とはどのようなものと思っているかに抵触しなかったからだろうと思います。しかるに、この思いとは果物や野菜の典型を源泉としています。

では、典型とは何か。私たちの物事一般化を導くもの、分類を可能にしているものです。因みに、分類は典型から遠ざかるものをもメンバーとして受け入れますが、周縁ではこの受け入れてよいかどうかはあやふやになります。数学のベン図のようなものは描けないのです。他方、定義はこのあやふやさを追放しようとします。そしてこの追放ができるためには定義は（典型を踏まえるだけでなく）手続き的なものでなければならないのです。

なお、このような法の制定との関連で述べておく必要があることが一つあります。それは或る法律を制定することそのこと自身が、やはり制度として定められた手続きを経るのでなければならないということです。或る法律は国会の審議を経て可決されなければなりませんし、その審議にかけるに至るまでに踏むべき手続きも制度として決まっています。ただ、そうすると最初の制度はどのようにして生まれるか、という問題があります。が、それは政治的制度の場合には政治というものの出現において専断的に定められると言うしかありません。その場合に定められるものはここで言及しているたぐいの手続き不要で権力が定めるものだからです。そしてその制度の骨格を定めたあとで、具体的な法では手続きが明示されるのでないと制度は機能しないわけです。また、さまざまな制度とその具体化を指示する法の群れではヒエラルキーがみられることになります（➡コラム16）。

形式性

次に、制度は手続き的なものでなければならないのですが、それが形式的なものであるゆえに生じかねない弊害について、また、見かけだけで実質的には内容が薄いものになるという事態も生じることについて述べます。前者は形式が往々にして煩瑣《はんさ》になること。或る制度を利用して何事かを始めようとするとき、申請書を多数用意し幾つもの窓口に提出しなければならない（これは制度設計の拙さの場合もあります）、また、中身は同じなのにやたら書き方に注文がつくというようなことがあります。何か報告するための書類に関しても同じくです。どういう書類のことであったかはここで明らかにしませんが、私は或る報告書で、数字やアルファベットが半角か全角かの指定に反するということで書き直すよう差し戻されたことがあります。

コラム16　制度設計においてどういう言葉を選ぶか

制度を定める法の群れでは、上位の法に反する下位の法というものは存在し得ないということは周知のことです。政治とは異なる領域でのルール群においても上位から次第に制度の細部を決めてゆく下位の法へと降りてゆくヒエラルキーは一般にみられます。

ところでここで序でに、言葉の意味とそれが携える価値的響きとの関係で「税」に関わる言葉について少し考えてみましょう。税という形での所有財の移動は当然のことだと大多数の人々によって認められていますが、この承認とは税という概念の承認、税の意味の承認に他なりません。そしてこのことは、税の「徴収」と税の「納付」すなわち「納税」という語と一緒に日本では定着しています。そもそもこのような語なしでは税制という制度は存在することができません。ですが徴収と納付という概念（つまりは、それらの概念を言い表す「徴収」と「納税」という語）の代わりに、「見返り」を前提とした「支払い」という考えのもとで税を理解し直すこともでき、そうすると税の見え方が変わります。（このとき、納付という事柄は支払いという考えの中に残りますが、徴収という概念はそのものが消えてしまいます。）なぜなら、実質的に同じ事柄を言い表すにしても新しい語は「納税」という語とはかなり異なった意味を持つはずで、その意味が力を揮うからです。ただ、「支払い」は通常、経済の領域で用いるので、何か適切な語を工夫して生み出すのがいいと思われます。ただ、念押しで言いますが、どちらにしても、意味が事柄の実現を支えていることに変わりはありません。そしてこのような、言葉とともにある意味の有りようによって実現している事柄が夥《おびただ》しく生まれ、それらがそれぞれに秩序を（社会全体からすると部分的な秩序を）生みだし、支えています。因みに、このような秩序に関しては、真や偽の概念の適用は馴染みません。私たち人間が生きる世界では、真理の探究より、より広いものとしての諸々の秩序の成立、維持、変様、消滅の理解が重要なのです。

それから二つめのこと。形式を整えているものの、制度の趣旨に照らし合わせると実質的には骨抜きのもの、まさに形式だけの制度となりかねないということです。たとえば従業員五〇名以上の組織では、メンバーに過労やストレスが無いかを調べると称して、半年に一回の調査があります。私たちは多数の質問とそれ毎に幾つかの答が並べられた数頁の書類で、答の候補から一つずつを選んで丸を付け、それら回答に与えられている点数を自分で合計します。ところが、その合計点が或る数値を上回ると産業医の面接を受けねばならないということを承知していて、それを避けるために最後にその数値に至らないよう答え方を調整するわけです。これでは何のための調査か。外形だけ満たせばよいという実質の無いものです。そもそも、なぜ或る合計点を越すと産業医の面接を受ける方がいいのか、疑念を持つ人が私の周りの大多数でした。もっと大きな数値なら分からないでもないが、というふうで、それもあって面接は嫌なのです。また、政府が上場企業に社外取締役をおくことを義務化したのはつい最近ですが、形だけでも整えようと躍起になった企業も多かったようです。それから、企業内の労働者の年次有給休暇の取得率を二〇二五年中には七〇パーセントを越すようにすべきという制度は実質的に機能するかとは思いますが、これまでは書類上でのみ当時の取得率目標達成ということにした企業もありました。

漸進的変革

さて、新しい法律の制定(制度の設定でもあるもの)の実際に当たっては、望ましい法律と考えられるものが人々あるいはあれこれの集団(特に組織化された集団)によって異なることは当然です。取り沙汰される法律が或る人々にとっては歓迎しないものと評価されることもあります。そこで、法律の制定そのものやそれに伴う制度設計(細部に関する案の修正なども含めて）に関してさまざまなセクターによる働きかけ、駆け引き等が現われます。すると、その結果として生み出される法律が首尾良いものになるかどうか、評価すべき点、批判すべき点の両方を持つものが現実の法律となるという宿命があります。また、残念ながら、個人が法的制度の成立、その内容に大きな影響を及ぼすことはとても難しい、無理だという現状もあります。ただ、法律は改定することができるということに私たちは希望を懐くことはできます。しかし困難は、夥しい法律、規則が既に作られていて、希望する新しい法律に関連する限りの既存の法律や規則の多くを改変しなければ新しい法律の制定に行きつけないということにあります。先に指摘した法体系のヒエラルキー構造という問題もあります。一挙に新しい法体系に置き換えること、これは一種の革命ですね。因みに、私が知っている社会学の教授が、労使問題では革命はあり得ない、徐々に漸進的に進むしかない、と話してくれたことを想い出します。労使問題の領域とは制度の中の或る部分でしかありませんが、それなりに広いので、この発言が出たのだと思います。

第3節　経済とその秩序

⑴交易と経済の秩序——経済の秩序の二面性——

豊かさと貧困

本節では、経済とはどのようなものかを確認し、その経済がその存立とともに打ち立てる秩序と、この秩序を生み出すために整えられる制度とを考察します。

さて、経済と言えば直ぐに、豊かか貧困か、ということが最重要な問題であるかのごとく話題になりますね。第5章第2節(1)で、元禄文化に関して、それは商業ベースに乗って大都市町民の大衆文化ともなったが、その背後に大阪の豪商の存在があったと述べました。商業ベースとは経済の論理ですし、経済では必ずや豪商のような豊かな人々が出てきます。しかし、その一方で必ずや貧しい生活を強いられる人々の方が圧倒的に多いのです。この多数者では衣食住という生活の基本が問題で、他方の豪商などでは、この問題は消えています。そこで、豊かであるとはどのようなことか、これはけっこう難しい問題です。ただ、富という概念が豊かさの概念の中心を占めがちであることは既に述べました。

豊かな地域

人々の暮らしが物質的に豊かである地域というものを考えると、直ぐに思いつくのは、食べ物となる動植物を始めとする自然の恵みが豊かである地域ではないかと思われます。けれども現代では人々の営みによって作り出すものに関して言う「生産力」の高い地域だと考えるのが一般的である気がします。ただし、何を生産するのかという問題があります。歴史的には農林水産物の(単なる採取ではない)生産が中心だったに違いありません。しかるに、農産物の生産も含めて一般に、その生産手段(道具や機械)が優れたものになるとそれも重要な価値物となり、生産手段を生産する地域もが豊かな地域ということにもなります。工業が発展する地域です。そして、(これから先の時代では人手に頼らない工業が増えてくるとすれば分からないですが)概して工業地域では人口が増えます。そこで特に注意すべきは、狭い地域で人口が増えると、その人々を相手とする商業が盛んになるということです。

言い換えれば、都市が豊かになるという現象は古今東西でみられてきました。ところが、都市とは人工環境が整備されていて食料となる動植物は見あたらない地域だという奇妙なことになっています。食料は他の地域から調達するものになっています。ただ、歴史を振り返ると、物質的豊かさ全体の中で食料が占める割合は低下してきたという傾向があります（➡演習16）。

そしてやはり歴史を振り返りますと、その時代に最も豊かで栄えた地域とは、その外の遠方から沢山の価値あるもの（価値あると人々によって考えられたもの）が流れ込む地域でした。（この遠方からくる価値あるもの、価値物は生活必需品――衣食住に関するもの――とは限りません。もちろん衣服の原料などの生活必需品も含まれてきました。衣服を染める染料も準必需品でしょうか。けれども食品であることはむしろ少ない。というのも、恐らく食品は長持ちしないので近隣で調達しなければならないからでしょう。代わりに胡椒のような食品の賞味期限を延ばすようなものが貴重だということもあります。紅茶やコーヒーのような嗜好品も貴重なものとして求められます。）

そうして次に、人々が強く求めるものが或る地域から他の地域へと流れる際の中継点となっている地域もまた、あるいは一層、豊かでした。そしてその豊かさゆえに人々が集まり、都市化してそのことでも豊かになりました。こうして、交易、言い換えれば経済の原点であるものなくして豊かさは――或る種の豊かさは――手に入らないというのは間違いありません。有名なスコットランド女王、メ（ア）リー・スチュアートの父、ジェームズ五世

演習16　都市は人口が多い（密度が高い）ですが、人々はなぜ都市に集まるのでしょうか。あなたは都市に住みたいですか、そうではない場合にはどういうところに住みたいですか。選択の理由は何でしょうか。

の治世の頃――一六世紀初頭――のスコットランドについてツヴァイクは次のように述べています。「[スコットランドでは]遠い大洋から金や香料を持ち帰るために、吹き流しをひるがえす波止場から船が出帆することもない。[中略]すべての海浜都市において、近代の夜明けとともに、すでに銀行と取引所が繁栄しているというのに、この国では、聖書の時代と同じく、富はすべていまだに、土地と羊とによって計られるのである」(前掲『メリー・スチュアート』二五頁)。また、次の著作では近代の経済システム成立の諸要因が綿密に分析されていますが、交易と、なかんずく物資の流れにおける中継点との重要性が窺えます。ド・フリース、ファン・デァ・ワウデ著、大西吉之、杉浦未樹訳『最初の近代経済　オランダ経済の成功・失敗と持続力　1500―1815』名古屋大学出版会、二〇〇九年、原著、一九九七年。

⑵交　易――価値物の交換と貨幣――

では、交易とはどのようなものか。価値物の交換です。そして価値物は多様なもので、それぞれ固有の価値を持っていますから、それらさまざまな種類の価値を共通の価値尺度で計れると便利になります。その尺度として貨幣(ないし貨幣と見なせるもの)の登場があり、価値物の交換に貨幣を媒介させるのです。いわゆる売買です。売買を言うことは商業を言うことです。なお、貨幣の実質はその価値についての信用にあり、このことゆえに貨幣機能は価値物の交換の媒介、いわゆる決済手段であるというだけではなく、交換における重要な要素である時間の扱いに融通ができるようになります。

一般に価値物の価値の大きさは時の推移によって変動します。野菜の美味しさは減じてゆき、腐ってマイナスに価値評価されることになるなどに表れています。けれども価値についての信用は人々それぞれの意味世界の中で他の人々とも共通の想い、意味事象としてあるもので、それは時の推移を超えているかのごときものです。繰り返し同じ想いを呼び出しさえすればいいのです。そして貨幣は、野菜のような価値物と異なって、貝殻や貴金属のような時の推移による変化を余り被らない物体として価値についての信用をその大きさとともに表すもの、別の言い方をすれば意味するものなのです。（信用の大きさを示すとは、先に指摘した価値尺度として機能するということです。それから、第４章第３節⑵で国家の貨幣──通貨──への関与を話題にしましたが、これには信用を高めるという か保証するなどの理由があります。尤も、西洋の歴史では、国家こそ借金を踏み倒す常連でしたが。）ですから、貨幣は価値を貯蔵することもできます。しかも場所を少ししか取りません。また、持ち運びも比較的容易です。先ほど述べた貨幣の便利さとは、これら機能の多様さから来ています。なお、今日では信用ある数値だけで、物的である貨幣無しで済ませないかという方向を目指す傾向が増しています。

分配と交換・交換による当事者双方にとっての価値物の増大

狭い地域で、住む人々の数も少なかったとき、価値物の分配は商業の論理に従う必要はなかったに違いありません。集団の維持ということが重要ですから、その維持に寄与する仕方と成員の必要に応じた分配があったはずです。そこに、その地域に遠方からやってくる人が或る価値物を持ってくるときには、分配は顔を引っ込めます。その価値物は交換によってでしか手に入りません。その交換は、集団内の余剰品と足りないものないしは欲しいものとの物々交換、異なる集団間の物々交換から始まるのでしょう。そして地域を越えて広く流通する貨幣（金銀であるとか別のものであるかは別の論点です）、人々が信頼できる貨幣が出回ると、貨幣による売買になってゆきます。そして、貨幣の便利さが分かり、その地域でも貨幣が出回るようになると地域内での価値物の交換も貨幣を媒介するものに変わってきます。とはいえ、あらゆる地域で貨幣は共通ではありません。何処から貨幣が入ってくるかということに左右されます。（貴金属、特に金や銀ですら、どちらに重きを置くかは地域によって異なるということもありました。第4章第3節(2)で金本位制と銀本位制と採用する国家があったことに言及しました。）

ところで、貨幣を介在させるといかにも等価交換であるかにみえます。けれども、交換する当事者双方にとっての二つの交換物の価値は同じではありません。どちらも自分にとってという限定のもとでは、交換によってその前よりは価値の高いものを手に入れるのです。そうでなければ交換の動機がなく、交換を持ちかけられても応じるわけがありません。ただ、この事情は物々交換の場合には当事者に自覚されているのですが、貨幣が介在すると見えにくくなります。前者の場合は特に時間の経過によって価値物の価値に変化があることが見越されているとき、交換のタイミングが重要で、だから交換するとはより大きな価値を手に入れることだと承知しているのです。そして貨幣経済でも、インフレなどの場合、貨幣の価値が変動するのですから同じ理屈が働いて、人々は貨幣と現物との交換を急いだりします。そして貨幣による支払いの先延ばしや、逆に先物買いということが認められるようになると、その時間経過を考慮した取り引きになります。現在の貨幣と将来の貨幣との取り引きすら生じます。古くからある利息という考え、あるいは質草《しちぐさ》と貨幣との交換という考えが生まれたのも、実は同じ理由によったはずです。

異なる集団間の秩序の一つとしての経済秩序

こうして、交易という価値物の流通体制が経済の論理で現われ、そこに人間社会における一つの秩序を持ったものを認めることができます。一つの地域内での食糧や道具などの価値物やサービスの交換に関する秩序は必ずしも経済の論理によってもたらされるとは限りません。慣習も、また集団の規模が大きい地域では政治の力も人々を支配し、そこにそれぞれの仕方での秩序が生まれるということがあります。けれども、異なる文化や政治体制を持っているかも知れない二つの地域間の交易では(交易はもっと多数の地域を巻き込みもするのですが)、それらの異なりは無視した形での交換に関する秩序が必要です。この秩序は集団による政治体制の違い、文化の違いをものともせず、それらの点では異なっている集団間で通用するものとして確立されてゆきます。

市　場

この秩序が明瞭にみえるのは市場においてです。地域内にも地域間にも市場が生まれ、その働き方は共通です。市場とは多数のプレーヤが参加して価値物の供給と需要とが出会って取り引きされる場です。この場には参加者が了解できる秩序が必要です。その秩序は経済に関わる制度として現われます。なお、市場のプレーヤーの多くは、個人としてではなく経済活動のために結成された組織、複数の人々が其処で役割を分担して働く組織です。個人の才覚による経済活動(生産、流通、販売等を含む、お金の流れに関わる活動全般)を為して活躍して一世を風靡する人も、その人限りのプレーヤーで終われば、存続しやすい組織体に負けます。今日では農林水産業の生産者も組織の一員となり、組織が前面に出る、そのような時代です。

しかるに市場あるところ競争も生まれます。すると取り引きの遣り方の変化も起きるに違いありません。それに合わせて制度の内容も修正、整備がなされねばなりません。そしてここにも新たな技術が要請されます。手形、為替、担保、遠隔地交易では貨幣を移動させずに反対売買による決済など、複雑にもなり洗練されもする諸制度が形成されてくるわけです。これら諸制度はもちろん、市場に参加するプレーヤーが皆、守るべきものとして個々のプレーヤーの上位にあります。しかし、これら制度が安定してゆくことが保証されているわけではありません。するとまたも新しい有り方が模索されます。これもいつかは放棄されるかも知れませんし、逆に洗練されたものとしてより複雑で大きな制度の中の一部として生き残るかも知れません。慣習と違って、また政治が定める制度とも違ってダイナミズムがみられるのが経済に関わる制度です。（政治的制度は、革命や戦争のようなものがあったときだけ大きく変わります。しかし平時では徐々に変わるしかありません。ただし、権力者に大きな権利――権力に付け加わるもの――を与えているような政治制度では、その或る部分でかなり大きな変更を権力者がもたらすことがあります。そして更に強い権利を己に与える制度を手に入れるために、憲法のような最上位の法の改正を一応は合法的装いで実現することだってあります。）

しかしながら、既成の制度の機能不全が生じるなどの危機も訪れる可能性はいつでもあります。特に経済は価値の大きさを物体として具現している貨幣の循環を生命としているのですから、この循環や貨幣価値の信用の創出に関わる金融の有り方に秩序をもたらす制度では、一つのプレーヤーが倒れると連鎖的に他のプレーヤーも次々と倒れるということが起きがちです。制度の崩壊ないし機能不全です。ならば、プレーヤーが前もって新たに幾つか必要なルールを設け、それでもって共同でセーフティネットを構築しておくことが望ましいということになり、ここにも相互性を基礎にした新たな制度の創出がみられます。

⑶国内経済と政治・国際経済

政府の介入

ところで今日、国内経済に関しては政府が経済の秩序の有り方に介入することがみられます。この介入は制度面での支援という側面も強いのですが必ずしも経済界としては望まないという部分もあります。ですから、経済界と政府とが対立関係にあることもあれば、経済界が政府にあれこれ要望したりして政府に働きかけ政府が応えるなど逆方向のこともあって、結局は概して両者の協力関係があることも多いですね。それに大前提として、政府としては経済が強くないと困るわけです。そこで政治の力は経済の力を支援し、かつ、飼い慣らすことに意を注いでいるとでも言えるでしょうか。しかし、それを経済のプレーヤーたちのかなりの部分は、あって欲しくない規制だと考えることはしょっちゅうのようです。そこで、これらのプレーヤーたちは（個人であろうと組織であろうと）連合して新しい組織、謂わば上部組織を作って政府と交渉します。少なくとも苦言を呈する、提案するなどをします。一般に、大抵の場合には組織の業態ごとのグループができます。労働組合や上部の連合、経団連や日本商工会議所などです。本来の仕事は経済活動でない医師たちも診療報酬などで経済の有りように関係しないわけにはゆかず、かつ、そこに政府の医療に関する制度設計が決定的な力を持つゆえに、日本医師会という組織を形成し、利益団体として交渉の表に立つことになります。

政府部門・民間部門・家計

政府が経済の秩序において占める役割の大きさは制度の制定に留まらないことは、次のことでも明らかです。

それは経済のプレイヤーとして政府部門が大きいということです。理屈からすると、経済という秩序は物資やサービスを享受する個人というもの（「消費者」と呼び習わしているもの）を前提としているわけで、経済のプレーヤーの第一は、その個人の集積という曖昧なものが一つ。この集積自身は一つの纏まりを成すものとしての秩序を持っているわけではないから曖昧なものです。今日「家計」と呼ばれるセクションです。それに対して、消費財やサービス（税制上はこれも消費財の一種とされる場合がほとんどです）を提供する「民間部門」と呼ばれるセクションがあります。こちらは俗に「企業」と呼ばれるものを始めとするあれこれの組織の群れから成り立つことが多く、その内部にも外部との関係でも明確な秩序を持っています。そして「民間部門」と区別される政府などの「公的部門」があり、これも或る組織として機能しています。そして消費者である個々の人のかなりの多数も何かの組織に属して働くわけですし、逆に人がいなければ組織は消滅します。すべては人がいてのこと、ただ、人々が協力して明確な集団を成すことがあるということです。しかし個人はそのような集団の成員になることがなくても済みます。ただ、独りでなく、社会という集団にその一員として属するものとして生まれます。（第二次世界大戦後、ジャングルで独りで生き延びた元兵士は、その間はどの社会にも属さなかったということかも知れませんが。）

国際経済の秩序

さて、明瞭で自立した経済活動は元々が地域内のものであるよりは地域を越えた地域間の交易にあります。ですから、今日でも政治が定める国と国（ないし国家に準じる地域）との間でも経済活動はあります。そこで多くの課題に直面します。経済の秩序に不可欠の貨幣からして国によって異なっています。ここでは、これらの課題とその解決も、さまざまな国際的制度の構築によって果たされなければなりません。この解決のための制度（ルール）を経済のプレーヤーの主だったものが合意して作ることもありますが、関税に関する国家間（ないし国家と国家に準じる地域間）の交渉と決定をみれば分かるように、外交という形で政治が主導するというのが現実です。そしてこの点で、経済の秩序の二面性、すなわち政治から独立し、政治が定める国家からは自由な事柄であるという面と、政治の助けを必要とするという二面性を言うことができます。実際、経済の秩序に関して、（侵略や併合した上での支配というものとは異なる）外交という仕方での政治がさまざまな思惑のもとで介入しようとしているのが、現代の姿でしょう。なお、私は最初のうちは、二つの地域間の交易を純粋に経済的なものとして論じ、遠方からやってくる商人は訪れた地域の人々に応じた遣り方を取るものだとしてきましたが、実のところ、かつては国家による植民地経営と植民地経済とが一体になっていることもありました。

第４節　機能集団としての組織

⑴組織とルール

組織の多様性

これまで、政治的な組織と経済活動のための各種組織に言及しました。しかし組織の種類は多様です。役所、警察、企業、労働組合、医師会などの他に、大学、ＮＧＯ、ＮＰＯ、公益法人である財団、国連など、更にはマンションの管理組合、スポーツ団体など、さまざまな種類のものが無数にあります。

では、このように多くの種類がある組織に共通の特徴はどのようなものでしょうか。

組織内ルールと組織内の個人

組織は一般に、それに属する成員を必要とし、或る目的を持って活動する一つの特殊な集団という性格のもとで機能します。ですから組織には、謂わば自己定義して活動の目的ないし機能を明示するという最重要なことの他に、組織構造の明確化、その組織内のルールを制定することが望まれます。また、生まれた組織というものは、その成員の交替を許容しつつ持続しようとする傾向がありますし、幾つもの部署とでも呼ぶべき小集団を内部に拵《こしら》えたり、外部に作り出して大きくなろうとします。

さて、構造が明確でルールがあると、それらは秩序を生み出しますが、そのルールは厳格であることが求められます（↓演習17）。（多くの組織で似たり寄ったりのルールというものが多数あるでしょう。それは組織はどのような種類のものであれ、機能するための基本は同じだからです。また、他の事柄として、組織の文化とでも言うべきものの醸成があります。これについては第6章第1節(5)で論じます。）

ところで、ルールとは一般に、関係する人々ないし組織によって守られるべきものなのですが、これに関して二つのことを指摘します。一つは、組織の構造に関するルールで、これは組織内の各ポジションに、それに応じた権限を与えます。そして権限の大きさはポジションによって変わりますし、権限が大きくなると組織内での一種の権力に近づきます。（では対外的にはどうなのか。このことに関してはずっとあとのコラム17をご覧ください。）

二つめは、不確実性の軽減に関することです。ルールというものは一般に守られるべきものですが、実際に守られるかどうかは別のことです。確実に守られると人々が思う場合、ルールがもたらすはずの秩序は強固で、それゆえに、人々は秩序あるゆえに不確実な出来事から免れていると期待できます。車の運転をしていて私はふと次のように思うことがあります。事故には滅多に遭わないのは、ほとんどの人がルールを守っているからなんだよな、だけど、もし……と。しかるに、組織内のルールは明確に定まった成員のためのものですから、守られることが当てにできます。不確実性は著しく減じます。これは、硬いはずの政治的な秩序の場合をも凌ぎます。というのも、政治は非常に広範な事柄に秩序を設けようとしていますが、その秩序に従うはずの人々は不特定多数だからです。それから、その人々が関係して生じる出来事は実にさまざまで、その中で政治が対応すべきと思われることに関し、既存の法律（という秩序を設定するもの）では対応できない数々の事態が生じることを免れません。尤もこれは、本当に政治が対応すべきことなのかという問題としてもみることができます。政治的制度の設定は必要最小限にして、個人（ひいては個人から成る各種組織）の有り方に介入するな、という原則との兼ね合いがあります。とは言え、そうだとしても、このことは、組織のルールは当該組織の中だけにあるという対極の事柄を改めて確認させます。

実際、組織内ルールは組織に属する成員が組織の成員である限りでは従うべきものという性格を持っています。ということは、組織での活動から離れての生活では、そのルールは忘れてもいいという性格のものだということです。ただ、それでも個人が或る組織の一員であるということが人々に知られているとき、その個人の振る舞い

演習17　スポーツやゲームはルールが無いと成立しません。これらのルールの性格はどのようなものでしょうか。

についての人々による評価が組織にまで及んで組織の評価がなされることはあります。この点、組織はその成員に、組織外でもどのような振る舞いをすべきかに関して暗に、あるいは表立っても、要請するということはあるに違いありません。

組織の外と内

ところで、組織外での人の振る舞いを規定しているのは何でしょうか。個人は、人によって農産物の生産者として、あるいは小売り商店主、自らが料理をして客に提供する食堂経営者、独立した職人として、また企業という種類の組織に属して働くなどしつつ、消費者としてはそれらの人々もしくは組織から商品を購入しサービスを受けます。なお、企業で働くことも自治体や政府などの組織で働くことも、給料をもらって自分と家族等の生活の糧とする点では同じようなことだと捉えていると思います。ただし、以上の事柄はすべて経済の観点から人々の有り方をみているわけです。

では、別の観点からはどうでしょう。人は、やはり或る秩序を作るものである慣習やマナーに従って人々と挨拶し、時に一緒に食事をします。身近な人の冠婚葬祭に出席します。また、好きな音楽を聞いたり、自ら演奏したり歌ったりしますが、こちらは先立ってある秩序に従うというよりは、自ら選ぶものです。趣味と意味づけてもいい。そして趣味ならば人によってスポーツもスポーツ観戦もあるし、釣りもあるでしょう。さまざまです。しかるに、これらは人の生活の柱とまでは言わなくても、生活に或る安定した性格を与えるものです。そして、慣習やマナーに従うことも、音楽もスポーツ等を楽しむことも、或る文化のもとで暮らしていると言ってもよいでしょう。それは或る組織に属している、いないに関係ないことです。

そこで、このことを踏まえて改めて或る組織に属するということを考えてみれば、次のようなことがみられるわけです。或る国際的な企業ないし組織（たとえば国連や国境なき医師団など）で働く人々を考えてみる場合に判っきりとみえてくることですが、文化的な背景を異にする人々が協調、協力して働いています。そしてこのことは、ルールが手続き的な性格のものであって、いわば透明であることによって可能となっています。

実のところ、慣習やマナーも、そしてルールも、更に政治的秩序も経済の秩序（どちらも制度という強固な形で現われる秩序）も、人々が理解することで共有でき、そのことで人も自分の暮らしにおいて従うものです。ところで、慣習やマナーは文化の一部として徐々に変化することがあります。制度も変化する、ないしは変化させられます。が、制度の変化ではその変化がどのようなものであるかが、（できればその変化の理由とともに）明示されなければなりません。そして同じく、組織内ルールの変更についてもそうであることが望まれます。しかしながら、このことは慣習などには望むべくもありません。多くの人々が明確に気づかないうちにその一部が変化していたということもあり得ます。総じて文化はいつの間にか有りようを変える、そういうものです。

(2)集団のヒエラルキー

秩序と集団

或る集団が一つであるとはどういうことか。これは分かりきったことであるようにみえて、必ずしもそうではありません。集団が一つの纏まりをなす仕方は一つではなく、その仕方によって集団の単位も違ってきます。ということは、集団を一つの纏まりにする仕方のどれに着目するかによって集団が一つであるというそのことが異なってくるということです。本章第1節(1)では、切り出し方によって社会の範囲は変わると述べましたが、それは集団一般に関しても言えるのです。

ただ、集団を一つに纏めるどの仕方にも共通なのは、それは集団に或る秩序を与えるということです。いや、正確には、曲がりなりにも或る秩序が行き渡っている範囲によってこそ、集団を特定の集団として認め得ると言うべきでしょう。そして、仕方が異なるというのは秩序の性格が異なるということに他なりません。本章第2節(3)の最初の部分で私が、さまざまな制度はその制度ごとに、制度が及ぶ範囲の人々を一つの集団として成立させると述べ、その例もみたことも想い起こしましょう。

そこで、他の仕方では一つの集団と認められているものが複数あるところに、それら複数の集団に或る秩序を行き渡らせる仕方というものもあり、その場合には、その秩序ゆえにそれら集団は一つに纏まって、新たに大きな集団を形成していると見なせます。たとえば政治的な秩序によって定まる集団は国家として認められているのですが、幾つかの国家間を一つの集合にする或る秩序が設けられると、そこにＥＵやＮＡＴＯのような国家集団の纏まりを言えることになります。同様に、企業組織という形態の集団が纏まってより大きな集団を作る場合、やはり一つひとつの企業を一つの集団と考え、それらの集まりを一つにする或る秩序の存在を言うのが分かりやすいわけです。

国家と中間集団・これら両方を含む社会という組織無しの集団

幾つかの組織が集まった新しい組織がつくられるとき、後者が前者の上位にあるかにみえるのは自然です。そしてこの上下の関係は集団の大小の関係と重なっています。ところで、私たちの思いでは、切り出し方によって広くも狭くもなる社会という人間集団が、それでいて、やはりすべての組織を包み込む最大集団だとされるように思われます。国連ですら国際社会の中の一組織という捉えになるということです。組織の種類に応じて私たちは社会というものの広がりを変えて考えるのです。このことに社会という概念の特殊性があります。

そこで、ケースごとに選ぶ社会概念の広がりを考慮するという前提では、社会はいつでも最上位最大の人間集団だしいうことになります。私たち個人はどのような組織にも属することがなくても、必ず或る社会に属しています。ただ、社会的影響力を持つ集団グループに注目し、かつ、個人のほとんどは或る国家（組織）の一員であるという体裁になっている現今の状況に目を遣ると（実際、日本では、国籍だけでなく戸籍に記載されるという仕方で国家の制度の中に組み込まれています）、個人は他のどの組織にも属していない場合でも国家にはその成員として属している場合がほとんどです。この際に重要なのは、私たち個人と国家とは直接に向き合うこともでき、それは他の組織の場合と同じだということです。たとえば個人は国政選挙のときには国家と直接に向き合うし、国に何か必要な書類を要求し、払いすぎた国税の還付も求め得ます。また国家を相手に訴訟を起こし裁判で争うこともできます。地方自治体に要望を提出することもできます。それはさまざまな組織と取り引きしたり、商品に関する要望を述べたり、クレームをつけたり、支援したりできるのと同様です。企業の株主だったらその組織の総会で投票もできます。ただ、そのさまざまな組織は国家の法を遵守することで（建前だけということもないわけではないでしょうが）国内で存立しています。すると、それらの組織は個人と国家との間の中間集団（組織）という位置づけになります。そして、それら中間集団自身がグループを成して上部組織を成す場合が多いのですから、社会的力を持つ諸組織間にヒエラルキー的構造がある次第も理解できます。

他方、私たち個人が各種組織や国家に向き合う可能性があるように、社会を相手に向き合うという考えには無理があります。社会の有りようが悪いと考える人が社会を被告として訴えるとしてどのように被告を限定するというのでしょう。できません。社会に関してこうあって欲しいと思うとき、要望する相手は判っきりしていません。街頭で演説する、新聞の投書欄その他に記事を掲載してもらうなどして、不特定多数の人々に向かって意見を表明し賛同を求めるということになるしかありません。そもそも本章第1節⑴で確認したように、社会の成員が誰なのか確定すらできません。社会は組織を成していないのです。だからまた、社会という概念には制度も馴染みません。制度を言い出す途端に社会は別のもの（今日では最も強力な組織である国家など）に変身します。

諸組織間のヒエラルキー・権限と多様性

企業であれNPOであれ、美術館も財団も、国が定めている制度に反する仕方でその組織をつくる、整えることはできません。関わりがある制度がある場合には、それに従うことで社会的力を持って活動することができます。（対比するに、大学でのサークルなどの組織が従うべき制度などは考えられませんね。これはどうしてか。第6章第2節⑵で家族というプライベートな領域との関係で、公的なものと私的なものとの対比を話題にしますが、大学のサークルは純然たる私的なものというわけではありませんが、それに準ずるものだからでしょう。そして、同じ理由で、大学のサークルは公的力を持ちません。）

本章第3節(3)で私は、国家に影響を与えるような組織として、経団連や連合、日本医師会などの例を挙げましたが、これらと大小・上下の関係にある組織があります。或る企業、組合、都道府県医師会などです。（そしてそれらの組織に属する個人がいます。）このことについて二つのことに注意します。一つは、上下とはヒエラルキーがあることです。そしてヒエラルキーがあるところ、どの階層の組織であるかに応じた権限というものが現われます。権限については本節(1)でも言及しましたし、第4章第3節(1)では異なる観点からの言及もしました。

もう一つは、幾つかの集団が何らかの理由で集まって大きな組織をつくる場合に、どのような集団がその組織の構成員になるかという問題です。その組織のメンバーは最初は集まった集団（組織）ですが、一旦できたあとでは新たなメンバーの参加もメンバーの入れ替わりもあります。それで、メンバーとなる集団は当然、同じような種類のものです。けれども注意すべきですが、だからといって均質だというわけではありません。連合に所属する組合もさまざまで、その性格は異なっています。別例として、ＥＵ、あるいはＮＡＴＯという国家集団の場合はどうでしょう。メンバーはどれも国家ですから、国家という均質なものから成り立っていると言えそうです。ですが、メンバーそれぞれの国家を一つの国家としているもの、それは確かにどれも政治的秩序ではありますが、その大枠の中での具体的な秩序の有り方は国家ごとに異なっていて、それゆえに構成員は均質だと認めるわけにはゆきません。だから、ＥＵという、或る目的のために作られた上部組織は、その意志決定の際にオルバンのハンガリーに手を焼くなどのことが生じます。エルドアンのトルコに関しても同様です。

ところで、今日、多様性の尊重ということが盛んに言われます。生態系、ひいては自然環境の問題絡みで生物の多様性のこともあれば、或る領域の企業が多様であることゆえにその領域の経済発展が見込めるというような話の場合だってあります。そして最近では、企業も大学も行政も、多様な人材無くして発展無しということを盛んに言うようになりました。そして結局は私たち一人ひとりがどのような存在であるか、どのような存在であるようにし向けられているかが肝腎ですので、ここで個々人に焦点を置いて社会の有り方を規定しているさまざまな秩序に個々人がどのように関わっているかに目を向けようと思います。

なお、組織について論じた本は沢山ありますが、私が知っているそれらの多くは経済に関する組織を論じています。けれども次のものは、具体的な多様な組織がどのようにして生まれ、どのようにして各地での歴史を動かしてきたかを教えてくれる貴重な労作です。『結衆・結社の日本史』『結社が描く中国近現代』『アソシアシオンで読み解くフランス史』『結社のイギリス史　クラブから帝国まで』『クラブが創った国アメリカ』（以上、順に『結社の世界史①〜⑤』山川出版社、二〇〇五〜二〇〇六年）。

第6章　社会の中の個人

第1節　文化の観点から

(1)社会という概念

誰もが属するものとしての社会という概念――最も大きな社会――

さて、さまざまな集団とそれらを秩序づける力を持つものを幾つか調べてきましたが、それら集団の中で生きているのは各個々人です。そしてこの一人ひとりが結局は重要で、集団のさまざまな有り方はこの一人ひとりにさまざまな影響を及ぼすゆえに重要であるに過ぎません。では、個人とはどのような存在でしょうか。第一には、動物として生きていて物的環境の中で生きています。第二に、人々とともに生き、その際には二つのことが重要です。一つ、その人々がそれぞれどのような人であるのかを知り、そのためにさまざまなこと、心の動き、痛さや痒さ、怠さ、疲れなどの体の調子、何をしようとしているか、何を望んでいるかなどを想像すること。そしてそれらの内容を踏まえて個人間の付き合いを、できれば親密な付き合いをします。その中で協力もあります。二つめ、人々が集まって暮らす集団がどのようなものであるかによってその生き方が変わります。その集団がどのようであるかは、集団を秩序づけるもののさまざまによって定まっています。昔からの慣習、政治によって定められた各種制度、経済の秩序、それから文化という曖昧なものもそれなりの仕方で集団を一つのものにする働きをしていて、このことを、それぞれに或る秩序を集団に与えると考えることができます。

ところで、これまで主として「集団」という言葉を使ってきましたが、以下では「社会」という言葉を用いようと思います。というのも、集団と言うと人は、そのメンバーが定まった人々から成るきっちりしたものを想い浮かべると思われますが、個人と集団との関係を論じる際の集団としてはそのような種類の集団だけを念頭におくと重要なことが抜け落ちるからです。個人にとっては自分が暮らす場となっている集団との関係が大元のこととしてあるのですが、その集団は「社会」と呼びならわされているものだと思います。対比するに、たとえば或る会社はそこで働く人々の集団を規定しますが、その集団はその働く人にとっての暮らしの場をなすのではありません。その集団内で一日のかなりの時間を過ごすにしても、それはその集団内で働くという明確な意図がある場合で、暮らしの一部としてその集団との関係があるに過ぎません。暮らし全体はその会社集団との関係も含めたもっと大きな広がりを持つ集団、すなわち社会というものの中で営まれるものです。何人《なんぴと》でもどの社会かに属して生活しています、その社会に存在するどのような集団(会社、自治会、趣味のサークルなど)に属することがない場合もです(➡演習18)。

切り出し方によって変わる社会の単位

ところで繰り返しますが、社会という概念には曖昧なところがあります。既に前章第1節(1)でみたように、切り出し方によって大きな社会、その中の小さな社会(或る町におけるベトナム系の労働者たちの社会など)などを言うこともできます。たった今、最も大きな広がりを持つものと述べたばかりなのに、これは矛盾するような話にみえます。いえ、ここでは私はその箇所で述べた小さな社会ではなく、やはり大きな社会を問題にしているわけで、そこで、この切り出し方のもとで小さな社会を言うとき、人はなぜ、たとえば或る町におけるベトナム系の労働者たちの「集団」とは言わないのか、というふうに問題を立てると、実りある考察をすることができます。この場合、やはりベトナム系の労働者たちの「社会」でなければならないのです。仮にその地域に三〇人のベトナム人労働者がいるとすれば、確かに三〇人から成る集団を言えます。けれども、この小さな集団、組織を(形成することはできますが、普通は)形成しているのではない集団は、背後に母国のベトナム社会を控えさせていて、そのことで単純な三〇人の集団であるわけではないものになっているのです。謂わば小さなベトナム社会で、それは母国のベトナム社会と似ているところがあるし、ベトナム社会をよく知っている人は日本のその地域にベトナム社会を見いだすでしょう。それはその人たちの文化とでも言うべきものを見いだすからです。そして、もし二つの地域で、それぞれの住人たちが見た目ではベトナム人であるとかインドネシア人とかの見分けがつかなくても、二つ

演習18　世間という概念がありますが、これと社会という概念とはどのように異なるのでしょうか。

の違う文化を私たちが区別することは難しくありません。雰囲気その他の異なりがそうさせるのです。そして私が以上のように言うとき、それは実は社会と或る種の文化との興味深い関係を反映しているのです。

文化の概念に依拠して一つの社会を言うこと

或る種の文化とはどのような文化のことでしょうか。縄文文化について私は、それは生活様式のことだと述べました。生活様式とは衣食住を基本としています。そこで私たちは衣食住という人間の生活の基本に関して、さまざまな文化を見分けることができます。私たちは、料理を和・洋・中華、ロシア料理、エスニック等と分類していますね。そしてこのような食文化と同様、服飾文化についても語ります。「住文化」という言葉は余り聞きませんが、住に関わる文化もあるに違いなく、実際、人々が住むとは限らない建物を含め、建築物を見て中国的、ドイツ的、ロシア的というふうに見分けることもします。この見分けは文化の違いの見分けです。そしてこの例では、私たちは国民性や民族性というものが文化の基盤にあるという考えをもっています。（「国民」という言葉は国家を前提しています。そして私たちが何かというと国家名を言うのは、政治的なものが或る集団を一つにする力の強さを反映しています。けれども、民族は国家とは異なりますし、或る種の文化と一体のものとして捉えるべきものです。そして多民族国家があり、同じ民族が幾つもの国家でコロニーのようなものをつくって暮らしています。）

ただ、他方で、今度はその大きな括りの中での地域の小さな文化と社会を言うこともできます。実際、外つ国《とくに》から日本に来た人が日本の文化を発見するとかその文化に馴染めないとかのこともあるのと同様、同じ国内でも私たちが引っ越して暮らす新しい地域の文化はこれまで住んでいたところの文化とは違うなと思うこともあるわけです。とは言え、前者の場合、その人は大雑把《おおざっぱ》に日本という塊で文化を捉える（に留まる）わけで、後者では、やはり日本の文化という大枠の中での小さな文化だというふうに、詳細なところにより敏感だというふうになっています。（ここでも私は便宜的に「日本」という国家名を使用しています。）

このように私たちは、生活様式としての文化によって或る集団を一つの纏まりを持つものと見なし、その場合の一つのものを社会だと考えます。社会という概念には文化というものの秘かな関与があります。そして、文化こそが一つの社会の纏まりに関わる要素であるなら、或る社会の中に幾つもミニ社会があることにもなります。「地域社会」という言葉もあります。地域特有の文化もあるからです。

⑵文化の個々の内容としての文化事象

消費物としての文化事象

ところで、私は第5章第2節⑴で、或る文化の内容としてさまざまな文化ジャンルがあることを指摘しました。そして或るジャンルの中で具体的な個々の文化事象があるわけです。今日では文学と総称されるジャンルの中に俳諧や浮世草子、という小ジャンルがあり、俳諧の中に芭蕉の『猿蓑』、あるいは一句がある、浮世草子の中に西鶴の『好色一代男』があるという具合です。しかるに、文化ジャンルを話題にしたその箇所で私は、その担い手というのは或る一つの集団——その箇所では政治体制によって一つのものとさせている集団——内の或る種の人々だと指摘しました。ただ、そのジャンルが、個々の作品の受容を通して別の人々にも広がってゆくことはあるわけで、その広がり方について私は、浮世草子などを例に挙げた箇所では、同じ集団に属する別の部分集団への広がりを念頭に僅かのことを述べただけでした。いま付け加えれば、或る地域への文化伝来というのもしょっちゅうあることです。ただ、伝来はそのままのものが到来するということではなくなるのが普通で、だから日本文化史で「唐風」の天平文化などを言い、その具体的なものとして「正倉院鳥毛立女屏風」や『懐風藻』等を挙げるわけです。しかし唐風であれ、これは飽くまで日本文化なのです。

ところが、現代では次のような現象があります。或る音楽や或る映画などが謂わば国境を越えて広がっていくとしても、それは或る地域ないし集団への伝播というのではなく、或る人々における受容のことを指すだけであり、それでいてその受容は特定のケースとしてのみみられることではなく、その広がりを言うことができる——集団への広がりではなく、受容する個々人の数が多いという点で広がりを言うことができる——という現象です。ですから、それらを享受する人々が互いに身近にいるとは限りません。つまり、身近ではそのようなものに全く関心がない人も多数だということです。

この現象に関して特筆すべきは、文化事象は供給され消費されるものとして、一大マーケットを成すものとして扱われていることです。ここに文化内容の或るものが経済の秩序にいわば商品(ないしサービス)として取り込まれ、供給と消費との対象になっていることは明らかです。今日、さまざまな文化事象が、経済が文化を取り込み利用する論理によって動かされているということがあるのです。そして、特定の音楽、特定の映画、特定の(翻訳によって言語の違いを克服して届けられる)文学作品だけでなく、同じようなものが数多く受容されるということが分かると、映画ジャンル、音楽ジャンル(あるいは細かくジャズジャンル)というふうに、ジャンルの資格での文化が生産と消費という構造の中に位置づけられます。(ここで述べていることは、経済の観点からは第4章第3節(1)で需要の喚起として述べたことと似たようなことですね。）

この現象においては、同じ文化事象を享受する人々はあちこちに拡散しています。そして地理的に纏まっていないだけでなく、そもそも集団として一つになっていません。或る演奏家のファンクラブを結成しファンどうしの交流もあるなどの場合を除けば、ばらばらです。私たちが、自分と同じ社会に属するけれども見知ってはいない成員がいると想像できるのは、まずは自分が或る社会に属しているとの捉えを前提していますが、それと同じような前提はないからです。

このような事態は何に起因するのでしょうか。経済の論理が文化を取り込み、利用する（富の増大について述べたような仕方で利用する）ということだけでは説明できません。文化とは個々人の内面の事柄だということに起因します。その個人は今日、一人ひとり自己主張しているわけです。ただ他方で、この内面の事柄であるものが、やはり或る社会をつくるということは消せません。それは、文化が人間社会において生まれてきた経緯から帰結することです。同じような内面を持つ人々が自ずと育つ小さな集団では、個々の文化事象ではなく、それらのすべてを引っくるめて言える文化というものを言うことができます。文化の概念は文化事象の概念に先立っています。

民族や国の文化

映画や音楽等について指摘したのと同じ現象は、料理、服飾などにも見られます。しかるに、私は衣食住についでは、それは生活の基本をなし、だから生活様式だと言いました。はて、ここに不整合があるのでしょうか。いいえ、たとえばベトナム料理も日本人の口に合わせてベトナム本土で食べることができるものとは少し違う味付けになっているなどのことがあります。服も、アメリカ合衆国で流行《はや》っていて、いいなと思っても、これを日本で着たら浮いてしまうよ、というようなことがあります。建物も、地中海の沿岸だったら似合うだろうけど、この日本の農村の風景ではちょっとね、ということもありますね。ここに、やはり基本的な生活様式としての文化の働きというものが見られます。（他方、外国人が本物の和食を味わいたいと日本に来て楽しむということ、あるいはニューヨークなどの大都市で日本の料理人がお店を開き、食材その他も日本から取り寄せて、いわゆる本格的な和食を提供するということもあります。その料理はとても高価だけど富裕層で賑わうそうです。これは先に述べた経済の論理が或る文化事象――食が関わる文化事情――を取り込むという恰好の事例です。そして皮肉なことに、そのような料理は日本国内の何処かで提供されていても、日本に居住するほとんどの人が高コストゆえに味わうことは難しいですね。）

そして実は、もう一度音楽などに戻っても、いかにも日本的な音楽、ラテン系の音楽などと私たちが嗅ぎつけるというようなことがあります。インドらしい映画、アメリカらしい映画、というのも同様です。舞踊でも同じくですね。これはどのようなわけでしょうか。

風土と人の有り方に関わる文化

文化がどのようにして芽生えたかについて第2章第2節で推測しました。その箇所では風土という自然の有り方に応じた技術の開発、あるいは祈りのようなもの、それから人の人生行路における節目に関することも含めた人と人との交わり方等に注意を向けました。ここで改めて、物的なものに関わる技術のことではない事柄について少し考えましょう。

風土というものの影響が強いと思います。私は、二〇一三年から二〇一六年にかけて発行された『世界のともだち』という全三六冊からなるシリーズの書籍(偕成社)を持っています。それぞれ一つの国の(それゆえに三六カ国の)子供たちを中心に人々の生活内容を紹介している写真が中心の書籍です。それらを読むと、やはり人々の暮らしぶりは現代でも昔とそんなに変わってはいないのではないかという印象を持ちます。

エチオピアの一三歳の少年が、レンタルしたDVDやサッカー、またアイスキャンディを楽しむというような新しいことは当然にあります。そして小学校四年生の妹はエチオピアの公用語アムハラ語と英語と両方を勉強し、将来は大統領になりたいと話します。かつては考えられないことだったでしょう。またウズベキスタンの家族では、父親は送電線に関わるエンジニアで、母親は観光ガイドをやっていて、一家でいつか旅行客を泊めることができる建物を家の横に建てたいというように、暮らし方の変化もあります。けれども、住居、料理、服装――改まった場での服装は特に――、つまりは衣食住という基本に関しては伝統を感じます。これは、風土というものが衣食住の有り方の基本もを育《はぐく》んできたからに違いありません。けれどもその育みは、第2章第2節で注目した事柄、すなわち、手に入る衣食住のために必要な材料として何が手に入るかということだけによるものではないようです。

食べ物の色はもちろん食べ物によって決まっていますし、衣服の色や建物の壁や屋根の色も、その材料の色になるのも当然です。けれども、これは人の色に対する感受性がどのようなものになるかに影響を及ぼすのではないでしょうか。そして、色はまた、空や海の色、土の色であり、植物や苔の色、また馴染みの動物、雪の色等として見いだされるものです。風土には、その大地、高山もしくは丘、川、沼など特色ある景観があります。また、年中吹く風の音、嵐の音、海の波音、海鳴り、ちょろちょろ流れる川、あるいは滝の水音、雷音、鳥の囀り、羽搏《はばた》く羽音、狼の遠吠え、虫の音《ね》、動物が走る音、何かを引っ掻く音などさまざまな音に溢れ、あるいは、時折に木の枝が折れる音や氷が割れる音などがするほか、ひっそりと静かな自然の世界があります。人々が動物を飼うようになると、鶏などの家禽が鳴く声やミミズを狙って土を足であさる音、犬の吠え声、牛や馬の鳴き声も人々は聞きます。

こうして、そこに住む人々が共通に慣れ親しむ色や音――注意する音――があり、そして愛《め》でる風景、樹木や花がある。そこで、人が作るものの色を（その手近の材料ゆえに決まってしまう色ではなく）選べるようになった時代に、衣服の色として、物の屋根や壁の色として、どのような色を好むか、その好みは風土に見いだすさまざまな色、それらの配置やコントラストなどをどのように受け取ってきたのかに由来する、ないし左右されるのではないでしょうか。自分たち自身が出して楽しむ音も然《しか》り。そしてそのことは既に文化の事柄となります。

それから当然に、その風土ゆえに選ばれた、風土に適した生業の有り方というものがあります。水田耕作、狩猟中心の生活、牧畜、遊牧など。これらは、人々が互いに関係する仕方を規定し、それぞれ異なる気性の人たちを育てるに違いありません。そして連動して、人と人との付き合い方としての挨拶の仕方、初対面の人とどのように接するか、嬉しいとき、がっかりするときなどの感情の有りようの表現として顔の表情や手足などの動かし方がどうなるのかも、自ずと影響を受けるだろうと思われます。人々の気性によって、喜びをあからさまに表して踊る、万歳する、あるいは噛みしめるように味わうなど。そして音を出すことと音とに誘われる体の動き、それぞれ音楽や舞踊へと発展するものも風土や暮らし方に応じた特色あるものになるでしょう。ですから、『世界のともだち』で紹介されているインドネシアの女の子も、踊りを時には観光客向けのショーとしても披露しますが、その踊りは祝祭のときにお寺でやる伝統的な踊り、それを習い踊るのがとても楽しい、彼女らの文化を成している踊りなのです。

（ところで、私の手許には、一九六四年から六五年にかけて刊行された「世界のカード」（世界文化社）というものもあります。それは世界を一八の地域に分け、その地域ごとに三二枚のＢ５のカードで紹介するものです。カード表に写真、裏にその地域の紹介記事があります。それと『世界のともだち』とを比較して気づくのは、変化としては政治的状況の変化が多いということです。考えさせられます。これは『世界の国々』全10巻（帝国書院、二〇一三年）でも同様です。こちらは各種産業の変遷についても記事をかなり割《さ》いていますが、その変遷も政治体制の有りようによって変わることがよく理解できます。）

⑶何に価値を見いだすか・感受性――内面の事柄としての文化――

価値観や感受性

では、多様な生活様式であったり、雑多で増殖してゆく文化ジャンルであったりするもののどちらも或る集団の文化として捉えること、また国民性や民族性などと一体になっているかと思うとそれらを超えて世界のあちこちの人々によって享受されるものとしても文化事象が現われもすること、これらがすべて基づいている大元とはどのようなものなのでしょうか。

私は、人がどのようなものに価値を見いだすか、その価値観というか価値に対する感受性というものに文化の核心があるのだと思います。

価値観や価値に対する感受性がどのように育まれるか、その一つは前項の最後で風土との関係で述べたことで理解できると思います。そしてもう一つは、やはり周りの人々と一緒に暮らしながらの交流と世代交代という大きな要因を挙げるべきでしょう。前者はそもそもなぜ或る価値観、感受性が生まれるかについての推測で、これを基底にして、後者は、それらが人々の間で、特に世代を超えて受け継がれることに関わっています。人が人と共にする暮らしがあればこそ、都市化が進み、かつての風土が失われるような場合でもなお、或る集団の文化は引き継がれてゆきます。

人は人によって育てられる仕方で大きくなってゆくということに根本の事象があります。人は周りの人との親密な関わりの中で多様な事柄に正負大小のあれこれの価値事象を見いだしそれを感受するようになります。そしてそもそも強い感受としての感情の芽生えは人と接すること、人とどう応接するかによって生まれるものですから、何を喜び何を悲しむかなどさえ、たった独りで生きていては人は味わうこと、知ることができません。

価値観や感受性は人々の生活の端々《はしばし》で滲み出るようなものとして働き、そのことは密接な交流がある人々においては互いに分かります。端々といっても衣食住のような毎日の柱となっているもの、あるいは多くの時間を費やす仕事という柱の場合もありますし、各人の心を占める趣味的なものの場合もあります。それらは人の隠された内面から外の事柄に、その人がどのように振る舞うかなどに表れ出て、そのことを周りの人は知ることができます。そしてそれに誘われて自分もその人と同じようになるということは十分にあり得ます。人のさまざまなことに関する好みや、どのようなものに素晴らしさを感じるか、あるいは逆に嫌悪を持つのかなどまでにも、周りの人々（幼児であれば年長者）によって育てられるという側面があります。

ただ、周りの人々がどういう立場の人かということ、かつ、人は誰もが立場、ポジションを変えてゆくものだということ、これは重要な要因として働きます（➡コラム17）。同年齢は同年齢の人、男は男（そして余り違わない年齢の人の多数がどのように振る舞うか気にします。そこに立場に相応しい標準というものを見いだすのだと思われ、自分も同じような有り方を自ずとしてゆくことになるのは自然です。女性も同じく。そして成人（成り立てと先輩）どうしも、未婚・既婚、寡婦・男やもめも、或る程度の長老ないし長老の身分ないしは資格にさしかかっている人も同様です。しかも、あれこれの立場の人々について別の立場の人々が何やかや思い、批評します。強い立場の人が誰かに教えるということもあります。（もちろん、違和感を持つことも反発することもあるでしょうが、その反発仕方さえ当該文化のもとでのものだ、ということも大いにあります。異なる文化を知るゆえという場合もありますが。）

内面の事柄としての文化

けれども以上の事柄が基本にありながら、事の成り行きは二つに分かれます。極く少人数の人たちだけで暮らしていた頃と、周りの身近な人たちとは違うずっとずっと大勢の人々がさまざまな仕方で暮らしていることを間接または時には直接に見聞することが当たり前になった広い世界で人が生きる頃とでは、人の有りように異なる彩りが出てくるのも当然となります。前者では或る小さな集団全体で慣習的なものの積み重ねとしての伝統のもとで引き継がれる価値観、感受性の有り方があるでしょう。後者では、そのような価値観、感受性を持った上でなおプラスして、個々人ごとに或る特定のものに惹かれてゆくということがあります。

コラム17 ポジション

ポジションというと或る組織の内のポジションを真っ先に想い浮かべるかも知れませんが、ずっと広いものとして考えなければなりません。既にみた家族内での親や子、誰かの姉であるなどのポジションもあれば、年齢によるポジションもあります。ただ、今日、膨大な数の各種組織が機能していて、人々はそれらが提供する実に多様で夥しい数のポジションのどれか(そして幾つか)に位置するという仕方で生活を整えています。そこで、チェーン形態の或る店舗の異なる業務に就いて働く人ごとのポジション、或る組織内のポジションというものが重要である人もいますが、その人も組織の外では、別の店との関係では商品の購買者というポジションにも立ちます。人は孤立しては生きていず、さまざまな仕方で人々と諸々の関係をとるのです。農業者が地域の活動では交通安全指導員というポジションで貢献し、趣味のサークルでは会計担当のポジションに就いたりします。そしてこのような有り方の中で、人はその生活の有りようを大きく変えることもあります。人の有りようの多様性は現実問題としては個々の人の時間軸で考えなければなりません。

なお、或る組織の中ではポジションごとにその権限というものが定まってきます。権限は、そのポジションゆえに認められた或る力です。この力もまたその意味内容によって支えられている力で、人はそのポジションを占める限りで行使することができます。そして、権限が大きくなると、それは一種の権力となります。けれども一般には、このような権限にしろ権力にしろ、それらを一種の政治的なものとみなせるとしても組織内に留まるものでしかありません。ただ、当然にその組織の外との関係で組織をそれぞれの権限内で代表することはできます。或る組織のトップであっても同じくであって、それ以上ではありません。この点、行政組織におけるポジションの場合は事情が異なってきます。民間に対して行政指導を行うとかのことを考えてみてください。

この「プラス」とはどういうことでしょうか。価値観や感受性とは個々人の内面に取り込まれた内面の事柄だということに理由があります。内面は一挙に入れ替わるようなものではありません。新しいゆえに大きな変化をもたらすものであるようにみえる文化事象でも、実際には内面の有りようを少しだけ変えるというか、むしろ色合いの変わった新しい要素として付け加わるに過ぎません。

とは言え、内面とはそもそもどのようなものでしょうか。

内面といってもいろいろあります。そのときどきの現在に、何かを考えている、想像している、もしくは意欲している、迷っている、喜怒哀楽のどれかを味わっているなどの感情が生じている等は、文化の異なりに関係なくあって、これらは内面を満たす基本的事柄でしょう。(念のためですが、ここで私は、考えることは想像する一つの仕方であるというような「想像する」ということの膨らみは無視した言い方をしています。)とは言え、考えや想像の中身がその時々によって大きく変わって人毎にさまざまであるのは当然ですが、感情は文化によってその基本としての大雑把な喜怒哀楽が微妙に異なるのだと思われます。先に述べた、感情の表し方が違うという以前の事柄です。

しかるに、このことには恐らく言葉の関与があります。というのも、言葉は価値的響きを携えているのですが、感情を言い表す言葉としてどのようなものがあるか、それらの言葉を多く駆使できるか否かによって人が懐く感情の繊細さが異なってくるということがあるからです。第1章第3節(2)で「もの悲しい」「うら悲しい」などの語でみた通りです。また、「喜びがこみ上げる」「しみじみと喜びを味わう」「ふつふつとゆっくり湧いてくる喜び」「刺すような悲しさ」「深く奥まった悲しみ」「居座った憂鬱」「黒い憂鬱」「何となく憂鬱」「怒りが爆発する」「怒りに火を注ぐ」「燻《くすぶ》る怒り」などの表現に馴染むか馴染まないかが、感情の有りように影響を及ぼすに違いありません。そして言葉の作用は感情に関するだけではありません。人の考え方、いろいろな事柄についての価値観を人の自覚無いまま誘導することもあるのです。

言葉と文化

価値観や感受性は個々人の内面に取り込まれた内面の事柄ですから、価値観や感受性を根っこに持つ文化がつくり成す秩序（制度的な秩序ではなく、慣習において目立つような、人々を集まらせて互いに尊重し合う秩序、ないしは文化の共有ゆえに共感することの中にある秩序）は曖昧になりかねません。そして、その秩序があるゆえに一纏まりのものとして認め得る集団がある場合にも、その一纏まりにするものとして中心にある文化事象ないし文化ジャンルは何かということは（ですから、生活様式の総体というものは別にして）曖昧になります。ですが、言葉を一つの文化事象と位置づけることは適切ではありませんが、言葉は或る文化を一つのものにしている重要な要素です。

語とそれらを並べて文にする仕方は、ともに価値的響きを携えています。たとえば、多くの場合に「私は」などの一人称の語を最初に持ってくる言語と、一人称の語無しで何かを言う言語、また、肯定か否定かを示す語を文の初めの方で出す言語と文の終わりに位置させる言語とでは、人の態度決定の素早さないし明確さとで違いをもたらすのではないかと思われます。それから語のレベルでは、一人称や二人称を表現する語の多寡の違い、敬語表現が途轍もなく複雑かそうではないかの違いも人々の心の有りように影響を及ぼすかも知れません。そして、どの語でも、語それぞれの価値的響きはその言語の長い長い歴史の中で生まれ保持され幾分か変容したもので、その言語とともに生きてきた人々のあれこれの事柄の感じ方を反映しています。そして人が生まれたときからそれらの語が行き交う世界で育つとき、己でもその感じ方が自然なものとなるのではないでしょうか。(先に地域——たとえば同じ日本の中の異なる地域——の文化というものにも触れましたが、方言はその文化の或る根っこの部分に養分を送っているのだと思われます。なお、或る語の方言は方言であって別の言語——外国語——ではない、方言どうしが互いに別の言語であるわけではないというのは、どういうことでしょうか。方言では幾つもの語が互いに異なることがあっても、語の並べ方としての文法は諸方言に共通だということで一つの同じ言語のバージョンだと判断できます。)

さて、文化の点で一纏まりの集団として認め得る集団の範囲は曖昧であることを確認するために、文化と制度とがどのように異なっているか、調べてみましょう。

(4)文化の秩序と制度の秩序

行動の場面で重要な制度

この異なりを考えるために、文化を云々できる集団の性格を制度が及ぶ(一時的な——この意味はあとの叙述で分かるはずです——)集団の範囲と対比させることは有効です。

制度が硬い秩序を実現するにはどのようなものでなければならないかについては、第5章第2節(4)で述べました。また、制度は、それが及ぶ範囲の人々を一つの集団として纏めるというふうに考えてもよいことも指摘しました。ただ、既にみたように、制度の多くでは、その細かな内容やルールが誰にも分かるわけではありません。とは言え、ここで非常に簡単なルールを例にして、制度に従うとはどういうことかを確認しましょう。たとえば外国から訪れた人は直ぐに日本のでの交通ルール、たとえば車は左側通行というルールを理解し、日本の滞在中はそれに従います。(ただ、駐車禁止の場所、停車禁止の場所などに関する標識の意味は直ぐには分からずに困ることもあるでしょう。)

このことが示すのは何でしょうか。制度とは具体的な行動の場面において機能するものだということです。具体的な行動とは歩行によるものであれ車を運転することによってであれ道路の通行であり、郵便や銀行の利用、図書館の利用であり、電車の定期券の購買と利用であり、消費税や働いて収入を得るときの所得税の負担であると、さまざまにあります。自営業の個人として、あるいは或る組織の一員という資格での各種取り引きなどもあります。そこで、制度は基本的にはその制度が定められた地域の住民を一つの集団にするのですが、たとい一時的でしかなくても、当該地域で行動する人もその制度との関係に限っては地域住民と同じ集団の構成員となります。

内面化されるものとしての文化

では、文化ではどうでしょうか。文化の根っこである、さまざまな事柄についての価値観とそれによる感受性の有り方というものは人の内面の事柄として人の有りよう、態度、行動、人との付き合いの仕方などにおいて働くものですが、その価値観や感受性が或る人々でおおよそ共有されるところにその人々たちにとっての文化とでも言うべきものが生まれます。ただ、内面の事柄であるゆえに、個々人がどれほどに或る文化に参与するか(同じことですが、或る価値観や感受性を内面化するか)には濃淡があります。単に信号に従うような或る特定の行動のあれこれを明確に指示するだけのものではないからです。そして内面の事柄ですから、その集団の外から来た人は、自分自身の内面の変様という仕方でしか集団の文化を我が物にはできません。それも、我が物にすると言っても、それまでに有していた、自分が属する集団の文化を捨て去るということはできない相談ですから、それはすっかりその新たに出会った文化に染まるということではありません。また、こういうわけだからこそ、制度の場合、その制度に従うべき人々の範囲——或る制度が定められている地域や組織などへの人の出入りに応じて一時的に或る集団を成すと言ってもよいその集団の範囲——は判っきりしていますが、文化の場合、誰それはこの文化集団に属し、別の誰それは属さないというような線引きはできないのです（⬇コラム18）。こうして、文化によって或る集団が一つの纏まりを持つと言えそうですが、その纏まりは決して確固としたものではありません。そして何より文化というものの内容は雑多とも言えるほどに多様です。その沢山の内容がすべて人々に共有されるというわけにはゆきません。むしろ、同じ人が幾つもの文化に関わりあうということも生じます。そして、人々による価値観の内面化が生じず、内面化によって生きられることのない文化は絶えてしまいます。（この例については「価値・意味・秩序」前掲『価値・意味・秩序』第4章第3節、初出は、松永澄夫・高橋克也編『哲学への誘《いざな》いⅢ　社会の中の哲学』東信堂、二〇一〇年を参照。）

⑸組織内文化

ところで、或る企業に関して、その「企業文化」を言うことがあります。新聞でさまざまな企業を紹介するときの記事で、その企業の文化がどのようなものか、語られることはけっこう多いですね。また、或る企業で過労で倒れる人、自殺する人などが出ると、その企業文化が人にそのような結末になるような働き方を強いた、とい

コラム18 異なる文化の接触や浸透

日本の或る地域の中の小さなベトナム社会のような、異なる所から移動してきた人たちが作るミニ社会（A）がある場合に、その文化と、Aを取り巻く大きな社会（B）との文化とが接触によってそれぞれどうなるか、という問題があります。屡々Aに属する個人あるいはAを成す集団がBに「溶け込むか溶け込まないか」という言い方がなされます。ですが、これは曖昧な含意を持っていて、溶け込むとはAの側が、それを囲む側Bの社会の有り方に協調するということを言うに過ぎない場合が多いと思われます。しかし厳密に言えば一つの文化がもう一つの文化に溶け込むことはありません。他方で、Aの或る文化事象（音楽やファッション、食べ物など）がBに浸透してゆくということは出てきます、ミニ社会に属する人々は当然にその外部の人々と交流するわけですから。

一般に、このような浸透の仕方は、音楽のジャンルを例に言えば、その文化事象の担い手がたとえば音楽のコンサートツアーで偶《たま》さかにだけ訪れることによってという場合もあれば、担い手は移動せずとも音楽演奏のレコードやDVDなどの流入によってということもあります。これらはどれも文化の小さな浸透です。とは言うものの、そのことはそれらの文化を受け入れる人々が新たな社会をつくるということになるわけではありません。一つの文化現象として、個人や同じ愛好仲間がその文化事象を取り入れ消化し、我が物にすることがみられるに過ぎない、と言うべきでしょう。ただ、経済の事柄が国際的になるとき、それに関わる事柄がさまざまな社会、ひいては文化の中に入り込んでゆくということがあります。たとえば或る文化に独特な商品の受け入れと流行、その売り方、店舗という建築物の様式、宣伝のデザインなどです。そしてこの入り込みゆえに、その社会の人々の或る程度多数の人々の生活様式の一部が変わってゆくということもみられないわけではありません。なお、浸透が経済の論理に後押しされているとき、何かに関して画一化という残念な現象が生じることもあります。

うような解説がされることは珍しくはありません。

企業とは明確な組織を有しているのが普通です。明確とは、組織構造が見通せることで、その構造に従って組織に属する人々が配置されています。その上で人々がその集団で長い間さまざまな活動をするするとき、これこれの活動仕方をメンバーがすると事態がスムーズにゆくとその集団の人々が思っていることがその集団固有の価値観をつくります。新しいメンバーはその活動仕方に馴染んでゆくことで集団の単に名目的ではない実質的な一員と見なされるということもあるのだと思われます。つまり、新しいメンバーが組織にその一員として帰属するには、その価値観等、文化を共有することが自ずと求められるだろうということです。こうして、社会という漠然とした集団ではなく、小さいけれどもその代わりに明確な集団に関し（組織を構成する人々は入れ替わってゆくことは多いですが、或る時点で誰がそのメンバーかは確定していますから、明確な集団だと述べています）、その組織内に醸成された価値観、考え方というものを指して、その文化というものを言うことはできます。

日経新聞の「私の履歴書」というコラムで企業のリーダーだった人が自分を振り返りながら、或るときには企業の文化を変えなければならないと考え、それに全力を尽くしたが大変だった、と述べるくだりを読むのはしょっちゅうです。これは、組織の文化というものが強固になりがちであることを示しています。また、変えるとは、ものの考え方、何を重要だとするのかという価値観を変えることだというのです。そしてこの変えるということができるのは、一つには、どのような文化が望ましいのかという想いが明確であることと、文化の担い手となる人々とは誰かが判っきりしていることゆえです。その人々に、或る新しい文化を組織にもたらそうと望むリーダーが働きかけるわけです。社会の文化が漠然といつの間にか変わる、その変化仕方とは違います。

また、組織が大きくなるとさまざまな部署に分かれるのが当然となりますが、部署とは組織内の小組織です。すると同じ理屈で、その小組織のミニ文化というものも生まれますし、その文化の変化もあり得ます。なお、このように大きな組織には階層が生まれるものですが、その階層は言うなればルールとして生まれさせられていません。しかるに他方、文化の事柄には階層性はありません。

しかし、一つ注意すべきことがあります。人は組織での活動から離れるや、その組織の文化を無視しても忘れてもかまわないということです。会社から帰宅した私生活では、自分の内面においてより重要なもの、大きな正の価値を持つと感じているものが多々あるわけで、その価値観に従う生活が待っています。或る組織の文化とは、その組織内で活動するときだけ参与する、その組織での活動遂行に効果的であるというだけのものだ、ということは見落とさないようにしましょう。

第2節　政治による秩序下の個人

⑴法と個々人

法による秩序との関わりは人ごとに異なる

第5章第2節⑵～⑷で政治的な秩序とはどのようなものかをみました。その秩序と個人との関係を考える以下でも、法を例にしてゆきます。法は、それが支配する領分に硬い秩序を作り出し維持しようと目論みます。けれども具体的には法の執行には幾つかの段階で生身の人間が関わらないわけにはゆきません。すると、先に既に税制を例にして述べましたが、法の執行をする側でその関わりのたびに裁量というものが働く余地もないわけではありません。禿頭税は想像上のものとして材料にしたのですが、現実に、警察官が車を止めて難癖をつけて通そうとしない、そこで運転手は少しのお金を警察官に握らせる、すると先に進んでよろしいとなる、そういう国や地域は世界では沢山あります。この場合、個人は警察官という立場と運転手という立場で法の秩序に異なる仕方で関わっていますね。ただ、運転手にしてみれば、それは日々の生活の中の偶々の(あるいは地域によっては屡々あるとしても生活の中心をなす立場ではないという点で周縁的な)関わりでしかないのに、警察官の方ではそれが生活の大きな柱であるという違いがあります。(法の建前と現実とが異なる事例を古いところから一つ挙げます。江戸時代に、たとえば木曽の地域では幕府の所領の山林は厳重に管理、保護されており、檜と高野槇《こうやまき》などの木曽五木の伐採は「木一本、首一本」と言われるほどに伐《き》ることは厳重に禁止されていました。けれども、「明山」に指定された山林の木々に関して人々——資格を認められた人々——が、或る制限やルールのもとで木を伐採して利用することは認められていたのです。入会地のような実態だということです。それが、江戸幕府から明治政府へ移行し山林のすべてが官有林になったあと、尾張からきた二代目の官吏は、現地の実情を理解し禁止という建前に従わないことを黙認した前任者と違って、杓子定規的に伐採は認められないとし、その結果、人々が困窮するということがありました。ところで、この事例とは有り方は異なるのですが、関連する事柄として、私は先に、骨抜きの法というものがあることにも言及しました。)

誰のための法か——想わぬ影響を受ける人々——

或る事態に対処するために公的機関が為したことが、その事態とは何の関係もないと思われる人々に大きな影響を与えるということがあります。コラム12でメイヒューが調査し報道した、古い一九世紀半ばのイギリスの話に例をとります。幾つかの事情説明と解釈とは私のものですが。

ロンドンのテムズ川付近の低地帯が春の満潮時にはひんぱんに洪水に見舞われるという事態を解決するために、管轄の長官は、川の水が下水管から逆流しないように下水管の入口の壁を建設し、新しい排水溝も造営しました。すると、下水管の中でどぶさらいをして鉄、銅その他を見つけて、それで稼いで生活していた河岸労働者は、下水管の中に入れなくなり、とんだとばっちりを受けたのでした（前掲『ロンドン路地裏の生活誌』下、一〇八頁）。

また次は、法が個人にとっては一様の関わりを持つのではなく、立場によって異なる仕方で関わることの例です。ただ、生憎《あいにく》、法の制定ではなく廃止に関わることとです。やはりイギリスで一八四六年に四〇〇年以上も続いた穀物法が廃止され、それは自由貿易を望む人たちにしてみれば勝ち取ったものでした。他方、農民たちは輸出奨励金をもらえなくなり、新たな土地を耕して農作物を作ることを止め、既存の土地も牧草地に変えました。そして、これはメイヒューの調査によるものですが、ゴミを種に商売にしていた人たち、ゴミの回収、選別、船による運搬などに携わっていた人たちが思わぬ打撃を受けたとのことです。それは、農民が土壌改良のための肥料としていたゴミを必要としなくなったからです（同書、下、一四三頁）。三者三様の法廃止との関係がみられます。

このように、現に生きている個人からすれば、社会に或る秩序をもたらしているものは歓迎すべきものかは分かりません。ただ、恐らく秩序無き社会よりはいい。どう対処すればよいか、何とか見つけてゆくことはできるからです。いろいろな事柄がどのようにして生じるかが不確実なところでは、対策の立てようがありません。

⑵法が及ぶ領域とその外――私的領域――

社会の中の家族

ところで、集団の規模に目を向けた第5章第1節では家族が最小集団ではないかと考えてみて、次のことを確認しました。家族形態の多様性は、その形態が社会的に認知されなければならないゆえに社会によって異なってくるゆえのものだ、と。しかるに以下では、この事情について少し補い、そのあとで、家族の成員としての個人の立場から、政治の秩序との関係について改めて考察しましょう。

まず補いです。婚姻関係にある男女やその子どもから成る家族という集合は、本来、他の多数の人々からは区別された一つの閉じた領域を作っています。この領域では人は対外的な有り方をせずに素のままでいられるはず、ということがあります。眠る、好きなように飲食する、排泄する、風呂に入る、という場面を想像してください。家族の場は私的領域であるという性格を持つのです。

けれども、この領域の有り方も家族が属する社会の有り方によって規定されています。というのも、家族の中の大人たちは周りの圧倒的大多数の人々と同じような生活仕方を選びます。そして家族の有り方もその生活仕方の一つであるわけです。しかも重要なことは、子どもも成長し大人になり、社会の他の大人たちと同等の存在へとなるべく大きくなることとです。言うなれば、家族は社会を構成するメンバーの再生産の場となっていて、この再生産は、親世代自身が生活してゆくことと一体になっています。こうして、家族の周りの人々の慣習が家族の内部に入り込んでいるのは当然となっています。父親と母親とでそれぞれどのように子育てをするか。子への関わり方はどうか。子どもの方はどのように振る舞うべきか。長男という立場を自覚すべきか、そのようなこと無しで済むのかなど、慣習が要請する内容は立場によって異なっています。世代の継承、種の存続という点で、子が生まれ子が育つという動物としての基本の有り方も、人間では社会の有り方によって左右される、多様なものになっています。

それにその前に、婚姻という家族の出発点となるものの成立そのことが、周りの人々によって認められなければならないということがあります。イギリスで牧師が牧師館で働く小間使いの女性と結婚したとき、二人は遠くへ引っ越さざるを得なかった、なぜなら、そのような結婚はあってはならないという了解が周りの人々にあるゆえ、二人の元の関係を誰もが知らない土地でしか暮らせない、というような話はこの事情を鮮明に物語っています。階層の違い、男と女との違いによって、その生き方は異なるように規定されているのです。（この例はまた、社会階層ごとの慣習があり、しかしその慣習の或るものについては当該階層に属さない人々も知っていることがあるということも示しています。）

私的領域である家族の形態への政治の介入――戸籍と世帯――

次に、慣習や通念によるものではない家族形態の規定として、政治の家族形態への介入を取り上げます。たとえば日本での結婚の社会における認知としての成立は、第5章第2節(3)で言及した通り、婚姻届を役所に提出し、新たな戸籍等を手に入れることで果たされます。また、婚姻によって生まれる子も出生届によって同じ戸籍に記載されます。そしてこの制度に従うと、婚姻者は所得税で配偶者控除が認められたり、二人の間に生まれた子どもを養育する義務を持ち、また親権を手にするなどしますし、子どもは公的教育を受ける権利を得たりします。が、

ます。

ところで、婚姻カップルが新しい戸籍を得ることは同時に、それぞれが親世代の戸籍から抜けることです。ということは、三世代以上から成る家族というものは戸籍制度というとても強い法律によって定められた公的な規定においては存在しないのだとも言えます。けれどももちろん、三世代以上同居の家庭形態は特に都市部では少なくなってきたとは言え存在し、人々の通念でも当然に認められている形態です。そこで制度はどう対応しているか。世帯という概念の導入による対応と、住民票への記載という地方自治体レベルでの制度による補完です。その際、世帯の概念には、人々の生活が経済の論理の中でしか可能ではなくなってきているという現状への政治の関与が反映されています。そしてそれゆえ、その関与はまた経済ファクターとの連携をも組み込んでいます。

配偶者の一人が単身赴任して家族が二つの場所で別れて暮らしていることもありますね。子が成長し、いろいろな意味で独立し別の地域で生活するが戸籍上は未だ親の戸籍に属しているということもあります。しかるにこの場所という要素は地方自治体における住民としての登録と関係し、そのことでやはり人は政治の管轄下に置かれます。（そこで、親元を離れて生活している学生が住民票を親が住まう自治体に置いたままというようなこともありますが、その場合で、かつ、学生が成人年齢に達してもいるとき、選挙権はどうなっているか、人々はよく知っていますね。）

世帯という概念の経済的かつ政治的側面は、次のような事柄において顕わです。世帯主とその配偶者、子（年齢が重要である場合も）、親、あるいは扶養者と被扶養者などの位置づけと、このような位置づけに伴った国レベルと地方自治体レベルでの各種税と税の控除（所得税、住民税、乗り物に関わる税など）、福祉や教育の有り方などの事柄です。また、生計をともにする世帯の各成員の収入がどれくらいであるかも一つの要素として制度に組み込まれていますから、被雇用者の場合は雇用主をも巻き込むこともしています。このことは健康保険制度の有り方にみることができます。しかも、自治体によって医療費等に関する独自の制度があります。人々は、各種制度においてどのように位置づけられているかによって異なる義務を課せられ、権利を付与されているのです。（なお、これらの制度の多くは、日本国籍を持たずに日本に居住する人々にも適用されます。）

ところで、やはり第5章第2節(3)で、政治制度が及ぶ範囲は狭いものでなければならないという文脈で、夫婦が同じ姓を名乗らなければならないというのはどうか、ということを指摘する他方で、結婚するカップルが結婚式や披露宴を行うかどうかには当然に制度は関与しないということを話題にしました。制度に従うことでさまざまな権利や制約が与えられる形の結婚をするのに結婚式等は必要ありません。（ただ、結婚式や披露宴とそれぞれの形態には多かれ少なかれ慣習の力が働いています。日本では違いますが、或る文化では、家族形態の有り方を左右する通念が結婚式の有り方までも規定しています。制度でないけれども、伝統的しきたりの力がとても強いわけです。そして日本でも、そのしきたり、慣習が根強い地域ないし人々の集団に属するカップル――あるいはカップルのうちの一人――の場合、この力の強さを実感するでしょう。とは言え、結局は個人の価値観次第です。）しかるに、ここで話題として付け加えたいことが一つあります。昨今、私的領域として尊重されている家庭内での児童虐待などに関して、公的な力がどのように対応すればよいのか模索があるようです。親権というのは、一方では子の養育義務と同様に制度によって定められているものであり、他方で家族ないし家庭という私的領域に踏み込むべきではないということによって特殊なものになっています。

政治というものは集団に関する危機に対応するところで生まれるものという起源を持つとして、今日、集団に属する成員一人ひとりの危機に対応すべきという課題に政治は取り組むべきでしょう。このことへの賛同は、さまざまなセーフティネット（のうちの多くのもの）の構築を政治が引き受けるべきではないかという要請が現代では強まっていることに認めることができるのではないでしょうか。

高校卒業式の例

さて、前項では、法の影響が個人の立場によって異なるということをみましたが、ここで、法的なものの縛りの強さが変わるということにも目を向けましょう。以下に印象的な例を一つ紹介します。

もう随分前のことですが、東京都の都立高校の卒業式で君が代斉唱というプログラムがあって、生徒たちには起立・斉唱せよ、との指導がなされ、卒業式当日、教職員、卒業生、在校生（来賓に関してはどうだか伺ってません）がどのように振る舞うのか、それをチェックする自治体役所の係官がくるのだ、という話を、その高校の先生から伺ったことがあります。そして或るお芝居（「歌わせたい男たち」作・演出　永井愛）ではこの話題を取り上げ、次のような話になっています。特に音楽担当の教師は、君が代斉唱のときにピアノ伴奏をしなくてはならない、けれど、音楽教師なのにピアノを上手に弾くことはできない、さて、という内容のものです。CDで代用などはもってのほかだ、許されない、生演奏でなければならないというのです。これは校長による職務命令であり、校長は校長で、教育委員会からの通達を受けている云々という話になっていました。その話では、当の音楽教師は何とか従おうとします。一人の先生はこの命令は不当だと考えています。

不当だというのは評価ですが、一般に命令そのものが、あるいは或る種の指導も、命令する側、指導する側の人にとっては正の価値評価を持っており、命令される側、指導される側ではまちまちであるものの、なにがしか負の価値評価をも携えるのではないかと思われます。自由が制約されるのですから。そこで、これは現実の話ですが、高校の卒業式で教職員が着席したままで君が代斉唱に加わらないとき、説諭や訓告どころか懲戒処分としての戒告等が行われてきています。これらを巡る裁判もあります。実に重たい話ですが、一九九九年には広島の或る高校の校長がこの問題で自殺したということもあります。

ところで、或る高校の卒業生の一人がその処分を受けた教職員と同じような振る舞いをしたとき、校長やその地の教育委員は忌々しく思うかも知れませんが、だからといってその生徒を卒業させないというわけにはゆかないでしょう。因みに、二〇二一年の三月、新型コロナウイルス感染の状況下、卒業式で参加者全員が斉唱することはいかがなものか、感染を広げることにならないか、という現場からの教育委員会への問い合わせに対して、東京都の教育委員会は現場の事情に任せるという返答をしながら、実際にどのようにしたのかの報告を求め、結局は都立の学校すべてが、参加者の起立、国旗掲揚、君が代斉唱を行ったという回答だったようです。どうしてこのような結果になるのでしょうか。ここにも人々の想いがどのような理由でどのように動くものかという、人間社会特有の事柄、そして問題があります。（多くの人々が関わる会社でも職務命令はありますし、会社による従業員の処分などの規定もありますが、それは当該会社内の事柄で、法的規定ではありません。ただ、法が許す範囲内の規定でなければなりません。）

第３節　諸々の秩序を超えて

文化の主役としての個人

本章第１節⑵でみたように、文化事象が経済の領域で利益を産む商品のような扱いを受けるとき、その文化事象は特定の地域や集団のものではなくなり、個々人が享受し、消費するものであるかのようになります。また、新たな文化事象を生み出すことにエネルギーを注ぐ人たちも出てきます。この文化事象は、生活様式としての文化ではなく、或る文化ジャンルの中に位置する文化事象、あるいは或る新たな文化ジャンルそのものです。音楽、映画、コンピューターグラフィックによる絵画、ゲーム、それまでに無いたぐいの新しい料理など、挙げようとすると切りがないものです。生産と消費、供給と需要という関係の中に個々の文化事象が投げ込まれるわけです。そしてその経済の論理は、政治的力による統制と恩恵との双方を受けながらも、その政治が纏める一つの集団、国家や国家に準じる地域を越えて受け入れられる秩序、経済的秩序をつくり出しています。しかるに、このような状況におけるものとしての限りでは、文化の主役は個人となります。そしてそのことは文化が人の内面に関わることだということとから切り離せません。その内面を成す個人の欲求、感受性、価値観などが密かに経済のプレーヤーによって誘導される場合があるとしても、個人が主役になるということは認め得ます。

諸秩序による制約と秩序への依存にも拘わらず己であること――内面というもの・価値評価の基盤――

個人は政治的秩序との関係では、パスポート無しでは出国することもできません。言い換えれば自分がその秩序のもとにある政治の力の外に出ることはできません。そして出国しても別の政治的秩序がある国に入るにはその秩序に従うことが必要です。当該国で有効と見なされているパスポートを持つ、あるいは取得に必要な条件を満たして当該国からビザの発行を受けているなどのことです(➡コラム19)。個人はまた経済的秩序との関係では、現実には諸々の価値物の広域の流通という現実に依存して暮らしています。ピザ一枚食べることさえ世界の沢山の地域から調達された多様な原材料があって可能となっています。しかしながら、これらの政治的経済的制約や依存はあっても、己の内面は己のものです。そしてそれは地域の境界や国境をものともしません。

それは当たり前だ、何も殊更に言うことではないだろうと言われるかも知れません。ですが、この単純なことは、世界の地域によって異なる政治の力とそれが定める秩序、そして世界全体を巻き込んだ経済の有りようとしての秩序が此処彼処《ここかしこ》でどのようであるかという現実の上に、それらの秩序を超えたものとして尊重することができる或る重要な価値というものはあるのか、という論点につながることではないでしょうか。この論点は、社会のあれこれの秩序というものは人が作り出したもの、人為的なものであるゆえに人が変え得るはずだということを踏まえて出てくるものです。

自然は確かに技術によって変え得ます。けれども自然そのものは人が作り出すことはできません。ですから人が自然の上に位置することはあり得ません。しかし、自然を(他の動物がなすのとは違った自由な仕方で)改変する技術は既に人為の事柄であって、だから私たちは技術に関してその倫理性などを持ち出し、その観点から(何かに役立てばいい、便利だ、富をもたらすなどとの評価とは別個に)技術を評価し、かつ統制しようとします。これと同じことが、人為の秩序である政治や経済に関することでも、いや、どの事柄に関してもあっていいはず、いや、あるべきだ、という論点を私は言っています。（ただ、上述の倫理性なるものがどのようなものなのかは曖昧です。たとえば動物の或る仕方での技術的利用に関して倫理的に問題だという批判と、いや批判には当たらないという論争がこの曖昧さを示しています。）

国内でも国外でも人権問題が盛んに話題になっていますが、この人権とは何なのでしょうか。また政治の領域の事柄にも経済領域の事柄にも道徳的観点からの評価がなされるのはどういうことでしょうか。実際のところ、基本的人権という概念がありますが、その基本的とは何を言うのか曖昧さがあります。道徳と言っても、川の手前の住民たちの道徳と川向こうの道徳とは異なるのだという意見もあります。まるで道徳が慣習であるかのように。あるいは、宗教の絶対性のもとでは、全知ならざる個人や或る集団の人が口を揃えて言う道徳でもその相対

コラム19　国家という集団の成員

確かに、今日の国家という形態では国籍の付与・所有ということでその成員を明確にしようとする試みがあり、それはかなりの程度で成功しています。また、国家は国旗や国歌を制定するなどしてその集団の統一に努めています。そして人々は、教育によるものの他、スポーツの国際大会などで出場者の活躍を見ること、時に国の歴史を語るなどの言葉の力によって一つの国家の成員だということを当然のことと受け取るという強い傾向を持っています。けれども内戦もあり、またパスポートやビザ無しで国境をものともせず越えて移動する人々は相変わらずいます。

性あるいは不完全性は明らかだという考えもあるでしょう。しかるに、個人が主役となった文化の有りように引きつけて私が個人に関して確認した「己の内面は己のものだ」ということが、以上で言及した、曖昧さを払拭できない「倫理性」「基本的人権」「道徳」などに代わって、それらが果たそうとしている役割を持ち得るのでしょうか。

「個人の内面」というものは、まさに相対性を免れないどころか個々特殊です。そのような内面を根拠に個人が基本的人権や道徳など以上に優位な発言の資格を持つことはないように思えます。けれども、そうだとしても、私が着目したいのは次のことです。その内面が具体的、現実的にどのようなものであれ、内面があるというそのことにあらゆる価値評価、価値判断の基盤があるのだから、その基盤としての内面があることそのことは何ものの何事によっても忽《ゆるが》せにできない価値あることではないか、ということです。人権という概念も、文化によって異なることもありそうな道徳ないし倫理という概念も、ここから流れてくるものだと私は考えています。これは単純に人の生命《いのち》は何よりも尊いというたぐいのことを自明であるかのように多くの人々がスローガンのごとく言うこととは違います。人が人として生きることのうちには内面ということが含まれています。この内面は動物としての生命の問題として捉えることはできません。人は動物の一種として物的環境を生きるだけでなく他の人々とともに意味世界をも生きるということは、己に内面を携えて生きるということと同じことなのです。そして、どのような集団であれ、それはさまざまな個人が集まって生まれているものです。すると、その個人がどのようなものであるか、これが集団に関わるあらゆる力の最終の源泉だということを忘れるわけにはゆきません。

人のそのときどきの在ること――感情の湧き起こり――

では、内面とはそもそも何なのか。本章第1節(3)で、（考えることは想像する一つの仕方であるというような「想像する」ということの膨らみは無視した言い方をして）内面といってもいろいろあって、そのときどきに何かを考えている、想像している、意欲している、迷っている、喜怒哀楽などの感情が生じている等を内面の基本的事柄だと述べました。しかるに「そのときどき」という表現は、或る時間のことを言っています。しかるにもちろん、人は同じときに或る体の有りようをしていて、屡々指が痛いとか体が怠いとかの感覚も持ちますし、何かを見たり聞いたりもします。また、体を動かして行動している場合もあります。ですが私は、人が人としてあることの中心はそのときどきの内面の有りようにあり、特に感情であると、次いで、その行動の有りようにあると考えています。どうしてでしょうか。

まず感情です。人の存在とは、他の現実の事柄と同じように時間的なもので、現在にどうあるかこそが存在の内容そのことです。では、各人が現在あるということに内容を与えているものは何か。最初に、内面の事柄としての、考えたり想像したり意欲したりということですが、これらは、何かを考え、何かを想像し、何かを意欲していることで、その何か無しでは無内容です。しかるにその何か、想像されたりするものは、考える、想像する、意欲することが消えれば消えるものです。ですから、その何かは意味次元の事柄、意味事象でしかありません。他方、感情ばかりはそれ自体が人の内面を満たします。――想像される感情は想像することをやめれば消えますが、感情そのものではそのようなことはありません。感情こそ内面の本体というか、最奥《さいおう》の存在です。（因みに、見たり嗅いだりする内容は人の外の事柄という位置づけになっていますし、痛いとか怠いとかは体のことという位置づけです。）

こうして、私の存在の最も大切なものとは、そのときそのときの現在におけるさまざまな感情の湧き起こりにあり、また、これこそ人のそのときどきの在ることの質を決めているものです。歓びや感動だけでなく、哀しみも辛《つら》さも、憂鬱も怒りさえも、その味わいは生きることそのことの味わいです。感情無き存在は人間の存在ではないし、感情こそ人一人ひとりをその人として規定します。そして私たちは、時に何もせずに（次に述べる、行為者という有り方をせずに）、感情が生まれくるその感情の生起に自分を委ねて、ただ存在していることもできます（➡**コラム20**）。

行為者——自由と自己管理的有り方による自己形成——

では、行動することは？　何もしていないときは別として、行動しているということは人のそのときの有り方であるのは間違いありませんね。人の行動に関しては、まず自由ということを指摘し、この貴重さを認めなければなりません。人間の行動は自由を前提しています。人間の知覚様態が自由な行動を可能にしていることは第2章第1節(2)でみましたし、第1章第1節(1)では、「どうしよう？」という私たちがしょっちゅう自分に出す問いの有りようを考察して、想像が繰り広げる選択肢から選ぶという自由の根本をみました。不自由とか束縛されているとかのことはこの根本あって出てくることです。

ところで、この後者の箇所ではそのときだけの行動に関する問いを話題にしました。しかし私たちは屡々、さまざまな行動を積み重ねて何かを成し遂げるということを目論みます。そして仮に失敗しても、選んだ一連の行

コラム20　感情について

人は得てして、感情を原初的なもの、あとから生まれた理性などの高級の働きとは対立する下級のものであるかのごとく位置づけます。そして、その役割は理性的判断を待たずに危険なものや素晴らしいものへの適切な対処を促すものだと主張する感情研究者がいます。これは恰度、動物が匂いを嗅ぐことは即、或る行動の開始だ、たとえば匂いがする方向への移動の開始であり、匂いが濃くなる方へ動くことの継続だということと同じような考え方ですね。けれども、その考えは適切ではありません。

脳のどの部分が感情の生起に関係し、その部分は動物の進化の過程ではどのような位置づけになるかということは措いて、現実の私たちの感情の有り方を理解せねばなりません。ほとんどの感情は意味を介して生まれるのです。喜びも悲しさも、淋しさも憂鬱も、理由あって生まれ、その理由とは意味的なものです。分かりよい例を挙げれば、義憤や安堵のような感情が事柄の理解無しで生まれるなど考えられませんね。この、感情は意味を介して生まれるということは、銀梅花をあげる約束を例に論じたときに（第1章第2節(3)、その約束を巡って約束の当事者だけでなく、その約束のことを知っている人々にもさまざまな想いが生じ、それはまた或る感情を伴うということをみたことでも確認できます。想いとは意味的なもので、それは必ずや或る価値を帯びていて、その価値の感受が、ないしは強い感受が感情に他なりません。

自分に激しく吠えたてて走ってくる犬が怖いと言うのと同じように、最近の政治状況は怖いと、私たちはどうして「怖い」という同じ言葉を使うのでしょうか。確かに、後者のときには前者の場合のようにどきどきすることはありません。それは判断だからです。しかるに判断とは普通、思考などがなすものだと人は考えていますね。そして、犬の場合に怖いと感じることと政治情勢を怖いと判断することとは根本的に違うことだと考えがちです。けれども、だとしたら、では両方の場合でなぜ「怖い」という同じ言葉を発するのでしょうか。それは、その判断が含む或る意味理解と一体になっている価値評価ゆえのことです。その価値の質は前者と同じで、この質の感受という一事が吠え立てる犬に対してと同様に政治状況を怖いと感じるというふうに両者を同類にし、ただ感受の強さの違いが両者を分けているに過ぎません。ただ、私たちは感受が強いときにそれを感情と呼ぶ傾向があるわけです。政府の政策に腹立たしさを感じることと、自分自身が何かしくじって自分に腹立たしさを覚えることとでも同じ言語表現を用いますが、これも両者で同じような意味を読み取り、その意味が携える価値を或る質として感受するからです。

なお、同じ事情ゆえに、私たちは或る状況における感情の適切さ、不適切さを(その感情によって或る事柄にうまく対処できたか否かを基準に言うのではなく)、感情そのものに関して言うことができます。

それから私たちは、自分自身が或る感情を懐くことでその感情を知るという基本の他にも、物語における描写を通じて何となく知るということもあります。これは感情に名づけがあり、その名という語が他の諸々の語との間でどのような位置関係をとるかによって人が語の意味内容を窺い知るという事情があるから可能なことです。そして感情の名前どうしの間の関係も迫り出してきて、名づけられた諸々の感情間の配置がどのようになっているかも理解できるかと思います。そしてこのことと、また何といっても感情は或る意味事象を経由して生まれることが多いのですから、それら意味事象間の関係の理解もあるゆえに、感情の適切さや不適切さを判断することができます。

しかしながら次のような問題があります。私は第2章第1節(1)で児童虐待に言及し、悪の問題があるとだけ言いました。虐待を行う人、あるいは人に拷問を加える人の感情とはどのようなものか、私は想像して理解しようとしても躓きます。仮に残忍という感情を考えるに、これには残忍になる理由があるのだろうし、だから正当化したくなるかも知れません。が、それは当人にとっても負の感情という性格を持つだろうこと、しかもこの性格には後ろめたさのような気持ちが付いてくるのは間違いないと思われるのです。なぜ、その残忍という感情を追放する、ないし消そうとしないのか。それとも残忍であることに喜びという誰にとっても正の評価である感情が伴う、あるいは覆うことがあるのでしょうか。しかし、どうであれ、感情が行動を誘発し、その行動が感情を懐く当人の事柄に留まらずに外で何かを引き起こす、特に他の人（ないし人々）に関わってその人を苦しめるとき、由々しきことになります。

或る種の感情を人が懐くことがこの由々しきことをもたらしかねない、いや、もたらしてしまうということ、これが無くなる方向に社会の仕組みを作れるのか。「或る種の」と種類を限定するのは次のような場合は関係ないからです。たとえば女性が恋愛感情を持っている或る相手（対象）がその女性に対して持つ感情は一見は好意であるゆえに恋愛感情かとその女性には想われたのに、現実は「妹に対するような感情」であることが外に表れて分かると、そのことは女性を苦しめるでしょうが、このような場合の人の感情はいま話題にしている感情種類に属しはしません。因みに、私は、脅えという感情も人の外から、特に誰かからもたらされるものですが、この感情こそ人に味わわせてはならない感情だと思っています。（自然の事柄である地震が起きるのではないかと強く想うことによって生じる感情は脅えではなく、怖れと言うべきでしょう。）

なお、感情が行動を動かすと、これもよく言われますが、この事態が、次に本文主題として述べる行為者の内面として自己形成に資するような場合では望ましいのですが（ただし、そのときには主導権は感情にあるのではありません）、感情を発散させるための行動、ないしは感情を解放する行動というものは要注意です。これは肯定的に語られることが多いようですが、私はそうは思いません。この種の行動が人に向かうことがあり、それがその相手を苦しめる等のことがあるからです。感情のコントロールの技術とは、そのときに懐いている感情とは無関係の行動をして、その行動とともに生まれる内面（直ぐ次に論じること）を満たしにくる感情へと切り替える技術だと私は考えています。しかるに、この技術は発散させる必要のない感情には不要です。こちらの感情はそれに相応しい振る舞いと一緒になっています。

なお、現今、企業内でメンタルケアー制度を設けるとか、そのような組織から離れている人でも自分の心理に関わるカウンセラーとの接触を容易にするとかの試みがどんどん出てきていますが、どのようなものが有効なのでしょうか。人と人との普通の、すなわち健全なつながりというものがあるはずで、これが壊れるのはどのようにしてか、それを探るという大元を理解することが大切ではないでしょうか。そしてここでも、諸々の意味事象の発生の理屈に目を向ける必要があります。すると、或る価値を伴う或る意味事象とだけに人が関わり続ける、それを想い続けるのは人の生を停滞させるということが分かります。このことを別面からみれば、感情は生まれ、消えゆき、新たな感情に取って代わられることを本性とすることです。喜びというものさえ含めて一つの感情がいつまでも人の心を占め続けるとすればそれはおかしい、それは危険信号だということになります。もちろん、或る種の感情が意欲と結びつくことで恰も持続しているかのようにみえること、そしてその意欲が導く行動が人が一個の自己の象《かたど》りを獲得することを可能にするという喜ばしいことは認めなければなりません。

なお、心について述べているコラム4も併せてお考えください。また、幾つか特定の意味事象(特に本文で直ぐに話題にする「自己像」という重要な意味事象を含めたもの)が強く人を捉え、そのことで人が苦しむことなどの考察は拙著『感情と意味世界』(東信堂、二〇一六年)第1章〜第3章をご覧ください。

動ゆえに自分自身が長い時の推移を貫く一個の存在だと思います。ここには時の流れにそって自己をつくってゆくという私たちの有り方があります。そしてこの点に目を向けるとき、私は「行動」という言葉より「行為」という言葉の方がしっくりくる気がします。「行動」とはそのときの活動に焦点をおく言葉で、「行為」という言葉は、一連の行動(飛び飛びの時間になされても「一連の」と言ってよい行動)全体を見据え、かつ含む、諸行動全体を表現するように思えるからです。そして「行動する人」という言い方には、「思索に耽《ふけ》る人」とは対極にあるような或る性格の人を言い表すという響きがありますが、「行為する人」という表現は、人の性格がどうであれ、何かを為すことそのことが自己表現であるような人の有り方を言うようなニュアンスを持っているように私には思えます。（言葉の選択は難しく、これまでも私はどちらの言葉を使うか、選ぶか、著作によって自覚して決めてきましたが、本書ではこの箇所で二つの言葉を用いることになりました。）

このような言葉遣いに関する注意を通じて私が言いたいことは次のことです。私たち人間は、行為する者として時の流れを超えた一個の人格としてあろうとし、そこで、言うなれば自己管理的な有り方をするのだ、と。そしてこれを可能にしているのは、またも想像の働きです。単に、これこれの行動をすればどういうことが生じるかを前もって想像するだけでなく、自己像を懐いて諸々の行動を為すことです。行為とは、受け身で流されるのではない有り方を自分に与えます。そして、感情のざわめきという、既にそのときどきに「このように在っている」ということと違って、行為は個人を外の世界に生きる者とし、その外なるさまざまなものとの関係で一個の存在であるもの、あり続けるものにするのです。そして、そのあり続けるとは変わらないということではなく、自分にとってはよいものと思える自己形成なのです。このことはたとい挫折があっても言えること、挫折は或る目標との関係で言うことで、その目標は言うなれば或る時間にわたって追究してきただけのことでしかなく、生きて行為することの最終目標であるはずはない、というのが実情です。そのようなものでしかありません。

行為の内面――行動が私の行動であること――

けれども、第二のことがあります。以上の叙述は、行動ないしは行為を感情と対比して捉えた上でのものです。この対比は有効です、そのときどきにともかく在ることと、時間をかけて為すこととは別個の事柄ですから。そして私たちには無為の時というものもありますが、何をしなくても在るのです。

しかしながら、このことはこのこととして、行動しているときの人が在るとはどういうことか。その在ることは行動していることに等しいのでしょうか。いいえ、人が行動の時間に在ることは行動していることに尽きはしません。人は行動しつつ、楽しいと感じたり、辛い、苦しいなどを味わいます。また、億劫だがやってるんだよ、しょうもないことやっててやりきれないけど、でも、いいか、意味はあるんだ、なかなかいいぞと満足したりします。私はこのような事態を「行動の内面」と呼びます。そしてこの内面こそ諸々の行動を自分の行動としているものだと考えています。同じ行動を他の人もすることはあります。そのときでも、それらの行動は別の人それぞれの行動であり、他の誰の行動でもありません。もちろん、何か行動するとは体を使ってやることですから、誰がその行動をしているか、それは体の動きを見れば分かる部分もあります。けれども行動している人自身がその行動を我が行動と捉えるのは、この行動に伴う内面の内容ではないのでしょうか。自分が動かしている体だということもちろんこの捉えに寄与はしています。けれども行動と体の運動とは異なっていて、行動にとって運動は単なる要素でしかありません。また、私が意志して為す行動だから私の行動だ、という物言いも適切であるかにみえますが、意志するだけで行動しない人もいますね。(意志から行動への移り、これがどのようなことか、理屈っぽく詮索しても大して役立ちません、とにかく私たちは日々この移りを実践しているのです。)

行動の最中にその行動は私の行動だということを告げるのは、行動しているときにも湧き起こる感情です。(ときに意欲というものが全面に出て行動を引っ張っているかのようにみえる場合もありますが、それは、行動していなくても生まれる心の事柄に、現に行動していることとともに生まれる溌剌とした感情や躍動感などが意志をくるんでいる場合でしょう。重要なのは感情の方にあります。そのときどきの在ることの質をなすのは感情です。感情は行為と無為とを通じて、そのときどきに私が在ることに内容を与えています。「行為の内面」については、以下のものをご参照ください。「因果連関からみた行為の諸側面」(九州大学哲学研究室編『行為の構造』勁草書房、一九八四年、所収)、「死の概念に映された生の姿」(前掲『価値・意味・秩序』第9章、初出は、現代哲学の冒険①『死』岩波書店、一九九一年)。次のもの三点では、自己の外の事柄——知覚世界の肌触りや過去の想い出し、それから自分自身を含めたさまざまな事柄の意味など——を、それらの感受という形で内面に取り込んでゆくことも示しています。ところが、感受の強い形が一般に「感情」と呼ばれています。だからやはり内面の中心は感情なのです。「在ることと為すこと—私を満たしにくるもの」『価値・意味・秩序』第7章、初出、松永澄夫・浅田淳一編『哲学への誘いV　自己』東信堂二〇一〇年、「生活と思索と言葉」同書第3章、初出、松永澄夫・村瀬鋼編『哲学への誘いII　哲学の振る舞い』東信堂、二〇一〇年、前掲『感情と意味世界』。最後に次のものも参照、「越門勝彦による第一一の異議「行為の内面」をめぐる二つの問い——行為者の主観性についての試論」、および「松永による第一二の異議への答弁」。ともに前掲『哲学すること——松永澄夫への異議と答弁』に所収。また本書ではコラム20を参照してください。また、人の振る舞いを行動としては何と規定するかについては本書では第3章第1節(1)で少し述べましたが、詳しくは拙著『知覚する私・理解する私』勁草書房、一九九三年、第三章をご参照ください。)

諸秩序の評価

こうして、以上に記述したような内面を持ち自己が自己であることの貴重さ、この一点に絞って私は次のように言います。人々が意味の力によるものとして打ち立ててきた諸々の秩序がある世界、これは個人にとっては既にあるものとして受け入れるしかないものではあるものの、それらを評価するに当たって、己に内面があり、行為する自由があるということの貴重さを尺度にすることができると。それは、体が生き延びることを可能にするということを尺度に物的環境を価値づけることと類比的です。しかも、この後者の価値づけそのことをも評価する基準となるものです。

誤解を招かないように述べますが、私は個々人の内面や自由な行動がどのようなものであれ、それを尊重しなければならないと主張しているのではありません。もちろん、感情にまかせて人に危害を加える人、また偏《かたよ》った考えゆえの言動で人を傷つけたりする人を、その危害を加えられた人、傷つけられた人の側に焦点をおくことで非難することはできますし、その焦点とは体の損傷などだけでなくその人の内面の事柄も含めてのもので、そしてこちらもとても重要です。その点では、私が以上に述べたことも全く関係ないわけではありません。

けれども私が本節で論じてきたのは、あくまで社会の諸々の秩序を評価する際の基準としての個人の内面と自由との貴重さのことなのです。それら評価すべき秩序とはどのようなものか。たとえば民主主義的であろうとする政治体制、人々を監視することによってつくられ維持される社会秩序。或る経済の仕組み。更には、(特に政治や経済の領域で要請される)特定の国家を超えた国際法、もっと一般的な理念としての世界法など。これらをどう評価するのかというときに参照すべきものとしての、この貴重さを私は言っています。この貴重さが保たれているのか、どの程度に大切にされているのか、これが価値評価の尺度になると信じています。私は本節の始めの方で、基本的人権や道徳、あるいは倫理性などの概念についてそれらの或る曖昧さを指摘しつつ、これらの源泉として人には内面という貴重なものがあるのだと述べました。ここでは行為との関係で自由というものを付け加えていますが、今日盛んに話題にされる人権の尊重、あるいは人道的な支援や扱い、また生命倫理などの事柄も、以上に述べたことから理解すべきことだと私は考えます。

結び　生きることにおける哲学の位置

(1)人々にとって遠いものとしての哲学と求めるものとしての哲学

哲学の二つのイメージ

私は、自分が思う哲学とはこういうものだということを、本書の「序」で極く簡単に述べました。そして本書がその哲学実演の一つの例ともなることを望みました。ただ、もっと重要な例は、私はこれまであれこれの哲学書で、より充実した仕方で示してきたつもりです。本書は謂わば簡略な見本です。

とは言え、どういう点が哲学の遂行と言えるのか、そのことを明示する必要があると思います。そこで、この「結び」で私が哲学というものをどのようなものとして考えているかを改めて少し詳しくお伝えします。そしてまた、「序」で述べた、哲学はどのようなときに役に立つか、その例も示したいと思います。

「哲学」という日本語を耳にする人の多くは、それは学問という性格を持つと考えているに違いありません。この性格は、大学に哲学を専門とする教師陣が在籍して研究しているということ、そして学生たちも少なくとも哲学を教養科目として受講し単位を取ることが求められているということ、それから哲学領域の各種の学会もあることに窺うことができます。しかしながら学問一般は大多数の人々からは遠い営みです。そしてその中でも哲学は最も遠いものと感じられるということがあると思います。そしてこのことは、①哲学は、少数の人たち、些《いささ》か風変わりな人たちだけがやっていることだ、というのが大多数の人々の考えだろうということ、それから、②面倒な議論をして何になるんだろうという評価も多いのではないか、ということにもつながっていると思えます。

ざっと見回すと大学では実に広い分野で研究者がいて、その中にはかなり変わったことを研究している人が一杯いますが、その中身を聞けば、なるほど、そういうのに熱中することも分からんわけではないなとか、まあ、そういう趣味のようなものが仕事として、生業として成り立っているなんて幸せな人だな、と思うことがありますが、哲学の研究者に対してはそのような納得さえ生じるものやら、私には自信がありません（➡コラム21）。

そこで上記の①に関して言えば、実際、哲学という営みそのことも人間に特有の有り方、多様である有り方から生まれるのですが、その多様な有り方のうちのごくごく小さな一つの有り方に他ならないということがよく分かります。

では、②の評価はどうでしょうか。興味深いことに、企業の名経営者として知られている人が経営哲学を語り、経営から離れて自分の生き方そのものを紹介するときにも「哲学」ないし「私の人生哲学」などという言葉を持ち出すことは稀《まれ》ではありません。また、政治家も屡々「哲学」という言葉を口にします。しかるに、名経営者が経

コラム21　哲学書について

哲学書は難しいという評判があります。けれども、もし学問として哲学をみるなら、難しいのは当たり前です。どの学問でも、学術書ないし学術論文を読むのは同じ領域の研究者で、自分も同じように論文を発表したり学術書を著す人でしかありません。というのも、学問では先行研究を踏まえて新しく先に進むというのは効果的遣り方だからです。ともあれ、現実問題として、人にとって、学問であろうとなかろうと、自分の専門分野ではない事柄のことは難しいし、その内容を詳しく知ろうとする暇もありません。ただ、さまざまな学術研究の多くで、特に自然科学の分野で、研究の成果は役に立つという了解が人々に共有されているし、実際、その例は沢山あり、人々に知られているわけです。それから、役立つかどうかは分からないけど、そんなことがあるのかと何か断片的に教えてもらって、言うなれば雑学的興味というものを満足させてくれるたぐいの学問もあります。これは学問でなくても同じことです。なのに、哲学はそのたぐいの学問でもないのではないか、という思いが人々にはあると思えます。この思いは、何であれ(学問であろうとなかろうと)或る専門の事柄は何かの役に立つか、面白いことを教えてくれるから門外漢にとっても悪いものではないという、至極正当な考えから発していると思います。そこで、哲学にとっての問題は、どこにあるのでしょう。

役に立つ、立たないというのはどうでもいいことだと考えることも、それはそれで、どの事柄でももう一方の当然ですので、はて、人はどう判断するのでしょうか。ただ、私のみるところ、学問の性格を持った哲学では、上述の、一般に学問では先行研究を研究するという部分がある、その部分が肥大化している、ないしはその傾向が強いと思われることと、その結果もあって、言葉が理解しにくいという難点があります。というのも、先行研究とされているものがキーワード的なものとして用いている言葉が言い表すことが確定していなくて、人によって変わっているからです。これは「観念」という語に関して本書「序」とコラム1で述べた例でも明らかです。また、民主主義を例に述べた多くの概念語の宿命でもあります。ただ、哲学の場合には「民主主義」のように世間でもよく流通している語とは異なる沢山の概念語が生み出されてきました。それで、それらの語がどのようなことを言い表すために誰によってどのように使われてきたかの歴史を知らないと、当面読もうとしている哲学書の理解がうまくゆかないということになります。そして、ここに先行研究の研究という部分の肥大化の理由があります。そして一般に学術書は当該学問の研究者どうしでしか読まないという元々の当然がもっと酷くなります。そして研究者たちもエネルギーを適切に配分することを必要としますから、研究する先行研究を絞るわけです。そして特に自分にとって興味深い或る主題に集中します。集中しないわけにはゆきません。細分化はどの学問領域でも生じます。

そこで今度は、偶々或る哲学書を読んだ学生が、その書で使われている難解な語を何とか自分は使いこなせていると思うと、それが哲学だと勘違いしてしまうことにもなります。そのような或る語をスローガンのように用いるとろくなことになりません。哲学と称する分野でも流行語があります。それには要注意です。

他方、自然科学の概念はきちっと確定しています。自然を相手にする学問ですから、その自然の有り方を言い表す概念が求められ、概念が適切であるかが判断されるからです。しかるに、哲学は結局は人がどのような存在であるかを主題にするものだと考えています。そこで私は、人にとって自然な日常言語で、哲学の営みによって気づいたことを言い表したい、そうしたら、読みたい人は難なく読み、理解できるだろう、そういう思いで哲学書を著すことを心掛けてきました。そしてまた、そのような叙述をする人が増えることを願い、また広く読んでもらえたらと、『ひとおもい』という新機軸の哲学年刊誌を創刊し、現在(二〇二二年四月)四号の編集が終わり印刷にまわり、五号の企画が進行中だということを、ここで記させていただきます。「ひとおもい」とは、編集委員の一人、木田直人氏(東京都立大学准教授)の命名によるもので、「人を想い　ひとおもいに熱く　ひとつの思いを」ということを籠めた言葉です。

営哲学を披露する、もしくは更には自分の生き方を導いてきたものと位置づけている哲学を吐露するとなると、どうでしょうか。この披露や吐露が形となった書物が売れていることや著作を宣伝する文章、それから書評などから推測しますと、多くの人がそれら著作の内容に自分にとっての或る答、あるいは或る指針ないし示唆を見いだせるのではないかと期待しているし、また見いだしもしていると思われます。そこで、③経営哲学や政治哲学を語る、ないし語ろうとする発言者は哲学を重要なものだ考えているようですし、その言に耳を傾ける人も哲学を高く評価し役立つものだと考えているように思われます。これは②の評価、哲学の議論などをして何になるのだろうという感じ方の対極にあります。これはどういうことでしょうか。

②の評価は学問としての性格を持つ哲学に向けられているのだと理解し、名経営者が語る経営哲学のようなものは経営の実践を通じて獲得されたもので性格は異なるものだ、だから役に立つこともあるのだと、こう考えることができます。ですが、このような割り切りができるとして、でも、どちらでも「哲学」という言葉を人々が用いるのはどうしてでしょうか。そしてもう一つ、名経営者が語る「経営哲学」はどういう性格を持つゆえに役立つと考えられているのでしょうか。

学問としての哲学を求める人もいる

大学に依拠した学問活動としての哲学と教育に触れましたが、その前に、日本の教育体制の中では、習得する方が望ましい知識の一つとして、哲学者として知られている過去の人々の何人かの名前とその人たちの考え方の紹介が中学、高校、大学の教科書などでなされています。ですから、少なからぬ人々がそれを読む、先生の解説を聞くという仕方で「哲学」というものがあるのだなと思うと言えばよいでしょうか。ただ、当然ながらこのような出会いによる内容は大方は忘れられるというのが通り相場です。

しかし、二つのこともみられます。一つは、まさに高校生や大学生の年齢の若者たち、つまり若い世代に、義務ないし受け身としてではなく積極的に何か学問の色合いが濃い哲学書を読んで見たいという人が一定数いることです。その哲学ないし哲学的なものへの関心は或る若者にとっては思春期の一面としてあるのだと思われます。それから二つめとして、私の見聞の範囲では、働くことに追われていたが今はゆっくりした時間を手に入れている高齢者に、「教養としての哲学」を求める人がいます。これもどういうことだろうと考えさせられることです。

思春期の若者が哲学に関心を持つとき、そこには人間が生きるとはどのようなことか、その意味を求めたいという欲求があるように思えます。高齢者が教養としての哲学を求めるときにも、日本の教育体制の中で最初に出会う哲学の延長にあると同時に、やはり生きることの意味を改めて考えてみたいというような動機も潜んでいる、私がカルチャーセンターで講義したときの経験からはその印象が強いです。そして、これら或る傾向の若者と高齢者とが哲学に接するときの態度と、名経営者の経営哲学に耳を傾けようとする態度をも考えあわせると、実はそこに共通に認められることがあるようです。それは、哲学を各個人にとって重要なものとして受け止めているということです。そしてこれは、哲学は自分にとって何か役に立つだろうという期待を持っているということでしょう。しかしこの役立ち方は、物理学、工学、医学などの学問が、それが生み出す諸々の技術を通して人々の暮らしに役立つその仕方とは異なると、これらの人々の誰しも思っているに違いありません。

⑵哲学の学問としての性格

人はそれぞれ或る事柄の専門家である——哲学は言い表すこと無しではあり得ない——

私は長く大学に身を置いて、哲学と称するものに携わってきました。それを哲学を専門にしてきたと捉えることができます。では、経営哲学を語る名経営者の専門とは何でしょうか。経営ですね。ということは、その人にとって経営哲学を語ることは専門を離れて更に別のことに取り組んだということになります。自分の経験で得た事柄の中で重要だと思うことを言葉にして人に伝えること、これはその人が自分の専門からすれば余分のこともしているわけで、それには頭が下がります。翻って私が携わっている哲学は言葉による論述としてしかあり得ません。

ところで、たとえば大工さんがその大工仕事がどのようなものであるかを、建築物によってではなく言葉で言い表すことがあるなら、それを喜んで聞き、読み、それに感銘を受けたり、更に何か自分の生きることに反映する何かを得ることもあると私は思っています。けれども大工さんがその語りの内容を「大工哲学」と称する（考える）かどうかは別問題です。しかし、称する場合とはどういう場合か、恐らく、自分がやってきたことの中で自分の良き生き方として掴めることを前面に押し出す場合ではないかと思われます。しかもその生き方は、大工仕事にのみ通用することではなく、誰の生き方においても重要なことだと大工さんに思える場合に違いないと私は思います。そしてそうだとすると、同じ趣旨で、「パチンコ哲学」を言う人、それもパチンコを専門にしていなくてもパチンコが好きでそれに沢山の時間を費やしてきた人がいてもちっともおかしくありません。同様に漁師ではない人が「釣りの哲学」を云々してもいいわけです。

ただ、この生き方というもの、それは人の生きる仕方のあれこれ全般を言うのではなく、或る信念や信条に基づく生き方、その人が良いものと価値判断した特定の生き方のことだと思われます。対するに私は、哲学は人の生き方とは一般にどのような構造を持つのか、それを全幅にわたって理解し、その理解の内容を言葉で示すことだと考えています。（ただし、このように二段構えで表現していますが、理解するために既に言葉が必要です。）そして、これこれの生き方がよいと主張しはしません。それは各人が自分の立場で自分に相応しい生き方としてやるものです。

主題ごとの学問と「＊＊哲学」

ところで、本書で私は、経済だけでなく社会、政治、歴史などに言及しました。これらを理解することで人の生きる仕方がどのような構造を持っているかが理解できると考えるからです。しかるに、政治等の具体的な姿の有りようの理解はそれぞれ経済学、社会学、政治学、歴史学などが引き受けています。（私は文化にも論述の多くを割《さ》いてきたのですが、或る社会についての文化論はよくなされていますが、学問の世界では「文化学」というのは広い範囲の人文・社会系の諸学をまとめて言うときに使われています。）そして私はと言えば、それらの学問に関しては素人です。ただ、素人なりにそれらのほんの一部を学び、その内容を私の哲学の仕事に活かすべく努めてきました。

ところが、そのことはさておき、「社会哲学」「政治哲学」「歴史哲学」「法哲学」という言葉などを耳にする人は多いかと思います。そしてこれらの名のもとで著作を著す人たちは、それを学問という資格のものと考えています。名経営者が語る「経営哲学」の場合とは違います。（名経営者も経営とはどのようなことかを掘り下げて極めるということをしたでしょうが、それは経営とそれが関わるさまざまな事柄との関係も見据えて押さえてゆく学問からは離れたものでしょう。経営の実践と経営についての学問と二つを同時にやってゆくということは難しいに違いありません。一般に専門の事柄に勤しむというのは凄いエネルギーを要することではないでしょうか。）また、人間が動物であるゆえに規定されている生き方があるわけで、それは生物学や医学によって探究されていますが、「生命哲学」や「医（ないし医療）の哲学」を標榜する人たちもいます。「芸術哲学」や「科学哲学」「技術の哲学」などもあります。これはどういうことでしょうか。

「＊＊学」から二つの方向へ——各論と原論・「＊＊哲学」——

各学問は、その研究対象が何であるか、自明であるかのようにして進められます。政治学だったら政治を対象とするというふうに。そして諸々の学問の強みは、探究が豊富な事例に基づいてなされることにあります。（ただし、それらの事例も政治の事柄だということは当然に分かっているという前提です。）ですから、探究はどうしても各論へと分散してゆきます。政治学だったら「国家形態論」「金権政治論」「地方分権の政治学」「比較政治学」「国際政治学」等々。

けれども、政治の領域は確定しているという前提に立ってスタートし、この前提について議論は無用だというスタンスを採らず、そもそも政治学の対象である政治とは何かを考察し、明らかにしなければならないのではないか、という立場もあります。そしてこの考察が「政治学原論」と呼ばれるものになります。ただ、実際の考察においては各論のさまざまから翻って、そこから政治とはこのようなものだという結論を得るという、謂わば逆方向を辿るのでなければ、政治学とは何かを掴めないと思います。それでも、政治学の著作の最初の部分に原論をおいて、政治学が扱う政治とはどのようなものかを、各論に向かう前に明らかにする、という章立ての著作をみます。この方が整然としているという判断があるのでしょう。とは言え、原論を論じる人、著作は少数です。

ところで、この原論へと向かう方向、これを更に進めるところに「政治哲学」のような「＊＊哲学」があるのだと思います。では、たとえば政治哲学は何を論じるのか。政治学原論とはどう違うのか。名称からすると、論じ手が哲学者と政治学者というふうに異なっているようにも見受けられますが、人によります。論じる人の気質の問題なのかも知れません。政治学だけでなく政治学原論を論じる政治学のプロが、更に政治哲学を語るということがあります。しかし政治学のプロではない人が政治哲学を標榜することもあります。ただ、後者の場合の政治哲学は政治学の前では分《ぶ》が悪い、豊富な事例に基づく政治学における探究に比べて政治哲学には些か思弁的傾向があるのではないか、という疑念がつきまといがちです。ただ、いずれにしても、政治哲学は中身としては政治学原論の部分を詳細に考察しようとするのだと、このように言ってよいように思えます。

「＊＊哲学」と「哲学」

さて、以上のように政治学（およびその各論）、政治学原論、政治哲学を位置づけた上で、私は政治哲学の方は端的に「哲学」と称するものへと向かうしかないと考えます。さまざまな「＊＊哲学」も同様です。ですから、「政治哲学」「社会哲学」「科学哲学」等々はすべて端的に「哲学」と称するもの中へと溶けるべきものだ、とでも言えばよいでしょうか。

なぜか。政治学原論は政治学の各論を踏まえて政治学の対象である政治とは何かを明らかにするのだとして、それに政治哲学は何を付け加え得るのでしょうか。私は一応、原論の部分をより詳細に考察するものではないかと述べました。けれども、だとすると何も「哲学」という言葉を持ち出す必要はないように思えます。

しかるに、すべての学問対象は自然も含めて人間の有り方に関係するという点では共通であることに目を向け、この一点からすべてを整理することで見えてくるものがあります。今は特に政治学、社会学、歴史学、法学等々について述べるに、これらが扱う、政治、社会、歴史、法に関して、そもそも政治とは何か、社会とは何かと問うて、政治、社会等を明らかにせんとする各原論は、それぞれに貴重な労作であることは間違いありません。ですが、政治や社会や歴史などすべてに関する人の立場からみると、政治や社会などをばらばらに論じるのではなく、それらの領域がどのように分かれているのか、また、どのように関係しているのか、これを明らかにするのが重要だと思います。そしてその任務を引き受けるのは哲学だと私は考えます。

要素を弁別するとはどういうことか

一つの例として、政治と宗教という、それぞれ学問の対象となるものを考えてみましょう。政治とは何であり、宗教とは何であるか、その確定は実はあやふやです。

「政教分離の国家」と、政治と宗教とが分離されていない「祭政一致の国家」の対比を手掛かりに事態を考えてみます。（ここで国家という概念は政治が一つに纏める集団として用いています。しかるに国家は領土という或る種の地域の概念を含み持っていますが、地域の概念一般は国家の概念から自由です。他方、同じ宗教を信仰している人々が異なる地域、そして異なる国家で暮らしていることは珍しくないということも念頭におく必要があります。ですが、祭政一致という考え方をするときには、国家の概念を前提しています。このことは以下の議論に関係して慎重な考察を要求します。コラム22「政治と宗教」をご覧ください。以下の論述を私は哲学の性格の或る面がどのようなものであるかを納得していただくために行います。）

さて、哲学の性格を考えるために取りあげる論点は、いわゆる祭政一致の国家(イ)において、果たして政治と宗教とを見分けることができるのか、というものです。政教分離の国家(ロ)が無いならできないというのが私の答です。(ロ)の国家で政治と宗教とが分離しているゆえに、政治と宗教とが区別できることは自明だという観点で人が(イ)の国家を分析すると、それを「祭政一致」と言いたくなるのです。これは、日本語の「サ」の音を「s」と「a」との二音からなるものだと主張する言語学者と同じようなことをやっています。その言語学者は自分が「s」と「a」とを発音し仕分けることに基づいて、それを分析の道具として「サ」を分解します。ですが、「ス」という、「s」という子音に近そうな音だが言語学では文節音とされている音は出せても「s」という音は発声できない日本語の使い手はなぜ「サ」を「s」と「a」の二音に分解しなければならないか、さっぱり分からないはずです。（日本語の使い手であっても更に「s」をも発音できる人の場合は措いています。今日では、外国語教育のお陰で——また発音記号も駆使するようになって——、子音という概念に馴染む人々も多いとは思います。けれども、実のところ、声音に関してできるだけ小さい単位を求めてゆく学者たちに一番の責任があるように思えます。音素のような概念になると学者たちの間で論争が生じるのですから。とは言え、外国語音の発声の修得に役立つことや、人の声を出せる機械の製作には不可欠ということがあるのかも知れません。この辺り、私は不勉強です。）

さて、「サトウ」という言葉を反対に言えば「ウトサ」となります。「uotas」となるわけがありません。このことは「サ」「ト」「ウ」がそれぞれ一音であること、それから「サ」も「ト」も二つの音が合体して一音になったわけではないことを示しています。(これらの音は離散的なもので、だから逆さまに発音することができます。雨音、鳥の囀り、音楽の音のように全体が滑らかにつながっているのとは異なります。)そこでいわゆる「祭政一致」の国家に戻れば、これは「祭」すなわち宗教と政治と別々のものが一体になっているというわけではなく、或る独自の形態があるということのはずです。それは「サ」が「s」と「a」とが一緒になってできているのではない独自の音であるのと同様のことです。そこで人がいわゆる祭政一致の国家(イ)に関して、政教分離の国家(ロ)、「教」=「宗教」)において見いだす「宗教」という言葉で言い表すものを分析的に見つけ出すからといって、その(イ)の国家を「祭政一致」の国家とするとき、(イ)の国家の実態を見誤りかねません。政治と一体化した宗教というものが、政治から分離した宗教と同じであるはずはないからです(➡コラム22)。

私が以上の論述を通して言いたいのは次のことです。宗教というものが何なのか、あるいはどのような領域が宗教の領域であるかは決して自明ではないこと。同じことは政治についても言えます。ただし、政治の秩序こそ今日最も強力なもので、だから「政教分離の国家」とか「祭政一致の国家」とか、国家という概念が全面に出てきています。

とは言え、私は本書で「政治」「経済」「社会」とはどのようなものであるかについて述べてきましたが、それはこれらを区別できるものとして扱ったということです。しかしながら、これは今日の社会では経済と政治との区別は分かりよく、その上で私たちの社会の有り方をそれぞれに異なる仕方で規定しているからであるに過ぎません。けれども経済の仕組みが政治の有り方の中に組み込まれていた、別の言い方をすれば、いわば自立していな

コラム22 政治と宗教

実は私は、本文で言う(イ)の国家とは宗教が政治を支配している国家ではないかと考えていて、この考えは宗教と政治との区別を前提しています。とは言え私は、第2章第2節(3)で、小さな集団で或る行事で重要な役割を果たす人として巫女がいる場合に言及しました。ところが、一方では社会全体に関わる行事で重要な役割を果たすとは政治の事柄で、他方で巫女とは宗教に関わるとの了解があります。もしその了解を認めるなら、その小さな集団とは政教が一体になっている集団だと言いたくなります。

しかし、政治というものは集団の規模が大きくなって初めて明確に姿を現わしたと考えると、どうなのか。もしくは、小さな集団では宗教の力が大きかったと考えるなら、政教分離の国家というものは政治の力が宗教的な力のもとにあることから脱却して、それどころか更に、宗教に政治に介入するな、とする形態だと考えることもできます。けれども、そもそも宗教とは何なのか。信仰というものが中心にあるのでしょうが、集団によって、あるいは人によって何を信仰するのかがさまざまであり、そして信仰の有り方も違い、一つに括るのは難しいです。

そこで、私たちはともすると、明確にそれと分かる集団をつくってきた宗教に焦点をおいて宗教を考えることになりますが、それでよいのか。ただ、この宗教集団の重要性は明らかです。この集団は、国家のように或る地域を領土とすることなく、世界のあちこちに散らばった成員から成り立っています。そして、このように宗教信仰者が各地に散らばってもいることも宗教が政治から分離していることを示しています。それでも、巫女のような存在が現在で言うところの政治を司っていた体制に関してはもちろん、現今の体制に関して人が言う「祭政一致」の国家に関しても、やはり私の考察の趣旨は生きています。（なお、信仰者を成員とする宗教集団が大きくなるとき、それを一つに纏めるに当たって人々を統合する技術というものが必要となります。第一には組織の結成が必要です。それから、その組織が大規模になると恐らく、政治的技術と似たものも必要になるのだと思われます。一種の権力、権限というものも登場するでしょう。）

かった、そういう社会もありました。また、そもそも政治を言う必要もない小さな社会もありました。そして、今日では政治と経済とは判っきりと別の事柄としてあるのですが、それでも、税制一つとってみても分かるように、政治は経済の有り方に大きな影響を及ぼしていますし、逆に経済の有り方が大きく変化すると、それに政治も対応して制度変更などを試みなければなりません。両者は相互に無関係に独立しているものではありません。そして政治の有りようは宗教の動向を無視してはあり得ないこともあります。

また、経済とはどのようなものかの探究の過程では政治を考慮しないわけにはゆかないこともみえてきます。そしてこの事情を踏まえて、経済の有り方を研究する人のうちで、たとえば（一七世紀初頭から一八世紀後半にかけて論じられた政治経済学の方は措いて）政治経済学なる分野を成立させるという考えで処理する人も出てきます（➡コラム23）。これは経済学の細分化というべきか、それとも経済学が政治学の領域を取り込んで広がったと評価すべきか、どちらの側面もあるでしょう。ただ、いずれにせよ、経済は経済、政治は政治と区分けできるという前提での処理です。

ですが、やはり、そもそも経済とは何か、政治とは何か、それら固有の領域とは何か、立ち止まって考えるべきではないかということにもなります。この課題に答えることは経済学原論、政治学原論などでできるのか。私はそうは思いません。経済と政治と、両方に共通のことを見つけ出し、その上で、どのようなわけで両者が別の事柄として成立してくるのか、それをみる必要があります。（本書では私は、宗教がもたらす秩序についての論述はあまりしていません。それは二つの理由からですが、ここで述べるのは控えます。また、宗教について外から言えることは多々あるのですが、それも省きます。）

コラム23 政治経済学並びに法哲学及び法学

八名の外国人研究者の論考の翻訳である、長尾伸一・長岡延孝監訳『制度の政治経済学』（木鐸社、二〇〇〇年）に付した長尾氏の訳者解説には、「政治経済学」の歴史の解説があります。それによれば以下の通りです（二八六頁〜二九〇頁）。

一七世紀初めのフランスで'economie politique'と銘打った著作が相次いで刊行され、それは経済学としてではなく広義の政治学・法学の一部として生まれた。そしてそれは一八世紀後半のスコットランドで'political economy'として受容された。ここでも政治経済学は大学の政治学・法学講義の第二部に置かれ、先立つ第一部では法学あるいは政治学である自然法論、統治形態が取り上げられた。ただ、このときは既に独立した理論体系としての経済学という性格を持つようになったが、それは政策研究や歴史研究を含むものであった。けれども、マーシャルの『経済学原理』（*The Principles of Economics*）が一八九〇年に刊行され、この書は一九三〇年代までイギリス経済学で広く参照され、この economics という新語と、専門科学としての経済学が定着するにつれて、政治経済学（political economy）は表舞台から退場した。そして、現代の政治経済学が始まったのは、一九六〇年代からの「国家論の復権」と呼ばれる政治学の新展開によっている。

なお、フランスで一六一五年の著作で初めてこの言葉（フランス語の方）を用いたとされるアントワーヌ・ド・モンクレチアンについての纏まった紹介は、ラース・マグヌソン著、熊谷次郎・大倉正雄訳『重商主義』知泉書館、二〇〇九年、二六七〜二七三頁を参照。スコットランドにおける最初の受容者として知られているジェイムズ・スチュアートについては、同書九〜一四頁その他に若干の記述があります。またマグヌソンはアダム・スミスの『国富論』の重要な目的は、彼が「重商主義体系」——「重農主義」も政治経済学の試みであった——と見なしたものに対して壊滅的な打撃を与えることにあったと述べています（四頁）。そして『国富論』の第四編「［政治］経済学の諸体系について序論におけるスミスの主題の定義を紹介しています（この書の翻訳者はなぜか‘political economy’を「経済学」と訳していますが、直ぐに紹介する大内氏らは「政治経済学の諸体系について」と訳しています。スミスも政治経済学という言葉を使用しているのです）。

政治家または立法者の科学の一部門と考えられる経済学《ポリティカル・エコノミー》は、二つの異なる目標をめざしている。第一は人民に豊富な収入または生活資料を供給すること、つまりより適切に言えば、人民が自分のためにこのような収入または生活資料を自分で調達できるようにすることである。第二は共同社会《コモンウェルズ》という国家に対して、公共の職務を遂行するのに十分な収入を供給することである。経済学は、人民と主権者との双方を富ますことを意図している（七頁）。

ただし、『国富論』は五編から成り、それら各編の目的は簡単には『国富論』全体の序論で述べられています。第一、第三、第五編には序論は無く、第二編では序論が置かれ、その最後で第二編の五つの章の内容の予めの提示がなされています。（このことについては、『諸国民の富』上・下、大内兵衛・松川七郎訳、岩波書店、一九六九年を参照。）

次に、かつての政治経済学が政治学や法学の一部であったことに関連して少し述べます。これは、政治経済学が国家の政策論と硬く結びついていたゆえに当然のことでした。だからその法学は実定法を扱うものです。そして私は本書で、法については政治的秩序によってつくられる制度の一つとして取り扱いましたが、これも実定法です。けれども、この結びでは「法哲学」にも言及しましたが、日本では法哲学は根強く研究され、大学の授業でも取り上げられています。これは、西洋で実定法を扱う法学と法哲学とがきっぱりと分かたれていたこと（法哲学は自然法の探究として「法の形而上学」という位置づけでした）、そして一般に西洋の諸学問を日本でも根づかせるために、それら諸学にどのような日本語を宛がおうか――あるいは作ろうか――ということで学者たちが苦労したこととと関係しているのだと思われます。（法哲学に関するさまざまな学問名の提案の事情については、小田桐忍・塚本潔・原信芳『法と文化の歴史社会学』(世界思想社、二〇〇四年)所収の、小田桐忍「法の基礎と教育の力」2の注3と6で窺うことができます。ただ、この著作全体の内容は生憎、表題を裏切っています。)小田桐氏によれば、大学で法哲学は最初は「法科理論」、「法論」などと呼ばれ、それから「法理学」という名称が提案され、かつ、この名称は講座名としても使用され、現在も受け継がれているそうです。けれども、「法律哲学」という名称も好まれ、その内容、すなわち「法とは何か」「なぜ法は私たちの社会に現われたとのか」という考察を言い表すには「法の原理的考察」という言葉を用いた人もいたそうです。しかるに、この「原理的考察は」、私が本文で言及した「法学原論」に相当すると考えていいように思えます。

なお、私は実定法を念頭に法について述べていますが、なぜ法が人間社会に現われたのだろうかということは考えていて、本書では政治的制度という話題の中で簡略に論じたつもりです。これは哲学が引き受けるべきことだと考えるからです。それから、自然法や普遍法などの法思想、法理論、法論など、引っくるめて法哲学が試みてきたことは、私が本書第6章第3節で述べた、諸々の秩序を超えたものを突き止めたいという考えと親和的です。ただ、その歴史についての私の勉強は僅かで、私は特に言うべきことを持ちません。(法が人間社会で生まれる理由や生まれ方についてさまざまな法の歴史を探ることを試みている次の著作は興味深いです。二〇〇四年法制史学会第五二回研究大会におけるシンポジウム「法が生まれるとき」の記録である、林信夫・新田一郎編『法が生まれるとき』創文社、二〇〇八年。)

最後に、このコラムの表題について一言。私は「並びに」と「及び」という語を日本の法律用語に従う仕方で用いています。だから「及び」をここでは漢字表記にしています。「並びに」は大きな括りのものを並列して表し、「及びに」は、その並列されたものを細分したものを列挙するときに用いることになっていて、このように語の使い方を厳密に定めることで法律の解釈が曖昧にならないようにしているわけです。制度は明確であるべきだと述べた本書第5章第2節(4)を想い起こしてください。法律における語の使い方の決まりについては、橘幸信「法律における「言葉」―立案作業の現場から」(松永澄夫編『言葉は社会を動かすか』東信堂、二〇〇九年所収)を参照。

すべての学問に人が関わっている

では、共通のこととは何か。政治も経済も宗教も歴史も人が関わる或る事柄だということは直ぐに納得できますね。そこでそれらの事柄すべてはその共通の一点でつながっています。だから、そのつながりに目を向け、つながり方がどのようになっているかを調べるという遣り方もあるわけです。そしてその遣り方によって成立する一つの学問が、政治学や経済学などを呑み込むようなものとして立ち上がり、それが哲学なのです。そして、人の営みとは無関係にある物的事象そのものの有り方を明らかにしようとする物的事象を扱う自然諸科学ですら、その試み自体、人が科学の方法を通じて事象と関係することに他なりません。その方法とは人間ならではの方法です。そこで、物的事象についての学問ないし諸科学に関しても、その成立の仕方をみるには人がどのように科学というものを成立させているのか、これをみなくてはいけません。そこで物的自然についての諸科学も、人間の有りようが基本的にはどのようなものであるかから出発して理解しなければならないのです。そしてこのことゆえに、哲学によって改めて理解すべきものと言うことになります。

このような事情は、あらゆる学問に関して言えます。さまざまな学問の有り方はそれら学問の対象を研究者がどのようなものとしてどのように扱うかということと切り離せません。そしてあらゆる学問は人の営みであるのですから、それらは現実には別の人々によってばらばらに遂行されざるを得ない面があるとしても、根本ではつながっていて枝分かれしているに過ぎません。それは或る事柄に関してチームで研究するというつながりの話としてではなく、全面的なつながりとして押さえねばなりません。そして哲学はと言えば、諸々の学問の前提となっていることに注意を向け、そのことでこのつながりがどのようなものであるかを見極めようとするのです。ただし、哲学遂行の現実においては諸学問の内容に関しては考察の濃淡は生じざるを得ません。それは個々人が己にできる範囲で行うことですから。

(3) 一人ひとりにとっての哲学

哲学の二つのイメージに共通すること

繰り返しますが、あらゆる学問は人の営みであり、それら各学問の対象も所詮は人の立場から捉えるものです。そこで、それらの対象が分かれているのはもちろん対象の側の有り方ゆえではありますが、また人の捉え方において生じることでもあります。そして後者の点で、諸対象も人が捉えるものとして相互につながっています。そしてこのような事情を明らかにするのは哲学の一つの任務であり、この任務は結局は人の有りようとはどのようなものかということを主題にすることへと移行します。しかるに、人とは具体的には各個人です。そこで学問としての哲学も、生きてゆく中で関わるすべてに関して、それらに関わる者としての私たち一人ひとりがいて、この具体的な個々人抜きではすべては虚しいということを承知し、具体的な一人ひとりの具体性に即するものであるべきだという視点を手放してはなりません。(このことを、哲学するとは哲学する己自身をどのような存在かと問い、関わっているすべてが成す全体の中で己を位置づける、というふうに述べてもいいでしょう。)

そこで、このことを念頭に、「経営哲学」や「大工哲学」「パチンコ哲学」「釣りの哲学」などでなぜ「哲学」という言葉が入っているのかと本項(2)の最初の部分で問うたことを呼び起こしましょう。それらは、人が、自分の経験を通じて掴んだ自らが高く評価している生き方を、誰の人生にも通用するようなものとして、自分の経験に即し開陳する場合ではないか、というのが私の見立てでした。するとこれらと学問としての哲学との二つには、具体的な人の有り方、生き方を問題にしているという共通点があることが分かります。ただ、哲学はこのような生き方こそ高く評価できるのだと示す、ないしは主張するものではないと私は考えています。何をどう評価するかということは各人一人ひとりが為すことです。

翻って学問としての哲学がなすべきは、その評価の際に参考になるものとして、人の生き方がどのような構造を持っているかを示すことです。こうして、哲学とは何だか分からないもので何の役に立つのだという疑念を退け、哲学は役に立つのだと、私は主張します。経営哲学や大工哲学とは違った仕方でです。哲学は、その学問としての性格は性格として、人一人ひとりの生きることを何かのときに手助けできるものでなければならない、これが私が哲学に託す希望です。

哲学に託す希望

この希望について、少し述べます。希望は、私たちには「生きることはよい」と言い切る強さが欲しい場合がある、だから言い切りたい、しかるにそのためには何が必要か、という問題に関わっています。名経営者が披露する「経営哲学」を本で読んだり講演で聞く人の中には、企業の経営者となることを志す人、あるいは企業の経営に失敗して地獄をみたと言いたいほどの負債を追った人などがいて、名経営者の言葉から示唆を得たい、光を見いだしたいということがあるに違いありません。また、経営するということには関係しない人も、この言葉は自分がどう生きればいいのかを示してくれていると受け取ることもあるでしょう。これらは尤もなことで、名経営者の具体的経験に基づく考え、経営の遣り方、その際の信条、そうして経営とは違うことをやる場合でも通用するに違いない魅力的だと思える生き方などを知ることができるからです。それに引き換え、哲学が提供できることはそのような具体性を欠いています。それでいて人一人ひとりの具体性に即するとはどういうことでしょうか。

人は、大きな事故に遭う、大病をする、大事だと思う人間関係が全くうまくゆかない、失業し、その後に仕事に有りつけない、自分の大切な人が不幸であるように思え、その人をその境遇から抜け出させたくても自分には何もできない、酷い孤独感を覚える、無力感ばかり覚える、何もしたくない、何のために生きているんだろうと問うてばかりいる、自分のことを認めてくれる人は誰もいない等々に、人生の過程で見舞われないとは限りません。そのとき、それでも生きるとはよいものだと思えるし、そう思うことで新しい一歩が踏み出せる、それを可能にするのは何かを私は考えていて、そこに希望を託しています。どういうことかというと、そのような現実が生まれる理屈を理解することで、新しい現実を引き寄せる術を手に入れ得るのだということです。

物事を理解するとは、その物事がなぜそのようなものとしてあるかを理解することで、すると、あらゆる事柄は理由あってあるものだから受け入れるしかないと、このように保守的な営みであるかにみえます。しかし、そうではないのです。それら生まれているものに関してその生まれた理由と生まれ方とが分かれば、それらに対してどのような態度を取るのが自分にとって望ましいかが分かってくる、こちらの方にこそ要点があります。また、その生まれ方を転用して別の事柄が生じるようにし向けることもできます。

そこで私は本書で、人の生き方を規定するものとしてどのようなもの（Ａ、Ｂ、Ｃなど複数のもの）がどういうわけで生まれたかを、それらＡ、Ｂ、Ｃ……の生まれ方と、それら間の関係の有り方を含めて、簡単な見取り図を描こうと努めました。

この見取り図で、大前提としてある部分は、人が動物であるゆえに定まっている生き方です。その上で、人には他の動物とは異なるさまざまな生き方があり、それらを記さなければならないのですが、その際に重要なことは、それらの生成の根源にあるのは想像する働きだということを押さえることです。というのも、それらの生き方に共通なのは、意味が力を持つことで生じるということで、その意味の世界を開くのは想像だからです。この意味世界とは人一人ひとりの意味世界であり、しかしながらそれを満たす諸々の意味事象は非常に多くの人々にほぼ共通なものです。それは、人間は周りの人々と一緒に暮らし、時に一緒に行動し、また一緒に心配したり笑ったりして、そこに共通性を見いだすものですし、また、人々の間で流通する言葉を言葉が内蔵する意味とともに学ぶからです。そして言葉の使用では意味の力を実感しています。

だが、意味はどのようにして力を持つのか。意味の力はさまざまな意味事象が互いに関係を結びつつ現実次元の事柄と接続することにおいて生まれ、関係の有り方によって力の大小が決まります。そして意味が力を持つことで生まれる事柄は多岐にわたっているのですが、特に重要なのは、その力が私たちが生きる世界、人々とともに生きる、社会を始めとするさまざまな集団にあれこれの秩序を作ることです。それは、これらの秩序は人が生きる仕方を大きく規定する枠組となっているからです。ですから私は本書で、それらの秩序の中で特に、人々の生き方を強く規定するもの（良くも悪くも規定するもの、けれども秩序があるというのは良いことですので概ね良いもの、少なくとも或る人々にとっては良いと思えるからこそ生まれたもの）を選んで見取り図に書き込んできました。

ところで、私たちの生き方を規定するさまざまなものがどういうわけで生まれ、互いにどういう関係にあるかまでを理解することは、私たちの生き方の構造を成す多くの事柄を理解することと同じです。しかるにその理解は、それら生まれているものに関して自分がどのような態度を取るのが自分にとって望ましいかという判断を助けます。しかも、それらの意味が力を持つ世界を支えているのは人々の想いであり、それは想像の働きだということも押さえていると、私たちには更に或る展望が開けます。（さまざまなものが互いにどういう関係にあるかまで理解するとは、それらの或るものは他のものを前提として生まれ、かつ、それでいて生まれるとその前提であったものに影響を与える、そのような順序をみることに他なりません。因みに、道路地図はさまざまな道路がどのような配置関係にあるかを描き、また、優先道路とそうではない道路を示すなど道路間の関係も描いているのですが、それらの道路がどのようにして生まれたかは描き込まれていません。けれども、私が目指す人の生きる仕方の見取り図は、それに書き込まれる諸要素の成立仕方まで分かるものでなければならないのです。）

この世界で人は実に多様な有り方をしています。そして社会において人は誰でもさまざまなポジションにいて、そのことには人がどうしようもなく置かれた境遇があるものの、他方で当人の選択の積み重ねもあり、この後者の根底にあるのはその人の想いの有り方からきていること、これを理解していると、その多様な人々を適切に理解し、自分の立場からはどのように遇すべきなのかが分かるかも知れません。

そして特に事が自分自身のこととなると、次のように進むことができます。

自己像と背後の世界像・それらの変更——新しい自己へ踏み出すこと——

自分を現にどのような世界のどのような人間として捉えているのか、それも必ずしもいわゆる客観的ないし中と自己像でしかないということも理解することができます。そして世界像と自己像とは別ものでありながら、互いに影響し合うものです。自己像とは各人にとって極めて重要なものですが、自己の一つの象《かたど》りでしかなく、意味事象に過ぎないとも言えます。そしてこれらのことを理解すると、人は、己が現在持っている世界像も自己像も、その時点で自分が重きを置いているそれぞれ一つの像、意味事象でしかないことに気づき、別の像を持つことも可能になります。

意味事象であるとは意味づけでもあるということです。そして意味は人にあって力を持つものです。アメリカの最高裁がトマトを果物ではなく野菜と認定したとき、それも意味づけで、トマトに関税を課すことができるようになりましたが、トマトの新しい意味づけに馴れて野菜とイメージするようになった人々は、果物のようにそのまま食べるだけのことをやめて、さまざまな料理の食材として使い始めたのかも知れません。物の意味づけですらこのような効果を有します。それが自己像という意味事象として自分自身を意味づけるものであったら、その力は非常に大きい。トマトは時々目にするだけですし、手に入れることはもっと少ない。けれども自己はいつでも居る自分自身です。それで、たとえば自分は三日坊主だとの想いは、何かやってみようと思っても、どうせ長続きしないからやめとこう、と自分を縛ってしまいます。そして自己像の形成はというと、誰かから「君は優柔不断だからな」と言われる、あるいはそう言われているらしいのを耳にすると、そうだよね、と、幾つか自分が直ぐには決められなかったことだけを多く想い出して、頷いてしまい、優柔不断な人間という内容の自己像が生まれる、そのようなものなのです。すると、いろんなことをさっさと決めている自分もいるのに、そちらの方には日がゆかなくなる。そこで、優柔不断な己という自己像をマイナスの価値を持つものだと思う場合にはどうするか。どういうときにいつまでも迷っていたのか、それには理由があったはずです。何も自分の性格のせいだけで迷ったのではないと、その理由をそのときの状況に探ること、それはささやかながら自分が生きてきた世界の側にそのときに見いだした事柄をどう受け取ったのか、言い換えればどう意味づけたのかを振り返ることです。私が「世界像と自己像とは互いに影響し合う」と述べたのはこのように単純なことが生じることを指しています。状況と世界とでは概念が違いますが、人は自分がおかれた、出会した状況の積み重ねを通じて自分なりの世界像を持つのです。ほかの誰かがその世界像をつくるのではありません。

或る慣習、それは人が生きる世界を秩序づけているものですが、それに従うことが自分には辛《つら》い、たとえば人とはこのように付き合うべきだとされていることが自分には息苦しいなど感じるとき、その慣習や「べき」とされていることは単なる人々の想い、偶々多くの人々に共有されている意味が支えているものに過ぎないと理解することは、その窮屈さから人を開放してくれるでしょう。慣習に従わない勇気が出てくるかもしれないし、従うにせよ重苦しさを捨てて気楽に付き合ってやるだけのことだと思えるかも知れません。あるいは、自分の周りの人の多くが或るミュージシャンに夢中になり、その話題でなければ話もできないようなとき、しかも自分はその音楽にはさっぱり興味を持てないとき、どのようにすればよいのか、プレッシャーを感じずに少し余裕を持って考えることができます。割り切って自分の道をゆくか、人が夢中になるんだから、もしかして自分も段々好きになるかも知れないな、楽しみが増えるとしたらそれも悪くないと考えるか、これも小さな自己像の更新です。逆に自分が或る事柄に強い関心を懐いていることを友人が「おたく」だと批評してあざ笑うとき、その友人とどのように親しくしてゆくか、それは案外と簡単なことだと道が開けるかも知れません。

それで、私が特に思うのは、或る意味事象としての世界像のもとで人が自分自身を低く評価したり、自分自身を嫌いだと想ったりしている場合のことです。人は別の自己像に置き換えることができるということを言いたい。自分を取り巻くさまざまな事柄があります。たとえばさまざまな人（年齢、性格、健康あるいは病弱、社会的位置あるいは家族や血縁等々によってどの人も他の人とは異なる存在である人）、そこでみられるさまざまな人間関係、自分との関係、もしくは孤独、自分が従事している仕事あるいは別の仕事、すべて自分には無縁のものとしか思えない仕事、住んでいる地域などなど。そしてこのように挙げてゆくそのことは、無数の事柄の中から自分が選んだもの、ないしは、なぜか迫《せ》り出してきているものを挙げているに過ぎません。それは自分が生きている世界についての一つの像、世界像です。そして、これらが持っている意味の有りようが意味の出所とともにも理解できると、それら取り巻く事柄についての新しい解釈が生じ、また、それまではほとんど気に留めなかったことに注意を向けることも生じるかも知れません。しかるにそのことは、新しい世界像の到来に他なりません。そしてそれと連動して、人は自分自身についても新たな自己像を持つこともできるのです。

どの人にもさまざまな面があります。けれども人は幾つかの面に気を取られ、それらそれぞれを或る仕方で意味づけ、重要視する、そのような存在です。ですが、それまで自分では気に留めなかった自分の或る面、あるいは隠れていた面に光を当てることはできます。そしてそれは自分の存在についての新しい意味づけでもあり、その意味づけは新たな評価でもあります。すると、新たに力を揮うようになった自己像のもとで、人は自分で自分を或る方向へと導くことができます。単なる解釈の変更や意味づけを変えるだけのことではありません。時は移りゆきて、人は同じものに何も変わらないのに異なる意味を与えて誤魔化す、そのようなことではありません。

変化するものなのです。その変化を主導して引き寄せる遣り方があります。そして変化を通じて人はいつでも自分です。その自分の有り方を納得したい、よいものであると納得したい、そのために何か行動もしたい、人とはそのような存在ではないでしょうか。（ただ、虐待されている子ども、時には未だ幼い子どもの場合、ここで述べていることを望むのは難しい。その子の酷い辛さその他を子ども自身がどうにかして変えようと思えるか、できない相談だということがあります。これは周りの大人が何とかしなければなりません。）

新しい自己へと一歩を踏み出し、自分を確固たるものとして、よいものとして獲得する、そしてそれが生きることになる、その術《すべ》を私は何とか述べようとしています。私は、生きることは端的によいことだとすることができるという希望を持っています。そこで、私は希望の哲学を求めています。

希望と哀しみと

ただ、一つ付け加えなければなりません。それは哀しみの哲学でもあるということです。というのも、人はだれでも既に自己でしかなく、またさまざまな仕方で新たに自分自身を作ってゆくわけで、それは独りのことで、そこに哀しみが潜まざるを得ないからです。

私たちの周りにはいろんな人がいて、幸いにも会話を交わすことが多くあります。しかも、何も共通の話題がない場合で、二人が発する言葉のどちらも相手には届かないとんちんかんな会話でしかないということもありますが、それでも言葉を交わしているというそのことは互いにとって意味あることとして受け取られているということもあります。これが大事なのです。そして更には二人が無言の場合でも、無言でも一緒にいるということそのことが意味を分泌して二人を一つの共通な世界のものとします。これらは幸福なことです。（人はそれぞれに意味の世界を持っています。けれども、その中に位置する多くの意味事象は他の人の意味世界でも意味事象として謂わば共有されています。その共有も実は些か異なる内容を持つ意味事象なのに、同じ内容の共有だと思われているに過ぎなくても、それでいいのです。共有だと思えることが重要な場合というのがあるのですから。互いに理解しあっていると思えるのはその場合にあたります。他の場合では、共有していると思い込んでいることが不都合をもたらすこともあるのですが。）

もちろん以上は、いがみ合いや憎しみの応酬その他の相互関係、また、一方が他方を支配しようとするような関係もないわけではないことは無視したものです。けれども無視できる強さを与えてくれ、そのことゆえに新しい人との関係をつくってゆくこともできます。少なくともそれを希望することはでき、その希望が自分を変え、そのことを通じて希望は叶うと私は信じています。

ところで他方、たとえばどんなに愛《いつく》しみ、世話をする植物も、それに応えて若葉を広げ、ちらちらする光を枝々や木の葉の間から届けてくれることで、またその花の美しさや可憐さで、嬉しさを人に贈ってくれても、ものを言いません。そこで人は独り舞台を演じることになります。喜びや楽しさを表現して分かち合うというか、少なくとも感情の遣り取りができる人はいません。私はかつて、次のように書き記しました。

声は希望である。聞く者がいることを信ずる心の鼓動である。声には耳を傾けなければならない。そして、待たなければならない、出会いが成就することを。希望は確かな希望であろうとし、声は羽ばたき、未来に向かう。だから、いまの時が明るくなる（『音の経験――言葉はどのようにして可能となるのか――』東信堂、二〇〇六年、三八〇頁)。

けれども、希望は裏切られ、孤独というものも確かにあります。人は独り、うち捨てられていることがあります。そこに静かなどうしようもなさがあり、感情も静もります。残るのは微かな哀しみだけ。

それから孤独ではなくても、元に戻りますが、結局は私たちは一人ひとりが独りでしかありません。

確かに、人が其処に無言で、こちらに何かの表情を向けることもなく居るときでも、私はその人が居る場所が、その場所だけが、その周りの世界とは異なったトーンであることに気づきます。つまり、私がそのとき陽気なら私の世界は、見える風景の有りようも含めて浮き浮きしたトーンを帯びているのに、その人が居る箇所だけが静かで沈んでいる、このようなことがありますね。これは木立の中で独りいることとは違います。ここに人と人との出会いがあります、言葉無くして、表情で働きかけ合うことも無くして。これは自分の一つの世界にもう一つの世界が入り込んでいることです。そのことに不思議さがあり、その不思議さを受け入れて生きることもあることも、人が生きることに或るよきものがあると思えることだと私には思えます。「思えることだと思える」と、言葉遣いとしては変な言い方をしていますが、これは感じ方の率直な表現です。

ただ、私はこのように記してきて、なお、次のことを言わねばなりません。このとき同時に、その人と自分とはどうしようもなく別の生を生きているということを思い知らないわけにはゆかないと。そしてこのことに関しては何もできないと。それで、このあと二人が会話して、共通の話題に興じるとしても、また何か二人で行動するとしても、それはその思い知ったことを打ち消すことはできません。この思い知ったことを、ずっと底の方で目立ちはしなくとも抱える仕方で人は生きねばなりません。（人との別離はそのことを浮上させるでしょう。）そこに哀しみが混じります。混じらざるを得ないのです。だから、このことも確認しないわけにはゆかない哲学は、幸福の哲学であろうとして、それに哀しみが付いてくることも認めなければなりません。ただ、それでも私は、もう一度反転して、そのような哀しみをも含めた感情が湧き起こる人の有り方の幸福を想います。

謝辞と執筆の経緯

最初に、本書の執筆をご提案いただき、刊行してくださった下田勝司氏（東信堂社長）にお礼を申し上げます。氏は二〇〇三年以来、私の著作を沢山出版していただき感謝に堪えません。本書に関して言えば、氏のご提案がなかったら、私はこのような書物を決して書かなかったでしょう。氏は『生きることは哲学すること』という表題で簡略な哲学案内を書かないかと声をかけられました。私は、これまで私が著してきた数々の哲学書の中身の簡単な紹介をしつつ、同時に哲学というものは生きることにおいて重要な事柄で役に立つものだということが分かる本を所望されたと受け取りました。表題は、いただいた仮題を、妻の発案で少しだけ変更しました。哲学することは生きることにおいてはごく小さな営みとしてあるかどうかだと思ったということと、それでも重要であり得ると信じていることと、二つの理由ゆえです。

ところで、これまでの著作では、そのときに重要な主題だと思うものを追究すると決め、或る着手点を採ったあとは、書いていて自ずと次の話題ないし課題がみえてきて、それについて書いてゆく、するとまた次の話題がみえてくる、そのような歩みでした。けれども本書では、材料の取捨選択でまず迷いました。そして選んだものをどのよう配列にすればよいのかもさっとは分からない、そういう具合でした。それに選んだ或る話題について書き始めると、いつもの癖でその話題でつい沢山書いてしまう、すると明らかにその部分の分量が増えてバランスを欠くことは間違いないと気づいて没にする、これを何度も繰り返しました。

それでも、やっと道筋が定まってきて、執筆のスピードが上がってきた時期に、私は出版社のお仕事が最も忙しい三月が終わった直後の四月初めに完成原稿の入稿ができるようにと逆算し、差しあたりの書き終えを二月中旬に定めました。そして今回初めての試みでしたが、高校の先生お二方と大学生のお二人との紹介を得ましたので、その方々にこの私が目標にした期日に最初の草稿をお送りするので宜しくお願いしますとお伝えしました。けれども、思わぬ用件が幾つも出来《しゅったい》したこともあり、見通しも甘かったわけで、その期日に間に合わず。それでも少しの遅れで留めようとし、ともかく一応は書き終えたつもりでお送りし、手放せた開放感も持ちました。

そしてその頃もやはり身辺多忙でしたが、それでも少し余裕ができて自分の原稿を読み返し、唖然としました。やっつけ仕事の報いでしょう、酷い原稿であることが判明。こんなものを読んでいただいているのかと申し訳なく、また恥ずかしくもあり。けれども既に読んでいただいているわけで、それはそれとして私の方では、皆さんからコメントを頂戴するのを待つ間、どんどん書き直し始めました。そこで、以下では、お読みいただいた方々への謝辞とお詫びです。

一応は書き終えたつもりの私の杜撰《ずさん》な草稿を読んでコメントをしていただいた方々は、宮崎裕子さん（立教大学および日比谷高校講師）と宮崎さんにご紹介いただいた石淵貴士氏（東京都立日比谷高校教諭）と山本智也氏（筑波大学附属駒場中・高校教諭）、木田直人氏（都立大学准教授）と木田氏にご紹介いただいた都立大学二年生（当時）の内山くるみさんと萩原あかねさんです。読後に高校の先生どうし、学生の方どうしで本書原稿についての感想や意見、批評の交換などをしてくださり、それぞれその内容を纏めて私に伝えてくださいました。宮崎さんには石淵氏と山本氏とのズームでのディスカッションの場を設けていただいたと伺っております。また、それに先立って宮崎さんからは早い時期に、気になること三点についてのコメントないし質問と、「哲学は役に立つ」という考えに関連してご自身が経験なさった幾つものことについての話とをお寄せいただきました。前者のうちの一点、私が例として紹介した或る婚姻形態に関する質問に対しては文献の想い起こしができず判っきりしたことは確認できませんでしたが、あとの二点には対応すべく加筆をしました。そして恰度その頃が時間に余裕ができたときでしたので、先に述べましたように、原稿を読み返し始め、自分の草稿がぐちゃぐちゃしていることに気づいたのでした。

そのうちに皆さんからのコメントをいただき、それらによって気づかされたこと、ご助言いただいたことはとても貴重で、私の書き直しもそれらを踏まえることで随分と良くなりました。何度も何度も書き直したのは本書の「序」です。大抵の著作で、「はしがき」や「序」はさらさら書けるのですが、こんなに苦労したのは初めてです。そしてこの序の書き方については山本先生のご提案を活かすよう努力しました。どの程度うまくいっているものか、『序』にしては長過ぎる気もして、今でも自信が持てません。

このような実情でしたが、皆さんには年度末のお忙しい時期にこのようにご親切に対応してくださったことに本当に感謝していると同時に、酷い書き物を読ませてしまったことにお詫びも申し上げねばなりません。

それから、実はあとお二人、こちらは、書き改めがかなり済んだ段階の原稿をお読みくださり、原稿のチェックとコメントをいただいた方がお二人います。村瀬鋼氏（成城大学教授）と伊多波宗周氏（京都外国語大学准教授）のお二人です。どちらも丁寧にみていただき、有難いことでした。お礼を申し上げます。

ところで、本書の分量は一五万字（本にして二〇〇頁ちょっと）ほどの小さな本をというご要望より随分と多くなってしまいました。ご容赦いただくしかありません。具体的なエピソードを沢山入れる方が良いとの山本先生のお勧めを念頭に、このようなこともあるのだなという話題を多く入れました。そしてその遣り方は私の哲学の進め方の基本に合致しています。とは言え、分量が多くなったのに、特に第5章はとても粗い、通り一遍のことを述べるに過ぎないものになりました。ただ、私としては、社会という実に曖昧なものをどう捉えるべきかについて、それから、社会がどのようなものかを規定している諸要素のうちの二つ、文化と制度との対比的な有りようについて、その章と第6章との記述を通して読者の方々に納得いただけたら幸いだと考えています。

なお、この場を借りてご報告とお願いを一つずつ。私は今、『価値事象の誕生と価値の確定との間』という著作の執筆に取りかかっております。これを書き上げるには長い期日を要するかと見込んでいます。その間、平行して、ぐだぐだ書いた草稿をもう二〇年以上も放置している『方法という問題群』の簡略版も少しずつ書いていこうとも思っています。それから、私が編集委員の一人である、新機軸の哲学年刊誌『ひとおもい』の応援も宜しくお願い致します。これについてはコラム21の最後で紹介しています。

二〇二二年四月

著者紹介

松永　澄夫（まつなが　すみお）

1947年、熊本生まれ。東京大学名誉教授。哲学を創造する年刊誌『ひとおもい』編集委員。著作の中のさまざまな文章が、高校教科書『国語総合』（数研出版）に掲載のほか、多数の大学、専門学校、高等学校、中学校、更に全国大学入試センターの入試問題として、また塾や通信教育の教材として利用されている。

【著書・単著】

［哲学書］

『想像のさまざま――意味世界をひらく――』東信堂、2022年
『食を料理する―哲学的考察―』増補版　東信堂、2020年
『感情と意味世界』東信堂、2016年
『経験のエレメント――体の感覚と物象の知覚・質と空間規定――』東信堂、2015年
『価値・意味・秩序――もう一つの哲学概論：哲学が考えるべきこと』東信堂、2014年
『哲学史を読む　Ⅰ』『同　Ⅱ』東信堂、2008年
『音の経験――言葉はどのようにして可能となるのか――』東信堂、2006年
『言葉の力』東信堂、2005年
『食を料理する―哲学的考察―』東信堂、2003年
『知覚する私・理解する私』勁草書房、1993年

［文芸書・挿絵付き児童書］

『戯曲　母をなくして』東信堂、2021年
『或る青春』東信堂、2020年
『幸運の蹄鉄――時代――』東信堂、2019年
『めんどりクウちゃんの大そうどう』文芸社、2019年
『二つの季節』春風社、2018年
『風の想い――奈津――』春風社、2013年

【編著・共著】

『哲学すること――松永澄夫への異議と答弁』中央公論新社、2017年（監修・共著）
『哲学の立ち位置　哲学への誘《いざな》い――新しい形を求めて　Ⅰ』東信堂、2010年（編著）、以下五巻
『言葉の働く場所』東信堂、2008年（編著）、以下シリーズ三点
『哲学の歴史』中央公論新社、2007～2008年（編集委員としては全12巻、別巻1巻、執筆は責任編集の第6巻と別巻の2点のみ）　第62回毎日出版文化賞特別賞受賞
『環境――安全という価値は…』東信堂、2005年（編著）、以下シリーズ三点。
『フランス哲学・思想事典』弘文堂、1999年（共編著）
『文化としての二〇世紀』東京大学出版会、1997年（共著）
『死』岩波書店、1991年（共著）
など、編著・共著は『哲学の歴史』を2点と数えて27点（単行本でも項目執筆だけの各種事典や小論掲載の小冊子は除く）

生きること、そして哲学すること

2022年9月20日　　初　版第1刷発行　　〔検印省略〕

定価はカバーに表示してあります。

著者Ⓒ松永澄夫／発行者 下田勝司　　印刷・製本／中央精版印刷

東京都文京区向丘1-20-6　　郵便振替 00110-6-37828

〒113-0023　TEL (03) 3818-5521　FAX (03) 3818-5514

発行所　株式会社 東信堂

Published by TOSHINDO PUBLISHING CO., LTD.

1-20-6, Mukougaoka, Bunkyo-ku, Tokyo, 113-0023, Japan

E-mail : tk203444@fsinet.or.jp　http://www.toshindo-pub.com

ISBN978-4-7989-1792-4 C1010

東信堂

〒113-0023　東京都文京区向丘 1-20-6　TEL 03-3818-5521　FAX03-3818-5514
Email tk203444@fsinet.or.jp　URL:http://www.toshindo-pub.com/

東信堂

オックスフォード キリスト教美術・建築事典	P&L・マレー著 中森義宗監訳	三〇〇〇〇円
イタリア・ルネサンス事典	J・R・ヘイル編 中森義宗監訳	七八〇〇円
美術史の辞典	P・デューロ他 中森義宗・清水忠訳	三六〇〇円
涙と眼の文化史—中世ヨーロッパの標章と恋愛思想	徳井淑子	三六〇〇円
青を着る人びと	伊藤亜紀	三五〇〇円
社会表象としての服飾—近代フランスにおける異性装の研究	新實五穂	三六〇〇円
書に想い 時代を読む	河田悌一	一八〇〇円
日本人画工 牧野義雄—平治ロンドン日記	ますこ ひろしげ	五四〇〇円
イギリスの美、日本の美—ラファエル前派と漱石、ビアズリーと北斎	河村錠一郎	二六〇〇円
美を究め美に遊ぶ—芸術と社会のあわい	江藤光紀・荻野厚志・田中佳 編著	二八〇〇円
バロックの魅力	小穴晶子編	二六〇〇円
新版 ジャクソン・ポロック	藤枝晃雄	二六〇〇円
西洋児童美術教育の思想—ドローイングは豊かな感性と創造性を育むか?	要真理子・前田茂 監訳	三六〇〇円
ロジャー・フライの批評理論—知性と感受性の間で	要真理子	四二〇〇円
レオノール・フィニ—境界を侵犯する新しい種	尾形希和子	二八〇〇円
〔世界美術双書〕		
バルビゾン派	井出洋一郎	二〇〇〇円
キリスト教シンボル図典	中森義宗	二三〇〇円
パルテノンとギリシア陶器	関隆志	二三〇〇円
中国の版画—唐代から清代まで	小林宏光	二三〇〇円
象徴主義—モダニズムへの警鐘	中村隆夫	二三〇〇円
中国の仏教美術—後漢代から元代まで	久野美樹	二三〇〇円
セザンヌとその時代	浅野春男	二三〇〇円
日本の南画	武田光一	二三〇〇円
画家とふるさと	小林忠	二三〇〇円
ドイツの国民記念碑—一八一三年—一九一三年	大原まゆみ	二三〇〇円
日本・アジア美術探索	永井信一	二三〇〇円
インド、チョーラ朝の美術	袋井由布子	二三〇〇円
古代ギリシアのブロンズ彫刻	羽田康一	二三〇〇円

※定価：表示価格（本体）＋税

〒113-0023 東京都文京区向丘 1-20-6 TEL 03-3818-5521 FAX03-3818-5514
Email tk203444@fsinet.or.jp URL:http://www.toshindo-pub.com/